TÖPFER-PRAXIS

TÖPFER-PRAXIS

Die besten Tipps und Tricks

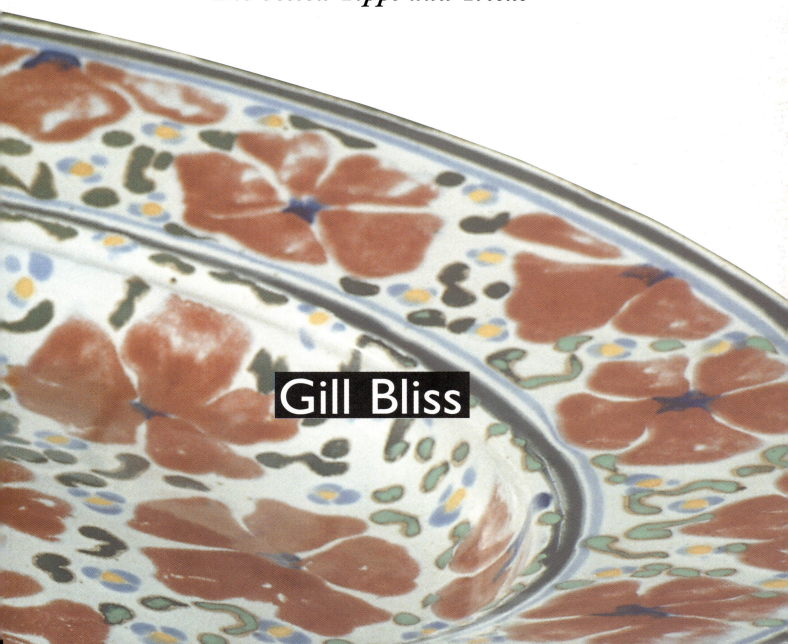

Gill Bliss

Copyright © 1998 by Quarto Publishing plc.
The Old Brewery, 6 Blundell Street,
London N7 9 BH
All rights reserved.

Alle in diesem Buch veröffentlichten Abbildungen und
Modelle sind urheberrechtlich geschützt und dürfen nur
mit ausdrücklicher Genehmigung des Verlages und der
Urheber gewerblich genutzt werden.

Bibliografische Information der Deutschen Bibliothek
Die Deutsche Bibliothek verzeichnet diese Publikation
in der Deutschen Nationalbibliografie;
detaillierte bibliografische Daten sind im Internet über
http://dnb.ddb.de abrufbar.

Urania Verlag
in der
Verlagsgruppe Dornier GmbH
Postfach 80 06 69
70506 Stuttgart

www.urania-verlag.de
www.verlagsgruppe-dornier.de

Copyright © der deutschen Ausgabe 2001 by Urania
Verlag, Stuttgart
in der Verlagsgruppe Dornier GmbH
Alle Rechte vorbehalten.

Umschlaggestaltung: Behrend & Buchholz, Hamburg
Fotos: Patricia Aithie/ffotograff
Übersetzung: Bernd Pfannkuche, Neckarsteinach
Satz: Graphiti GmbH, Berlin
Printed in China

ISBN 3-332-01206-1
ISBN 978-3-332-01206-4

HINWEIS
Das Herstellen von Keramik kann gefährlich sein.
Befolgen Sie die Anweisungen und Sicherheitshinweise
stets sorgfälig und lassen Sie Vorsicht walten.
Die Ratschläge in diesem Buch sind von der Autorin
und vom Verlag sorgfältig erwogen und geprüft, dennoch
kann eine Garantie nicht übernommen werden, ebenso
ist eine Haftung der Autorinnen bzw. des Verlages und
seiner Beauftragten für Personen-, Sach- und
Vermögensschäden ausgeschlossen.

Abbildungen Seite 1-4: Arbeiten von Clive Davies

Einführung 6

Wegweiser 8

Arbeitsgeräte und Materialien 16

Form, Funktion und Design 42

Aufbautechniken 60

Drehen an der Scheibe 92

Dekortechniken 128

Glasieren und Brennen 154

Glossar 188

Stichwortverzeichnis 189

Danksagung 192

Inhalt

Einführung

TON IST EIN VIELSEITIGES MATERIAL und sehr gut geeignet zur Herstellung von Gegenständen des Alltags bis hin zu Großplastiken für öffentliche Räume. Herstellungs-, Dekor- und Brenntechniken haben sich über die Jahrtausende erhalten, wobei das Wissen früherer Generationen durch neue Kenntnisse und Verfahrenstechniken kontinuierlich erweitert und den veränderten ästhetischen Kriterien angepasst wurde.

Links: Clive Davies, Krüge
Ganz rechts: Janet Hamer, Gänseherde

Der beste Weg zum Erlernen keramischer Techniken ist das eigene Arbeiten, Üben und Experimentieren. Wichtig ist, das richtige Empfinden für das Ausformen des Tons, das Drehen auf der Scheibe, das Dekorieren mit keramischen Farben und das Mischen sowie Experimentieren mit Glasuren zu entwickeln. Schwierigkeiten zu bewältigen und bei auftretenden Problemen eigene Lösungen zu finden setzt einen Lernprozess in Gang, der zu einer persönlichen Note im Umgang mit dem Material führt.

Dennoch kann ein Hinweis, ein Rat oder die rechtzeitige Erläuterung eines Problems Stunden der Mühe und manche Frustration ersparen. Aus solchen Überlegungen heraus wurde dieses Buch geschrieben. Ziel ist es, auftretende Probleme praxisbezogen, mithilfe von Fragen und Antworten zu lösen.

Auf viele der auftretenden Fragen existieren mehrere Antworten. Bei der Arbeit mit Ton gibt es häufig nicht *den* richtigen Weg, nicht *die* definitive Antwort oder *das* Vorgehen, welche zum Ziel führen. Unsere Überlegung bei der Erstellung des Buches war daher, Ihnen Lösungswege aufzuzeigen, die Ihrem persönlichen Umgang mit dem Material entgegenkommen.

Wegweiser

SIE HABEN DREI MÖGLICHKEITEN, EINE ANTWORT AUF IHRE FRAGEN ZU FINDEN. *Erstens:* Sie lesen das gesamte Kapitel, das den speziellen Problembereich behandelt. *Zweitens:* Sie schauen im Schlagwortverzeichnis nach, unter welchem Stichwort und an welcher Stelle des Buches Ihr spezielles Problem erläutert wird. Die dritte Möglichkeit ist die Nutzung des „Wegweisers". Jedes der Kapitel dieses Buches behandelt einen bestimmten Bereich, der wiederum in einzelne Themen unterteilt ist. Mithilfe des Wegweisers auf den folgenden Seiten finden Sie die verschiedensten Fragen und Antworten zu den jeweiligen Aspekten. Die unten auf jeder Seite des Wegweisers angegebenen Seitenzahlen verweisen auf die Kapitel, in denen der gesamte Bereich behandelt wird.

Es gibt eine große Anzahl elektrischer Brennöfen. Nach welchen Kriterien soll ich auswählen?

Mein Brennofen benötigt mehr Zeit zum Brennen als angegeben. Was ist zu tun?

Welche Ausrüstung benötige ich, um Schlicker oder feuchte Tonreste zu trocknen und wieder aufzuarbeiten?

Ich kann mir anfangs nur wenige Werkzeuge anschaffen und möchte mir Werkzeuge selbst herstellen. Welche Art von Werkzeug kann ich leicht selbst fertigen?

Wie kann ich meinen Arbeiten eine stark strukturierte Oberfläche geben?

Die Objekte, die ich gestern hergestellt habe, sind über Nacht gerissen. Warum passiert dies?

Wenn ich meine Arbeiten mit einer Engobe überziehe, bilden sich manchmal größere und kleinere Bläschen, oder die Engobe reißt und blättert ab. Was mache ich falsch?

Nach einem ersten Entwurf auf Papier habe ich versucht, Gefäße in Ton umzusetzen. Das Resultat ist unbefriedigend. Wie setze ich meine Designs in Ton um?

Ziehe ich auf der Außenfläche einer Schale eine Linie von oben nach unten, endet diese immer schräg versetzt. Wie erreiche ich eine gerade Linie und somit eine genaue Aufteilung?

Wie gestalte ich die Tülle einer Teekanne, damit die Kanne gut gießt?

Meine Gefäße sind zu schwer und unregelmäßig ausgeformt. Wie erreicht man glatte und gleichmäßige Wandstärken?

Wenn ich Ton ausrolle, entstehen manchmal Luftblasen. Wie kann ich das vermeiden?

Meine Fliesen sind gerade, wenn sie in den Ofen eingebaut werden, nach dem Brand jedoch verzogen. Wie kann ich das verhindern?

Meine Figuren aus Porzellan sind nach dem Brand mit kleinen Ausplatzern überzogen. Was kann ich dagegen tun?

Ich möchte eine zweiteilige Gipsform herstellen. Wie kann ich dafür sorgen, dass die Teile bei der Benutzung richtig zusammenpassen?

Wie kann ich gedrehte Stücke von der Scheibe nehmen, ohne sie durch den Druck meiner Hände zu verformen?

Die Pinselmalerei auf meinen geschrühten Töpfen verwischt, wenn ich die Töpfe in die Glasur tauche. Ist das zu verhindern?

Wieso sind die Farben aufgetragener Dekore nach dem Brand plötzlich nicht mehr sichtbar?

Wie stelle ich die baumartigen Muster her, die ich auf engobierten Arbeiten gesehen habe?

Nach dem Brand meiner Aufglasur- und Schmelzfarbendekore entstehen kleine farbfreie Stellen. Was kann ich dagegen tun?

Ich habe ein Gefäß völlig falsch glasiert. Wie kann ich die Arbeit noch retten?

Um ein Grün herzustellen, habe ich meiner Glasur etwas Chromoxid zugegeben. Die gebrannte Glasur kam jedoch rosafarben aus dem Ofen. Was ist passiert?

Wegweiser • 9

 *Welche Arbeitsgeräte benötige ich?*

Werkzeuge und Arbeitsgeräte für spezielle Arbeiten
* Aufarbeiten von Ton – 24
* Ausrollen von Ton – 24
* Rührer – 25
* Gießschlicker – 25, 27
* Arbeiten mit Gips – 25
* Feuchthalten der Arbeiten – 26
* Glasuren spritzen – 27
* Rohstoffe mahlen – 27
* Herstellung von Siegeln und Stempeln – 28

Werkstatt
* Arbeitsflächen – 24
* Regale – 25
* Waschbecken – 26
* Sicherheitsaspekte – 28

Brennöfen
* Auswahl des Ofens – 17, 18
* Alternativen zum Brennofen – 17
* Brennhilfsmittel – 18, 19
* Regelinstrumente – 19, 20
* Reinigung des Ofens – 20
* Heizspiralen – 21, 22
* Defektes Mauerwerk – 23

Töpferscheiben
* Auswahl der Töpferscheibe – 23
* Reinigung und Wartung – 23

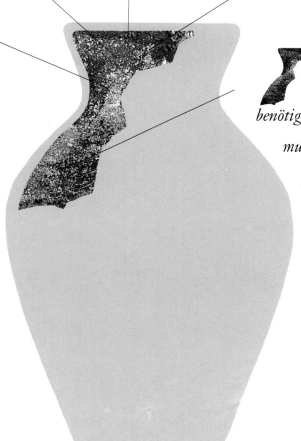

Welche Werkzeuge benötige ich und welche davon muss ich kaufen?

* Fertige Werkzeuge – 26
* Selbst gemachte Werkzeuge – 26
* Pflege der Werkzeuge – 28

Arbeitsgeräte und *Materialien* Seite 16–41

Welche Materialien benötige ich?

Ton – das Basismaterial
* Auswahl des Tons – 29
* Aufbereitung des Tons – 29, 31, 32
* Magern des Tons – 30
* Zusätze zur Strukturierung – 30, 35
* Glätten der Oberfläche – 35
* Schwindung – 30
* Lagern – 31
* Trocknen – 31
* Wiederaufarbeiten – 32, 33
* Mischen verschiedener Tone – 34
* Schlicker und Engoben – 32, 36, 41

Dekormaterialien
* Engoben – 36, 41
* Glasuren – 37
* Farbgebende Oxide – 37, 38, 39
* Farbkörper – 37, 38, 39
* Farbstifte – 39
* Schmelzfarben – 40
* Lüster – 40

Materialien mit besonderen Eigenschaften
* Raku – 33
* Flammfeste Ware – 33
* Frostfeste Ware – 33
* Porzellan – 34
* Paper-Clay – 35
* Irdenware – 36
* Gips – 41
* Reparaturmaterial – 40

Arbeitsgeräte und *Materialien* Seite 16–41

Wegweiser • 11

Welche Grundsätze der Formgebung und der Funktion sollte ich bei der Gestaltung berücksichtigen?

Vorbereitung
* Entwicklung der Ideen – 43, 45, 46
* Zeichnerischer Entwurf – 44

Dekore
* Auswahl der Dekortechnik – 46, 48
* Transfer des Entwurfs auf die Keramik – 49, 50
* Sgraffito-Technik – 51
* Pinseldekor – 51, 52
* Beschriftung – 56

Glasieren
* Auftragstechniken – 46, 47
* Arbeitshinweise – 47

Warentypen
* Handgeformte Gefäße – 46, 52
* Krüge – 52, 53
* Becher 54
* Teeschalen – 55
* Schalen – 57
* Gebrauchskeramik – 57, 58
* Skulpturen – 58, 59

Details
* Ausgüsse – 53
* Henkel – 54, 55
* Deckel – 55, 56
* Sockel – 59

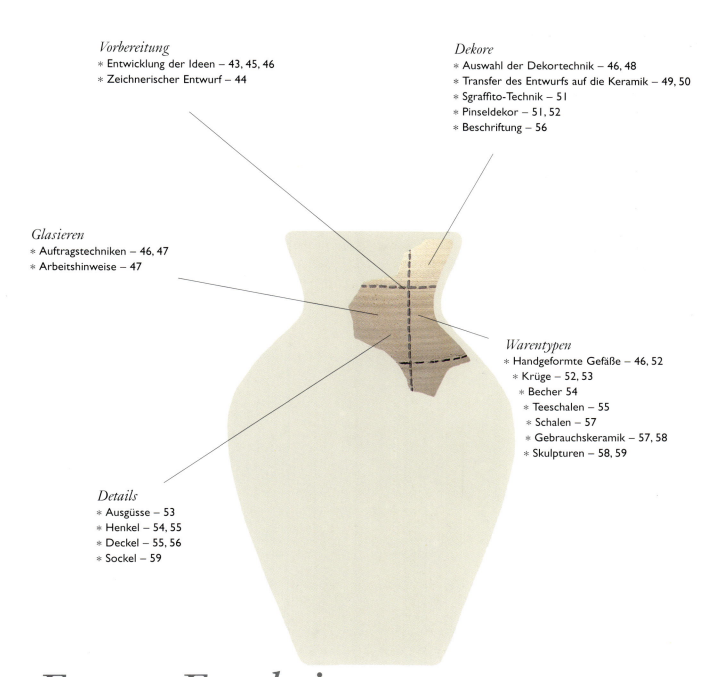

Form, Funktion und *Design* Seite 42–59

12 • Wegweiser

Warum kommen meine aufgebauten Gefäße und figurativen Arbeiten nicht so aus dem Ofen, wie ich sie mir vorgestellt habe?

Handgeformte Gefäße
* Ausformtechniken – 61, 63
* Ränder – 62, 63
* Fußringe – 64
* Trocknen – 64
* Einfärbungen – 65

Aus Platten gebaut
* Herstellen und Zuschneiden von Tonplatten – 71, 72, 73, 74
* Luftblasen – 71
* Trocknen der Platten – 73
* Zusammenbau der Platten – 75
* Trocknen der fertigen Arbeiten – 76
* Deckel – 76
* Volumen und Verformung – 77
* Arbeiten mit weichen Platten – 78, 79
* Weiterentwicklung eigener Designs – 80
* Fliesen – 81

Verwendung von Formen
* Vorhandene Formen – 88
* Formen aus geschrühtem Ton – 89, 90
* Gipsformen – 89, 90
* Einsatz von Formen – 88, 89, 90, 91
* Kreative Möglichkeiten – 91

Wulsttechnik
* Herstellung von Tonwülsten – 66
* Formungstechniken – 67, 69, 70
* Fußbereich – 67
* Lagern – 68
* Alternativen zur Wulsttechnik – 70

Figurative Arbeiten
* Hohlform-Skulpturen – 82, 83, 84, 85
* Zusammensetzen ausgehöhlter Skulpturen – 85
* Herstellung in Teilen – 85, 87
* Abstützen der Skulpturen – 85, 86
* Brennen der Skulpturen – 84, 86, 87, 88
* Zusammenbau gebrannter Teile – 87, 88
* Porzellanskulpturen – 86

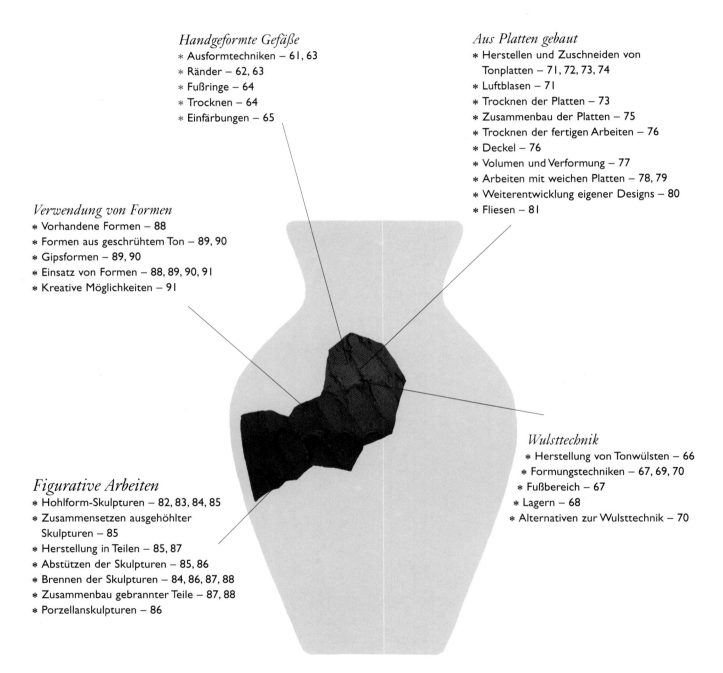

Aufbautechniken Seite 60–91

Wegweiser • 13

*Mir gefallen meine gedrehten Arbeiten keineswegs.
Wie kann ich bessere Ergebnisse erzielen?*

Drehen auf der Töpferscheibe – Grundlagen
* Werkzeuge – 93
* Aufbringen des Tonbatzens auf die Scheibe – 93, 94
* Konsistenz des Drehtons – 94
* Zentrieren – 95, 96, 97, 98, 99
* Aufbrechen des zentrierten Batzens – 98, 99
* Hochziehen der Wandung – 99, 101, 102, 103, 104
* Gute Abschlüsse – 101, 102, 106, 107, 108, 113
* Ausformen der Basis – 100, 103, 104
* Formungstechniken – 101, 102, 103, 107, 111, 112
* Drehschienen und Drehschablonen – 107
* Marmorierungen – 106
* Abheben gedrehter Arbeiten – 100, 104, 105, 106, 109
* Beurteilen der Arbeiten – 113
* Drehen vom Stock – 111
* Drehen mit Porzellan – 113
* Drehen von Serien – 119

Sollte ich gedrehte Gefäße abdrehen? Wie geht dies am besten?

* Werkzeuge – 121, 123
* Auswählen der Gefäße zum Abdrehen – 121
* Zentrieren der Gefäße auf der Scheibe – 109, 122, 123
* Befestigen der Gefäße auf der Scheibe – 122, 123
* Schwierigkeiten beim Abdrehen – 123, 124, 125, 126
  * Krüge – 114
    * Randzone – 114
    * Flaschen – 122
    * Fußringe – 125, 126, 127
    * Schüsseln – 125, 126, 127
    * Schalen – 125

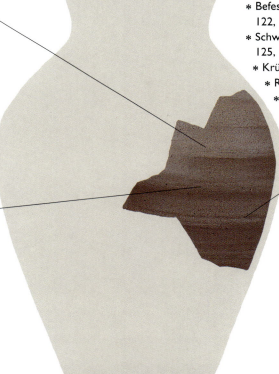

Formen und Formelemente
* Große Gefäße – 98, 109, 110
* Große Schalen – 108, 109
* Kelche – 111
* Eierbecher – 111
* Überarbeiten gedrehter Gefäße – 112
* Flaschen – 113
* Vasen – 113
* Krüge – 114
* Ausgüsse – 114
* Deckel – 115, 116
* Deckelknauf – 115
* Deckelsitz – 116
* Teekannen – 117, 118
* Becher – 119, 120
* Henkel – 120

Drehen an der Scheibe Seite 92–127

14 • *Wegweiser*

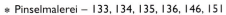 *Welche Dekore kann ich benutzen, um meine Arbeiten interessanter zu gestalten?*

* Texturen – 129, 131, 132, 140, 142, 145
* Polieren – 129, 143
* Modellieren – 129, 131
* Perforationen – 129, 131
* Applikationen – 130
* Abdrücke – 131, 142, 143
* Arbeiten mit Schwämmen – 131, 144, 145, 149, 150
* Fliesendekor – 132
* Schlicker und Engoben – 132, 133, 138, 139, 140, 141, 142, 143
* Farbkörper und Farboxide – 133, 134, 135, 136, 137, 138, 141, 142, 143, 153
* Pinselmalerei – 133, 134, 135, 136, 146, 151
* Farbstifte und Kreiden – 134, 147
* Aufglasur- und Schmelzfarben – 138, 148, 149
* Mocha-Technik – 139
* Sgraffito – 140
* Marmorierung – 143
* Rändern und stempeln – 129, 144
* Papierabdecktechnik – 145, 148
* Wachsabdecktechnik – 132, 146, 147
* Sandstrahlen – 148
* Lüster – 148, 150, 151, 152
* Drucktechniken – 152, 153

 Ich habe Probleme beim Brennen meiner Dekore. Worauf muss ich achten?

* Applikationen – 130
* Verwischte Dekore – 135, 136
* Verfälschte oder verblasste Farben nach dem Brand – 136, 137, 138, 149, 151
* Probleme mit Glasur und Dekor – 135, 136, 149, 151

Dekortechniken Seite 128–153

Wegweiser • 15

Wie glasiere ich meine Arbeiten?

Das Glasieren – Grundsätzliches
* Glasurarten – 155, 166, 167, 170, 172, 173
* Glasurbestandteile – 156, 166, 167, 168, 169, 170, 172, 173
* Werkzeuge und Ausrüstung – 156, 157, 158, 163, 164
* Mischen von Glasuren – 156, 157, 158
* Testen von Glasuren – 157, 159, 163
* Auftragen von Glasuren – 157, 160, 161, 162, 163, 164, 165, 166, 170, 173
* Eingefärbte Glasuren – 167, 168, 169, 173, 174
* Brennen von Glasuren – 155, 165, 166, 167, 169, 170, 172, 173, 181

Wie brenne ich meine Arbeiten am besten?

Das Brennen – Grundlagen
* Setzen des Ofens – 175, 176
* Brennhilfsmittel – 175, 176
* Technik des Brennens – 175, 177, 178, 180, 182, 183
* Brennkegel – 177, 178, 179, 187
* Schaulochstöpsel – 179
* Siehe auch unter: Öfen und Ausrüstungen auf Seite 17–23

Problembeseitigung
* Probleme mit Öfen – 177, 178, 180
* Brennfehler – 175, 180, 181, 183, 186

Spezielle Glasureffekte
* Krakelee – 171
* Schrumpfglasuren – 171
* Kraterglasuren – 172
* Kristallglasuren – 172, 173
* Reduktionsglasuren – 173, 174, 182
* Salzglasuren – 174
* Raku-Glasuren – 174

Dekorative Brenntechniken
* Schmauchbrand – 183, 184, 185
* Raku-Brand – 186, 187
* Salzbrand – 187

Glasieren und *Brennen* Seite 154–187

GRUNDSÄTZLICH IST ES MÖGLICH, eigenen Ton in der Umgebung zu graben und die hieraus gefertigten Gefäße in einem Feldbrand zu brennen. Die meisten von uns möchten jedoch von den vielfältigen heutigen Möglichkeiten Gebrauch machen, die durch die Verwendung aufbereiteter Tone und den Einsatz von Glasuren und funktionalen Öfen bestehen. Die Auswahl der richtigen Werkzeuge und Arbeitsgeräte sowie deren Pflege sind wesentliche Aspekte der Arbeit mit Ton.

Arbeitsgeräte und Materialien

Arbeitsgeräte und Materialien • 17

Ich möchte meine Arbeiten zu Hause brennen, habe dort jedoch nur wenig Platz. Welcher Ofentyp lässt sich leicht installieren?

Toplader
Der Fachhandel bietet kleine elektrisch beheizte Öfen mit nur 40–70 Liter Rauminhalt an. Diese Öfen können an das normale Hausstromnetz angeschlossen werden. Jedoch muss auch ein solch kleiner Ofen an einer sicheren Stelle, mit ausreichendem Abstand zu eventuell brennbaren Gegenständen stehen. Ganz wichtig ist auch, dass der Raum, in dem der Ofen steht, gut zu belüften ist.

Ich möchte meine Garage als Töpferstudio nutzen, jedoch nicht die hohen Kosten für einen Starkstromanschluss aufbringen. Welche Möglichkeiten gibt es?

In einer Werkstatt, die über keinen ausreichenden Stromanschluss verfügt, können Sie einen Gasofen verwenden. Sprechen Sie mit dem Lieferanten oder Hersteller des Ofens. Er kennt die gesetzlichen Bestimmungen und Sicherheitsregeln, die jeweils beachtet werden sollten. Gasöfen müssen nicht teurer als Elektroöfen sein. Außerdem spart man das Erneuern der Spiralen. Beim Brennen mit Gas haben Sie zudem den Vorteil, zwischen oxidierender und reduzierender Atmosphäre wählen zu können. Der Nachteil ist, dass die Brenngase abgeführt werden müssen. Kleinere Gasöfen kann man ohne Schornsteinanschluss im Freien betreiben.

Kann ich kleine Töpfe ohne Brennofen brennen und hierzu meinen Backofen benutzen?

Brennen ohne Brennofen
Der Temperaturbereich, in dem sich Ton zu wasserunlöslicher Keramik wandelt, liegt zwischen 650° und 750° C – ein herkömmlicher Backofen ist also nicht geeignet.

Es gibt jedoch noch viele Gegenden auf der Welt, in denen Keramik hergestellt wird, ohne auf moderne Brennofentechnologie zurückzugreifen. Auch Sie können Ihre Gefäße und Plastiken auf vergleichbare Weise wie in Afrika oder Indien in einem Feldbrand brennen. Hierzu werden die Gefäße mit Brennmaterial umgeben. Um eine ausreichend hohe Temperatur zu erzielen, ist es notwendig, während des Brandes weiteres Brennmaterial aufzulegen.

Eine Weiterentwicklung der Feldbrandmethode ist die Verwendung einer muldenartigen Vertiefung im Boden, einer Abfalltonne oder eines gemauerten Behälters, in die das Brennmaterial geschichtet wird.

Feldbrand

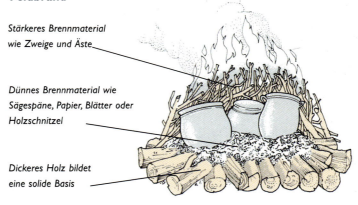

Stärkeres Brennmaterial wie Zweige und Äste

Dünnes Brennmaterial wie Sägespäne, Papier, Blätter oder Holzschnitzel

Dickeres Holz bildet eine solide Basis

Sägemehlbrand

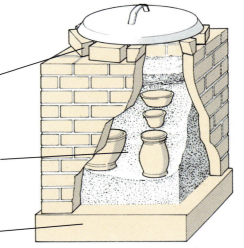

Der Deckel ruht auf Steinen mit Spalten als Zuglöchern

Sägemehl, Blätter, Stroh, Papier oder Holzschnitzel

Ofenkörper auf solidem Fundament

18 • *Arbeitsgeräte und Materialien*

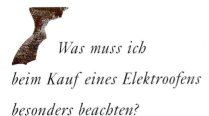

Was muss ich beim Kauf eines Elektroofens besonders beachten?

Schauen Sie zuerst auf die gegebenen Umstände. Welche Stromstärke steht zur Verfügung? Wollen Sie den normalen Hausanschluss nutzen, oder muss eine separate Versorgung installiert werden? Wie groß ist der Platz, den Sie zum Aufstellen des Ofens haben? Wie breit sind die Türen, durch die er gebracht werden muss? Außerdem sollten Sie die Dimensionen Ihrer Arbeiten im Auge behalten. Benötigen Sie einen Ofen mit hoher oder breiter Brennkammer? Wollen Sie große Mengen gedrehter Gefäße oder eine kleine Anzahl figurativer Arbeiten brennen? Und nicht zuletzt sollten Sie überlegen, ob Sie einen neuen Ofen benötigen oder ob ein gebrauchter ebenso tauglich wäre.

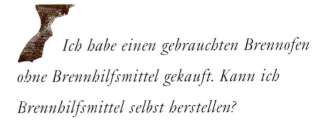

Ich habe einen gebrauchten Brennofen ohne Brennhilfsmittel gekauft. Kann ich Brennhilfsmittel selbst herstellen?

Geeignete Brennhilfsmittel
Brennhilfsmittel sind aus besonderen Materialien und feuerfesten Tonen hergestellt, die den hohen Temperaturen im Brand widerstehen können. Es ist daher davon abzuraten, solche Brennhilfsmittel selbst zu fertigen. Tone, die zum Herstellen von Keramik verwendet werden, erweichen und sintern eventuell während des Brandes. Brennhilfsmittel aus solchen Tonen würden sich verformen und verbiegen, eventuell brechen oder gar schmelzen.

Was sind die Unterschiede zwischen einem Toplader und einem Frontlader?

Frontlader
Frontlader haben in der Regel ein solideres Stahlgestell und eine größere Wandstärke als Toplader. Aufgrund dieser besseren Isolation ist die Energieausnutzung effektiver, und die Öfen kühlen auch nicht so schnell ab. Bei Elektroöfen sind die Heizspiralen bei Frontladern in der Regel auf Tragerohre aufgezogen, dies verlängert die Lebenszeit der Widerstände. Allerdings sind sie schwerer als Toplader.

Toplader
Öfen, die von oben zu beladen sind, eignen sich sehr gut für kleine Werkstätten, da sie billiger in der Anschaffung und einfacher anzuschließen sind. Manche Töpfer vertreten die Ansicht, dass das schnelle Abkühlen der Toplader einen ungünstigen Einfluss auf ihre Arbeiten habe. Andere halten dies eher für einen Vorteil, da so schnellere Brennzyklen möglich sind.

Brennofen mit Tür (Frontlader)

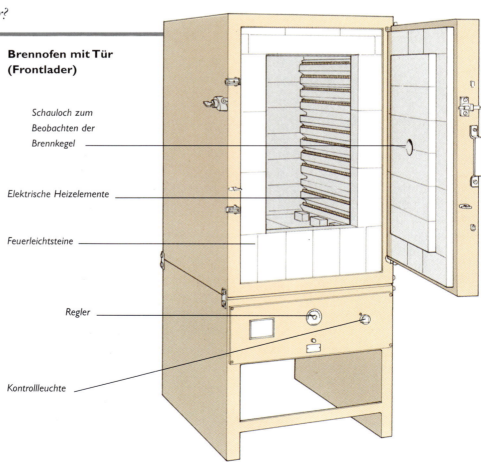

Schauloch zum Beobachten der Brennkegel

Elektrische Heizelemente

Feuerleichtsteine

Regler

Kontrollleuchte

Arbeitsgeräte und Materialien • 19

Um meinen Ofen gut zu setzen, muss ich mehrere Platten übereinander bauen. Wie muss ich die Stützen stellen?

Brennhilfsmittelaufbau

Alle Stützen sollten vertikal in einer Linie aufgestellt werden, d. h. die Stützen für die zweite Plattenebene stehen an dem Platz, an dem unter den Platten der ersten Ebene der erste Satz Stützen platziert wurde. Eine Platte ohne richtige Auflage kann sich verziehen oder reißen, speziell im höheren Temperaturbereich. Achten Sie darauf, dass die Stützen nicht den Blick durch das Schauloch auf die Kegel verstellen.

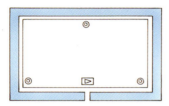

DREIERAUFBAU, RUND ODER ECKIG

Egal, ob Sie runde oder rechteckige Platten einsetzen, benutzen Sie für jede Platte drei Stützen. Rechteckige Platten, die an allen vier Ecken auf Stützen aufgelegt werden, neigen zum Absacken in der Mitte. Setzen Sie sie hingegen nur auf drei Stützen, wirken Sie dieser Tendenz entgegen, und die Platten bleiben länger gerade. Platten, die auf drei Stützen stehen, wackeln auch nicht.

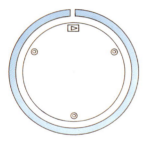

◎ Stellung der Stützen
▷ Stellung der Brennkegel vor dem Schauloch

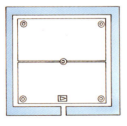

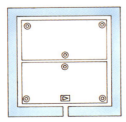

◎ Stellung der Stützen
▷ Stellung der Brennkegel vor dem Schauloch

GETEILTE EBENEN

Wenn eine Ebene aus zwei rechteckigen Platten besteht, gibt es zwei Möglichkeiten: Können Sie die Platten, wie in einem Gasofen, nicht eng aneinander setzen, stellen Sie am besten in der Mitte pro Platte eine Stütze. Können die Platten aneinander stoßen, wie im Elektroofen, reicht meist eine zentrale Stütze. Bei der Stellung der Stützen ist wiederum darauf zu achten, dass der Platz für die Brennkegel nicht belegt wird.

Wenn ich den Ofen ausräume, kleben Stützen an den Platten. Wie kann ich das vermeiden?

Geben Sie jeder leergeräumten Platte, bevor Sie diese anheben, einen leichten Stoß. So lockern sich die Stützen, ohne dass eine sich von selbst löst und auf die darunter stehenden Arbeiten fällt. Hilfreich ist auch eine Trenn-Engobe, je zur Hälfte aus Aluminiumoxid und Quarz, die verflüssigt aufgestrichen wird.

Wie kann ich vermeiden, dass sich die Einsetzplatten verziehen?

Die Stärke der Platten muss dem Gewicht der darauf stehenden Arbeiten angeglichen sein und von ihrer Qualität der Brenntemperatur entsprechen. Biegen die Platten sich dennoch durch, sollten Sie sie nach jedem Brand drehen, sodass die Unterseite zur Oberseite wird.

Wie kann ich sicher sein, dass mein Ofen nicht überheizt?

Ihr Ofen muss über einen Regler verfügen, der ihn automatisch beim Erreichen der eingestellten Temperatur abschaltet. Manche Regler schalten den Ofen nicht nur bei erreichter Endtemperatur aus, sondern auch nach einer festgelegten Anzahl von Stunden, wenn die Temperatur bis dahin nicht erzielt wurde, weil ein Heizwiderstand durchgebrannt ist. Aber selbst Öfen, die mit solchen Sicherheitsreglern ausgerüstet sind, sollten Sie nicht einschalten und anschließend für mehrere Tage allein lassen. Besser ist es, den Ofen während des Brandes mehrere Male zu kontrollieren und besonders beim Erreichen der Spitzentemperatur anwesend zu sein.

20 • *Arbeitsgeräte und Materialien*

Welche Eigenschaften haben die verschiedenen angebotenen Kontrollinstrumente?

Die einfachsten Regler schalten den Ofen ab, wenn die festgelegte Temperatur erreicht ist. Viele Regler können auch die Spitzentemperatur über eine eingestellte Zeitspanne halten und so eine Temperzeit bewirken. Die modernen elektronischen Regler können alle Bereiche einer Brandführung regeln: wann sich der Ofen ein- oder ausschalten soll, wie schnell die Temperatur in welchen Brandbereich steigt, bei welcher Temperatur getempert wird und wie lang bzw. wie rasch der Ofen abkühlt.

Gibt es neben der Verwendung eines Reglers noch andere Möglichkeiten, die Temperatur im Ofen zu beurteilen?

Brennkegel
Sie können so genannte Brennkegel, meist Segerkegel, mit in den Ofen stellen. Brennkegel sind aus keramischen Materialien hergestellt und verformen sich entsprechend ihrer Zusammensetzung bei den bezeichneten Temperaturen. Die Segerkegel tragen Nummern, die auf bestimmte Temperaturen bezogen sind. Hat die Spitze des Kegels die Bodenfläche berührt, ist die jeweilige Nenntemperatur erreicht.

Pyrometer
Ein Pyrometer besteht aus einem Thermoelement, das in den Ofeninnenraum reicht, und dem dazu passenden Anzeigegerät. In den meisten Fällen gehört ein solches Pyrometer bereits zur Ausrüstung eines Ofens. Sie sind jedoch auch einzeln im Fachhandel erhältlich. Thermoelemente sind sehr stoßempfindlich und durch ein Metall- oder Aluminiumoxidrohr geschützt.

Wie kann ich meinen Ofen am besten von Glasur- oder Tonrückständen reinigen?

Mit dem Pinsel
Der Ofen sollte sehr sauber gehalten werden. Glasur- oder Tonteilchen dürfen nicht auf den Heizleitern, dem Boden des Ofens oder den Einsetzplatten liegen bleiben, da sie nachhaltigen Schaden anrichten können. Benutzen Sie einen weichen Pinsel zum Reinigen.

Mit dem Staubsauger
Am besten geht es mit dem Staubsauger. Mit ihm sind auch Bruchstücke leicht zu entfernen, die tief in den Rillen der Heizleiter liegen und mit einem Pinsel nicht zu erreichen sind.

Arbeitsgeräte und Materialien • 21

Die Heizleiter meines Ofens müssen mehrmals pro Jahr gewechselt werden. Wie kann ich ihre Einsatzzeit verlängern?

Brenntemperatur senken
Für die verschiedenen Temperaturbereiche gibt es unterschiedliche Heizleiterqualitäten. Wenn Heizelemente sehr häufig durchbrennen, kann es sein, dass die Qualität des Materials nicht für den Einsatz im genutzten Temperaturbereich geeignet ist. Dies wird in einem Ofen der Fall sein, der mit Heizleitern für den Irdenwarebereich ausgerüstet ist, in dem aber Steinzeug gebrannt wird. Sie können dann nur die Heizleiter austauschen oder bei einer niedrigeren Temperatur brennen.

Heizleiter sauber halten
Sie sollten immer darauf achten, dass keine Krümel oder Bruchstücke auf den Heizleitern liegen. Besonders Glasurreste zerstören den Draht.

Zug vermeiden
Lassen Sie den Ofen gut abkühlen, bevor Sie ihn öffnen. Heißes Mauerwerk sowie noch heiße Heizleiter können Schaden nehmen, wenn sie plötzlich und sehr schnell abkühlen.

Reparaturen durchführen
Beschädigtes Mauerwerk sollte sofort repariert werden, damit die Heizelemente nicht durchhängen oder aus den Nuten in den Wänden herausrutschen.

Die Heizleiter meines Ofen brennen zu unterschiedlichen Zeiten durch. Soll ich sie einzeln oder im ganzen Satz ersetzen?

Bei niedrigeren Temperaturen
Bei Schrühbränden oder beim Brennen von Irdenware erreicht der Ofen meist noch die Endtemperatur, selbst wenn ein Heizelement ausgefallen ist. Wird der Ofen zumeist hierfür verwendet, empfiehlt es sich, die Elemente einzeln auszutauschen.

Wenn die Brenntemperatur nicht erreicht wird
Bei Bränden im Steinzeugtemperaturbereich (1200°–1300° C) wird der Ofen bei Ausfall eines Heizkreises die Endtemperatur nicht mehr erreichen. Wenn dann ein solcher Brand misslingt oder wenn im Irdenwarebereich die Glasuren nicht mehr richtig ausschmelzen, sollten Sie alle Elemente austauschen. Anderenfalls verschwenden Sie Arbeitszeit und Strom.

Die Heizelemente brennen immer dann durch, wenn ich keinen Ersatz zur Hand habe. Wie kann ich eine Behelfsreparatur durchführen?

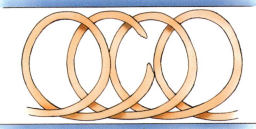

Durchgebrannte Elemente unterbrechen den Stromfluss.

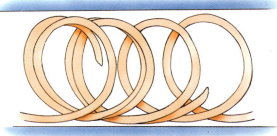

Wieder miteinander in Kontakt gebrachte Elemente schließen den Stromkreis.

Heizspiralen reparieren
Bevor Sie mit Arbeiten im Ofen beginnen, sorgen Sie dafür, dass der Ofen nicht mehr an das Stromnetz angeschlossen ist. Es kann hilfreich sein, die Endstücke der gebrochenen Spirale zumindest ineinander zu stecken. Probleme wird es beim Dehnen von gebrauchten Spiralen geben, da diese sehr leicht brechen. Um sie wieder biegsam zu machen, müssen Sie die Enden mit einer Lötlampe zum Glühen bringen. In diesem Zustand können die Spiralenden miteinander verdreht werden. Tragen Sie bei solchen Arbeiten Handschuhe. Sind die Spiralenden gut miteinander verdreht, wird die Reparatur mehrere Brände überstehen – eine Dauerlösung ist es jedoch nicht, da voraussichtlich die Spirale an dieser Stelle erneut durchbrennen wird, speziell bei höheren Temperaturen.

22 • Arbeitsgeräte und Materialien

Die Heizelemente meines Ofens hängen zum Teil aus den Nuten heraus und lassen sich nicht wieder hineindrücken. Was kann ich tun?

Bereits benutzte Heizelemente sind im kalten Zustand sehr brüchig. Sie müssen sie daher mit einer Lötlampe bis zur Rotglut erhitzen, bevor Sie die Heizleiter verbiegen und somit leicht zusammendrücken können, damit sie wieder in die Nuten der Ofenwand passen. Vor Beginn der Reparaturen an den Heizleitern immer dafür sorgen, dass der Ofen vom elektrischen Netz getrennt ist. Heizleiter fangen in der Regel an durchzuhängen, wenn das Mauerwerk beschädigt ist und die Unterstützung einer geschlossenen Nut fehlt.

Nicht alle Heizleiter im Ofen funktionieren, ich kann jedoch keinen Bruch erkennen. Wie identifiziere ich den nicht funktionierenden Heizleiter?

Testen Sie die Heizleiter und die Anschlüsse
Der Fehler kann sowohl bei den Heizleitern als auch bei den Kontakten zu finden sein. Stecken Sie etwas Papier in die Heizleiter und starten Sie den Ofen für ein paar Sekunden. Die Papiere müssen nun Brennspuren aufweisen. Zeigen die Papierstücke Brennspuren, sind die Heizelemente in Ordnung. Der Heizleiter, dessen Papier keine Schmauchspuren zeigt, ist der defekte. Überprüfen Sie nun genau, ob sich hier ein Bruch findet. Ist dies nicht der Fall, überprüfen Sie die Anschlüsse des Heizelements außerhalb des Brennraums. Diese könnten lose oder korrodiert sein.

Mein Ofen benötigt viel länger für einen Brand als erwartet. Was kann ich tun?

Testen und reparieren
Überprüfen Sie, ob alle Heizleiter arbeiten. Ersetzen Sie alle gebrochenen Heizleiter, auch die eventuell reparierten. Je älter Heizelemente sind, umso dünner werden sie und umso länger wird die Aufheizphase. Wenn dies Probleme mit den Glasuren zur Folge hat oder unökonomisch wird, sollten Sie die Heizdrähte wechseln, auch wenn diese noch nicht durchgebrannt sind. Überzeugen Sie sich, dass die Tür dicht schließt, die Schaulochstöpsel dicht sitzen und keine undichte Stelle im Mauerwerk oder der Faserisolierung existiert. Setzen Sie die Ware im Ofen gleichmäßig, wie oben abgebildet. So kann sich die Temperatur besser im Ofenraum verteilen.

Arbeitsgeräte und Materialien • 23

Vom Mauerwerk meines Ofens sind Ecken abgebrochen. Kann ich diese wieder ankleben?

Zum Reparieren von defektem Mauerwerk wird ein Spezialzement verwendet, der vom Hersteller des Ofens bezogen werden kann. Normaler Zement oder beliebiger Kleber hingegen beschädigen bzw. zerstören gar das Mauerwerk.

Ich möchte eine gebrauchte Drehscheibe kaufen. Worauf muss ich achten?

Probieren Sie aus, ob Sie gut an der Scheibe sitzen und hierbei die Geschwindigkeit leicht kontrollieren können. Können Sie die anlaufende Scheibe mit der Hand stoppen? Wie stark ist somit die Durchzugskraft? Wackelt der Scheibenkopf, oder sind die Lager in Ordnung? Wenn hier etwas nicht stimmt, wie hoch sind die Reparaturkosten? Wie sieht das Auffangbecken um den Scheibenkopf aus und wie leicht ist es zu reinigen? Gibt es eine Ablage für das Werkzeug? Wie schwer ist die Scheibe und passt sie durch die Tür Ihrer Werkstatt?

Ich habe gerade mit dem Drehen begonnen und möchte zu Hause arbeiten. Soll ich mir dafür eine elektrische oder eine Fußdrehscheibe kaufen?

Eine Frage der persönlichen Einstellung
Viele Töpfer arbeiten lieber auf einer Fußdrehscheibe, da sie der Ansicht sind, dass sie so den Drehprozess besser beeinflussen und bestimmen können. Dennoch ist es für Anfänger häufig schwierig, sich gleichzeitig auf das Drehen des Gefäßes und das Antreiben der Scheibe zu konzentrieren. Eine elektrisch betriebene Drehscheibe kann daher gerade am Anfang sehr hilfreich sein.

Meine Drehscheibe macht ungewöhnliche Geräusche. Was kann das sein?

Überprüfen Sie die Achse, auf der der Scheibenkopf sitzt – ob diese frei von Ton ist und ob nicht das Auffangbecken, wie nebenstehend abgebildet, überläuft. Warten Sie Ihre Scheibe regelmäßig. Schmieren Sie die Lager mit Lagerfett ab. Wenn das Geräusch weiter besteht, rufen Sie einen Schlosser – ein Lager könnte defekt sein.

Elektrodrehscheibe

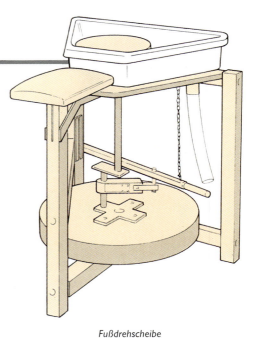

Fußdrehscheibe

24 • Arbeitsgeräte und Materialien

Mein Ton bleibt immer an der Tischoberfläche kleben. Wie kann ich das verhindern?

Um zu verhindern, dass Ton auf einem Arbeitstisch leicht festklebt, sollten seine Oberflächen so wenig porös wie möglich sein. Oberflächen aus Holz, Marmor oder Schiefer sind hierfür gut geeignet. Wenn eine solche Oberfläche zu feucht wird und der Ton wieder zu kleben beginnt, bestreuen Sie diese mit Tonpulver oder Talkum. Plastikoberflächen sind leicht zu reinigen, dafür klebt der Ton umso stärker auf ihnen fest. Steht keine andere Oberfläche zur Verfügung, sollten Sie ein Brett auflegen oder den Tisch mit einem Tuch bespannen, dessen Struktur zu Ihren Arbeiten passt.

Ich habe Tonreste, die zu hart zum Verarbeiten sind. Benötige ich Maschinen, um sie wieder aufzuarbeiten?

Aufbereiten von Hand
In Töpfereien, in denen große Mengen Restton anfallen, werden Maschinen zur Wiederaufbereitung eingesetzt. In kleinen Studios ist dies auch per Hand möglich. Hierzu lässt man den Ton gänzlich austrocknen und sumpft ihn anschließend mit Wasser. Der Tonbrei wird auf einer saugenden Unterlage, am besten einer Gipsplatte, bis zu verarbeitbarer Konsistenz getrocknet. Zum anschließenden Kneten benutzt man eine solide, flache Unterlage.

Gibt es ein spezielles Arbeitsgerät, um Ton leicht auszurollen?

Plattenroller machen es einfach, große und gleichmäßig dicke Platten auszurollen. Es gibt Tischgeräte und solche, die ein eigenes Untergestell haben. Gut eignet sich auch eine alte Wäschemangel, die heutzutage jedoch schwer zu finden ist. Eine Bügelsäge, die anstelle des Sägeblatts ein dünnes Stahlseil hat, eignet sich ebenfalls, um über zwei Latten, zwischen denen der Tonbatzen liegt, gleichmäßig dicke Tonplatten zuzuschneiden.

Welches Arbeitsgerät benötige ich, um den Schlicker von wiederaufbereitetem Ton zu trocknen?

Holzbretter und geschrühte Behälter
Belegen Sie Holzbretter dick mit alten Zeitungen, darüber ein Tuch und hierauf den Tonschlicker. Die Zeitungen saugen die Feuchtigkeit auf. Eventuell müssen Sie die Zeitungen austauschen, wenn sie vollgesogen sind. Gedrehte oder aufgebaute und anschließend geschrühte Behälter eignen sich ebenfalls gut zum Abtrocknen aufbereiteten Tons.

Gipsplatten
Benutzen Sie eine Holzkiste oder einen abgeschnittenen Karton zum Herstellen von Gipsplatten. Ein Karton muss mit Plastik ausgeschlagen werden, damit er nicht durchweicht und der Gips ausläuft oder Kartonreste am Gips kleben bleiben. Gießen Sie eine ca. 4 cm starke Platte. Wenn der Gips abgebunden hat, wird er aus der Form genommen und alle Unebenheiten geglättet.

Arbeitsgeräte und Materialien • **25**

Ich möchte meine Arbeiten gerne von allen Seiten sehen und bearbeiten können. Wie ist dies am besten zu bewerkstelligen?

Ränderscheibe
Mit einer Ränderscheibe können Sie Ihre Arbeit leicht drehen und von allen Seiten bearbeiten, ohne dass Sie sie durch Verschieben aus Versehen verformen. Selbst große Objekte kann man, wenn sie ordentlich zentriert sind, gut auf einer Ränderscheibe bearbeiten. Möchten Sie lediglich die Rückseite sehen, können Sie auch einen Spiegel benutzen, vor dem Sie arbeiten.

Ich habe verschiedene Gießformen geschenkt bekommen, die ich benutzen möchte. Benötige ich besondere Maschinen, um Gießschlicker herzustellen?

Kaufen Sie einen Gießtonrührer
Wollen Sie nur wenige Arbeiten gießen, ist es billiger und einfacher, fertig angesetzten Gießschlicker zu kaufen. Wenn Sie jedoch die Absicht haben, größere Stückzahlen zu gießen, ist es angeraten, einen Mischer zu kaufen, da das Ansetzen und Aufbereiten von Gießschlicker von Hand recht mühsam ist. Manche Mischer eignen sich auch zum Entlüften des gemischten Schlickers. Sie können passend zu dieser Herstellungstechnik eine Gießbank kaufen, die über eine Auffangrille verfügt, in der die Formen ausgegossen werden.

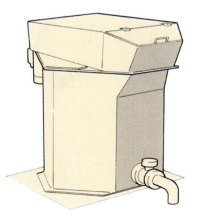

Wie kann ich verhindern, dass der Gips für die Formen und Platten meinen Ton verunreinigt?

Vorsicht walten lassen
Mischen Sie den Gips in einer Schüssel, die mit einem dünnen Plastiksack ausgeschlagen ist. Überschüssiges Gipsmaterial kann so direkt und sauber entsorgt werden, und die Schüssel bleibt ohne Gipsspuren. Arbeitsbereiche in der Werkstatt sollten Sie durch Plastikplanen voneinander trennen. Benutzen Sie für Gips- und Tonarbeiten unterschiedliche Werkzeuge. Das Gießen von Gipsplatten und -formen sollte so erfolgen, dass kein Gips unkontrolliert auslaufen kann. Runden Sie alle Ecken der gegossenen Platten und Formen ab, sodass keine kleinen Splitter abplatzen und in den Ton geraten können. Abgeplatzte Ecken mit scharfen Kanten sollten Sie mit Sandpapier glätten.

Meine Werkstatt ist sehr klein. Welches Regalsystem sollte ich benutzen?

Für eine kleine Werkstatt eignen sich am besten Regale, deren Böden höhenverstellbar und somit an die verschiedensten Arbeiten anzupassen sind. Metallregale eigenen sich in Kombination mit Holzplatten ebenfalls sehr gut.

26 • Arbeitsgeräte und Materialien

Mein Waschbecken in der Werkstatt verstopft häufig. Wie kann ich das verhindern?

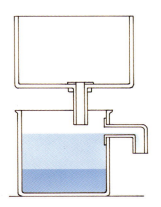

Absetzbecken
Die Installation eines Absetzbeckens verhindert das Verstopfen des Abflusses durch ausgegossenen Ton oder Glasurrohstoffe. Das Fallrohr des Waschbeckens ragt in einen darunter stehenden Behälter. Dessen Abflussrohr ist nahe des oberen Randes angebracht, sodass sich feste und schwerere Bestandteile am Boden absetzen können und nur Wasser in die Kanalisation gelangt. Den Behälter müssen Sie in regelmäßigen Abständen reinigen. Eventuell ist die Hilfe eines Installateurs notwendig.

Ich habe keinen speziellen Feuchthalteschrank. Wie kann ich meine Arbeiten feucht halten?

Einsprühen und Abdecken
Benutzen Sie eine Sprühflasche aus dem Gartenbedarf und besprühen Sie Ihre Arbeit mit einer dünnen Schicht Wasser. Anschließend wird das Objekt in Plastikfolie eingeschlagen. Sorgen Sie dafür, dass die Plastikfolie Ihre Arbeit dicht umschließt, und stellen Sie sie an den kühlsten Platz in Ihrer Werkstatt. Achten Sie auf Kondenswasser, das Teile lösen kann!

In den Katalogen der Rohstoffhändler finden sich so viele Werkzeuge. Welche davon benötige ich tatsächlich?

Schauen Sie auf Ihre Arbeitstechnik
Überlegen Sie, für welche Arbeitstechnik Werkzeuge benötigt werden. Viele Werkzeuge haben beim Drehen, Abdrehen oder Dekorieren eine ganz bestimmte Funktion. So können Sie entscheiden, auf welches Werkzeug Sie verzichten. Fassen Sie die Werkzeuge an und fühlen Sie das Gewicht und die Form in Ihrer Hand. Manche Töpfer entscheiden sich für Holzwerkzeuge, andere ziehen Stahl vor. Nur durch Ausprobieren werden Sie die für Sie geeigneten Hilfsmittel finden.

Ich kann mir nicht viele Werkzeuge leisten. Welche Art von Werkzeugen kann ich leicht selbst herstellen?

Viele Artikel aus dem täglichen Bedarf können in der Töpferwerkstatt Verwendung finden. Alte Zahnbürsten, Pinsel, Rasierpinsel und Make-up-Pinsel können zum Auftragen von Engoben, Farben und Glasuren benutzt werden. Alte Kreditkarten, Plastikblumentöpfe oder Joghurtbecher können Sie zerschneiden und als Drehschienen oder Dekorwerkzeuge verwenden. Angelschnur oder Gitarrensaiten lassen sich zu Schneidedrähten umfunktionieren. Abgenutzte und in Teile zerschnittene dünne Sägeblätter eignen sich als Abdrehwerkzeuge. Dickere abgenutzte Sägeblätter lassen sich zu Messern schleifen. Alte Bohrer, aber auch kleine Metall- oder Plastikrohre lassen sich zum Bohren oder Aufstechen verwenden. Mit etwas Geschick können Sie auch Drehschienen aus Holz selbst herstellen.

Arbeitsgeräte und Materialien • 27

Ich stelle aus meinen Tonresten oft Schlicker her. Wie löse ich den Ton gut auf, bevor ich ihn durch das Sieb gebe?

Brauchbares Arbeitsgerät
Ein Glasurmischer, wie nebenstehend abgebildet, mischt auch Tonschlicker. Mit einem handelsüblichen Farbrührer, den Sie in eine Bohrmaschine stecken, lassen sich sowohl Tonschlicker wie Glasurversatz gut aufrühren. Ein Küchenquirl ist hilfreich, wenn es um kleinere Mengen geht. Ein solcher Rührer sollte jedoch niemals wieder in der Küche Verwendung finden.

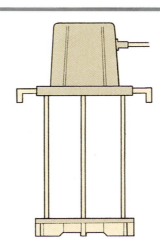

Welche Geräte benötige ich, um meine Glasuren zu spritzen?

Handelsübliche Spritzanlagen
Sie können spezielle Anlagen kaufen. Gespritzte Glasuren oder Air-Brush Dekore können sehr professionell aussehen. Wollen Sie mehrere Stunden spritzen, sollte die Anlage entsprechend ausgelegt sein. Um Glasuren zu spritzen, benötigt man unbedingt einen Spritzstand mit Absauganlage. Zusätzlich sollten Sie eine Atemschutzmaske tragen.

Selbst gefertigte Spritzanlage
Mit einer Handsprühflasche oder einer aufpumpbaren Sprühflasche aus dem Gartenbedarf können Sie ebenfalls Glasuren spritzen. Sie werden zwar keine sehr gleichmäßigen Oberflächen, jedoch interessante Effekte erzeugen können. Einen Spritzstand können Sie aus einem Karton fertigen, an den Sie einen Staubsauger anschließen, der den Spritznebel absaugt.

Benötige ich für keramisches Material eine spezielle Spritzpistole?

Die hier eingesetzten Rohstoffe haben eine größere Partikelgröße als die Bestandteile von Farben oder eingefärbte Flüssigkeiten. Spritzpistolen für die Keramik sind darauf eingerichtet. Verwenden Sie Farbspritzpistolen, verstopfen diese häufiger. Feines Aufmahlen der Glasursuspension ist dann notwendig.

Was benötige ich zum Mahlen keramischer Rohstoffe?

Manuelles Mahlen
Gebranntes und ungebranntes Material können Sie in einem Mörser mit einem Stößel mahlen. In der Regel sind solche Mörser aus hochgebranntem Porzellan und somit härter als die meisten keramischen Rohstoffe.

Mechanisches Mahlen
Kugelmühlen oder Planscheibenmühlen werden benutzt, um sehr feine Korngrößen zu erzeugen. Kugelmühlen sind rotierende Trommeln, in denen das Mahlgut zusammen mit Mahlkugeln rotiert. Bei Planscheibenmühlen wird das Mahlgut zwischen zwei Mahlscheiben zerrieben.

28 • *Arbeitsgeräte und Materialien*

Meine Werkzeuge sind stumpf geworden. Wie kann ich sie erneut schärfen?

Manuell oder mechanisch
Der schnellste Weg, Werkzeuge zu schärfen, ist die Benutzung eines drehenden Schleifsteins, wobei man die Schneide im Winkel an den Stein hält. Sie können jedoch Werkzeuge auch von Hand schärfen. Benutzen Sie dazu einen Wetzstein und Öl. Geben sie etwas Öl auf den Stein und reiben Sie das Werkzeug immer in einer Richtung und im möglichst gleichen Winkel darüber. Bei dieser Methode wird das Schärfen jedoch etwas länger dauern.

Wie kann ich Arbeiten mit meinen Initialen oder einem Siegel versehen?

Es gibt viele Methoden, eine Keramik zu signieren. Geeignet sind Gummistempel auf Schrühware, Metallstempel auf lederharten Stücken, oder Tonstempel – wie hier beschrieben.

1. Ritzen Sie mit einem Messer oder einem anderen scharfen Instrument Ihre Initialen bzw. Ihr Werkstattzeichen in ein lederhartes Stück Ton.

2. Wenn die Tonplatte mit dem Zeichen hart ist, pressen Sie ein weiches Stück Ton in das geritzte Zeichen. Sie erhalten einen spiegelbildlichen Abdruck. Dieser Stempel wird geschrüht und kann nun zum Markieren von lederharten Stücken verwendet werden.

Ich besitze eine Staubmaske für die Arbeit in der Werkstatt. Wann ist es notwendig, sie zu tragen?

Staubige Arbeiten
Im Einatmen von Stäuben liegt eine der größten Gesundheitsgefahren beim Arbeiten in einer Töpferwerkstatt. Sie sollten daher bei jeder Gelegenheit, bei der sich Staub entwickeln kann, Ihre Maske tragen. Dies ist der Fall beim Versäubern von getrockneten Arbeiten, beim Verarbeiten von pulverigen Tonen oder beim Abwiegen und Mischen von Glasurrohstoffen sowie beim Bearbeiten von geschrühten oder ungeschrühten Stücken mit Sandpapier und vielen anderen Arbeitsabläufen. Auf keinen Fall sollte man eine Werkstatt kehren, sondern immer feucht wischen oder saugen. Es gibt verschiedene Staubmasken für unterschiedliche Partikelgrößen. Am sichersten sind Masken mit austauschbaren Filtern.

Wie kann ich meine Augen schützen und dennoch die Kegel bei hohen Temperaturen im Ofen beobachten?

Benutzen Sie ein farbiges Glas oder ein im Handel erhältliches Schutzglas. Am besten eignet sich grünes Glas, da das hier verwendete Eisen die schädlichen ultravioletten Strahlen ausfiltert. Gehen Sie nicht zu dicht an das Schauloch, die Hitze würde Ihren Augen schaden. Am besten tragen Sie eine getönte Schutzbrille beim Beobachten der Kegel.

Arbeitsgeräte und Materialien • 29

Ich möchte für die Schule Ton kaufen. Welche Sorte eignet sich am besten für die Arbeit mit Kindern?

Keinen Spezialton verwenden
Ihr Tonlieferant gibt Ihnen eine Beschreibung der handelsüblichen Tonsorten, Hinweise, für welche Techniken er einsetzbar ist, bei welcher Temperatur er am besten zu brennen ist und was er kostet. Wählen sie einen preisgünstigen Ton mit vielseitigen Einsatzmöglichkeiten, der keine spezielle Brenntechnik erfordert.

Empfehlenswerte Tone und solche, die zu meiden sind
Roter Ton kann billiger sein als heller, dennoch sollten Sie ihn bei der Arbeit mit kleinen Kindern nicht benutzen, da das rot färbende Eisenoxid nur schwer aus den Kleidungsstücken zu entfernen ist. Ein heller Ton färbt die Kleider längst nicht so stark und bildet farblich auch einen besseren Malgrund für Dekorationen.

Ich habe Ton auf meinem Grundstück gefunden. Kann ich ihn für meine Arbeiten nutzen?

Aufbereiten des selbstgefundenen Tons
Eigene Tonlager können für die Herstellung einer Tonmasse genutzt werden. Nach ersten Arbeits- und Brennproben müssen Sie einem fetten Ton Sand oder Schamotte als Magerungsmittel bzw. magerem Ton etwas fetten Ton als Plastifizierungsmittel zusetzen. Häufig sind solche Tone auch in Glasuren verwendbar, in denen sie spezielle Farbnuancen oder Strukturen erzeugen.

1. Graben Sie etwas Ton ab, trocknen Sie ihn gänzlich und lösen Sie ihn dann in Wasser auf. Den Schlicker geben Sie durch ein Sieb.

2. Trocken Sie den Schlicker auf einer saugenden Unterlage und geben Sie, wenn nötig, im knetbaren Zustand weitere Materialien hinzu.

Der Ton, den ich benutze, ist sehr alt und bereits schimmelig. Beeinflusst der Schimmel meine Keramiken negativ?

Schimmel ist hilfreich
Ton, der lange gelagert wurde, ist bedeutend besser zu verarbeiten als frisch angesetzter. Der grüne Schimmel, der sich auf der Oberfläche bildet, ist gut für den Ton. Kneten Sie die etwas schleimige Schicht ein, sie steigert die Verarbeitbarkeit und ist nach dem Brand nicht mehr zu sehen.

Kann ich meine eigene Tonmasse aus Rohstoffen ansetzen?

Sie können eigene Tonmasse aus pulverigen Rohstoffen ansetzen, und es gibt hierfür eine große Anzahl an Rezepten in der Fachliteratur. Manche Töpfer setzen für ihre speziellen Anforderungen eigene Massen an, andere denken wiederum, dass dies kostbare Arbeitszeit und Platz verschwende. Fertig aufbereitete Tonmassen sind trotz allem ein preisgünstiger Rohstoff für kreatives Arbeiten.

Mein Ton ist sehr plastisch, und große Arbeiten neigen dazu, sich zu verziehen. Was kann ich tun?

Magerungsmittel

Kneten Sie Molochit, Sand oder Schamotte in den feuchten Ton. Für die Zusatzstoffe steht eine Reihe von Korngrößen und Farben zur Verfügung, die zudem Einfluss auf Struktur und Farbe nehmen. Papier kann ebenfalls für diesen Zweck zugesetzt werden (Paper-Clay), macht den Ton jedoch eher leblos.

Wie kann ich meinen Arbeiten eine stark strukturierte Oberfläche geben?

Schaffen interessanter Oberflächen

Es gibt zahllose Möglichkeiten, strukturierte Oberflächen zu schaffen. Drücken Sie brennbare Materialien wie Getreidespelzen, Papierservietten, Sägespäne, Reiskörner, Stroh oder Blätter in die weiche Tonoberfläche. Diese Materialien brennen aus und hinterlassen interessante Vertiefungen und Löcher in der Oberfläche Ihrer Arbeit. Rollen Sie Tonplatten auf strukturiertem Untergrund wie beispielsweise Wellpappe, Gummimatten, Baumrinde oder strukturierten Glasscheiben aus und verarbeiten Sie diese Platten. Aufgetragener Schlicker kann, etwas angetrocknet, mit allem möglichen strukturierten Material bearbeitet werden. Stoffe können in Schlicker getaucht und um Arbeiten drapiert werden. Kombinieren Sie Fragmente anderer farbiger Tonsorten, farbige Schamotte, Rostpartikel, Glasscherben mit Ihrem Ton, um eine charaktervolle Oberfläche zu gestalten.

Rechts: Billy Adams, Zweihenkeliger „Rock-a-Billy"-Krug

Kann ich Ton, den ich in oxidierender Atmosphäre brenne, wie reduziertes Steinzeug erscheinen lassen?

Benutzen Sie eine fein gesprenkelte Tonmasse, die nach dem Brand ein vergleichbares Aussehen hat, obwohl sie in einem Elektroofen gebrannt wurde. Solche Massen enthalten Eisenpartikel oder Basaltmehl, die bei Steinzeugtemperatur gebrannt, dem Ton eine warme, fein gefleckte Oberfläche geben. Alternativ können Sie Eisenfeilspäne, Rostpartikel, Ilmenit oder Basaltmehl in Ihren Ton kneten. Dies führt zu vergleichbaren Effekten.

Was kann ich dagegen tun, dass mein Ton so stark schwindet?

Je höher Sie Ihren Ton brennen, umso mehr wird er schwinden. Hierbei ist die Schwindung bei feinem weißen Ton größer als bei farbigen, grobkörnigeren Tonen. Die erste Möglichkeit wäre, die Brenntemperatur herabzusetzen, oder wenn dies nicht möglich ist, die Tonsorte zu wechseln. Eine andere Möglichkeit ist, Schamotte zuzusetzen. Schamotte ist gebrannter und gemahlener Ton, der seine Schwindung bereits teilweise hinter sich hat. Wenn Schamotte einen essentiellen Teil der Masse ausmacht, schwindet diese geringer als der Basiston. Beginnen Sie mit Zusätzen von ca. 10–15 % zur Ausgangsmasse. Brennen Sie die Masse nicht höher, als die Schamotte bereits gebrannt wurde, da ansonsten die Schamottenkörner selbst erneut zu schwinden beginnen.

Arbeitsgeräte und Materialien • 31

Wie lagert man Ton am besten und wie bereitet man ihn nach dem Lagern auf?

Einschlagen in Plastikfolie, Aufbewahren in dicht schließenden Plastikbehältern

Vorausgesetzt, Sie verarbeiten Ihren Ton recht zügig, können Sie ihn in einer gut schließenden Plastiktüte feucht halten. Wenn Sie Ihren Ton jedoch länger lagern müssen, tun Sie dies gut verpackt und in einer luftdicht schließenden Kiste. Da dennoch eine geringe Austrocknung stattfindet, lagern Sie ihn etwas feuchter als für das spätere Verarbeiten gewünscht.

Anfeuchten nach dem Lagern

Wenn Sie Ihren Ton in einem warmen Raum gelagert haben, ist es eventuell nötig, ihm vor dem Verarbeiten erneut anzufeuchten. Schneiden Sie dickere Scheiben und legen Sie diese in eine Schüssel. Geben Sie Wasser darüber und lassen Sie den Ton ziehen, bis er weicher geworden ist. Zum oberflächlichen Trocknen legen oder kneten Sie den Ton kurz auf einer Gipsplatte.

Wie kann ich einen zu feuchten Ton schnell trockener bekommen?

Legen Sie den zu feuchten Ton auf saubere Gipsplatten und drehen Sie ihn häufiger. Kneten Sie ihn auf der Gipsplatte durch. Alternativ können Sie etwas Pulverton einkneten, bis die richtige Konsistenz erreicht ist.

Ich finde das Kneten und Schlagen des Tons sehr ermüdend. Ist diese Technik wirklich notwendig?

Bearbeiten des Tons

Durch das Kneten und Schlagen des Tonbatzens entfernen Sie Luft, geben ihm eine gleichmäßige Konsistenz und Feuchtigkeit. Sorgen Sie dafür, dass Sie auf einer niedrigeren Fläche arbeiten als Ihre normale Werkbank, oder stellen Sie sich auf ein Podest, um mehr Druck ausüben zu können. So können Sie Ihr Körpergewicht mitarbeiten lassen.

1. Beim Tonschlagen nehmen Sie sich so viel Ton, wie Sie leicht handhaben können, und formen Sie einen blockförmigen Batzen daraus. Schlagen Sie diesen Block auf den Schlagtisch vor Ihnen, sodass der Ton im leichten Winkel nach vorn zum Liegen kommt. Der höchste Punkt zeigt nun zu Ihnen. Nehmen Sie einen Abziehdraht und schneiden Sie den Block quer in der Mitte durch.

2. Nehmen Sie das abgeschnittene Stück und drehen Sie die Schnittfläche zu sich. Schlagen Sie nun dieses Stück auf den Batzen, das auf dem Tisch liegt. Hierdurch wird Luft aus den Stücken gepresst. Formen Sie wieder einen Block aus beiden zusammengeschlagenen Teilen und wiederholen Sie diese Arbeitsschritte so lange, bis keine Luftblasen mehr an der Schnittfläche zu erkennen sind. Wenn Sie damit fertig sind, formen Sie erneut einen Block, der anschließend geknetet wird.

3. Halten Sie den Block so, dass eine der Kopfflächen zu Ihnen zeigt. Benutzen Sie beide Hände und drücken Sie den Block von Ihnen fort nach unten gegen den Tisch. Ziehen Sie den oberen Teil des gestreckten Tonbatzens nun zu sich, sodass er sich einrollt. Wiederholen Sie diese zwei Aktionen in einer kontinuierlichen Bewegung. Wenn das Tonkneten richtig ausgeführt wird, formt sich eine Spirale, bei der sich der Ton übereinander faltet und so jegliche Luft entfernt wird.

32 • *Arbeitsgeräte und Materialien*

Ich besitze viele angetrocknete Tonreste und zerbrochene, ungebrannte Arbeiten. Kann ich diese Tonreste wieder aufarbeiten?

Wiederaufbereitung
Um getrockneten Ton wieder aufzubereiten, sollten Sie ihn völlig austrocknen lassen und anschließend in Wasser auflösen.

1. Brechen Sie die getrockneten Tonreste in kleine Stücke und geben Sie diese in einen Eimer. Füllen Sie den Eimer mit Wasser, sodass der Ton gerade bedeckt ist. Lassen Sie den Ton gut durchziehen und geben Sie etwas Wasser nach Bedarf hinzu, bis sich der trockene Ton zu Brei aufgelöst hat und härtere, vormals nicht ganz trockene Stücke zumindest weich geworden sind.

2. Nach mehreren Stunden gießen Sie eventuell überstehendes Wasser ab und legen den Tonbrei auf eine Gipsplatte. Wenn der Ton bis zu verarbeitbarer Konsistenz getrocknet ist, schlagen und kneten Sie ihn. Besonders bei wieder aufbereitetem Ton ist intensives Durcharbeiten des Tonbatzens notwendig.

Mein aufbereiteter Ton ist schwierig zu verarbeiten und zeigt nach dem Brand eine große Anzahl feiner Luftblasen. Wie kann ich seine Eigenschaften verbessern?

Lassen Sie Ihren Ton ruhen
Lagern Sie Ihren aufbereiteten Ton für ca. sechs Wochen, bevor Sie ihn erneut verarbeiten. Er braucht eine gewisse Zeit zum Mauken, damit er seine ursprüngliche Verarbeitungsfähigkeit wieder erlangt. Ein paar Tropfen Essig in das Anmachwasser unterstützen diesen Prozess.

Ton aus der Strangpresse
Häufig ist es notwendig, den aufbereiteten Ton, der anschließend in der Strangpresse weiter verarbeitet wurde, zu kneten und zu schlagen, damit er seine frühere Verarbeitungsfähigkeit wieder erlangt – insbesondere dann, wenn noch Lufteinschlüsse vorhanden sind.

Wie setze ich Montageschlicker zum Zusammenbauen von Teilen an?

Schlicker für diesen Zweck können Sie aus trockenen oder lederharten Tonresten bzw. Abschnitten vom Abdrehen mit Wasser ansetzen. Wichtig ist, dass Sie den Schlicker aus dem gleichen Ton herstellen, aus dem die Teile bestehen, die Sie zusammensetzen wollen.

1. Benutzen Sie einen Schaber oder eine grobe Holzfeile, um lederharten Ton in kleine Stücke zu raspeln.

2. Trockenen Ton können Sie mit einem Nudelholz zerkleinern. Bearbeiten Sie ihn so lange, bis fast Pulverform erreicht ist. Stecken Sie dazu den Ton in eine Plastiktüte, um das Wegspringen kleiner Teilchen zu verhindern.

3. Mischen Sie die kleinen Tonschnipsel oder das Tonpulver mit Wasser zu einem Schlicker. Warmes Wasser und ein paar Tropfen Essig unterstützen hierbei den Prozess der Auflösung.

Arbeitsgeräte und Materialien • 33

Wie kann ich den Ton, den ich wieder aufbereiten möchte, schneller auflösen?

Tone, die weich, dicht und plastisch sind, lassen sich nur schlecht auflösen. Lassen Sie den Ton, den Sie wieder aufbereiten wollen, ganz trocknen, zerkleinern Sie ihn so weit wie möglich, geben Sie ihn in warmes Wassser und fügen Sie ein paar Tropfen Essig hinzu.

Die Töpfe, die ich gestern gedreht habe, weisen heute Risse auf. Wieso?

Passiert dies in einer warmen Jahreszeit und waren die Arbeiten nicht abgedeckt, sind sie einseitig und zu schnell getrocknet. Ist hingegen das Thermometer unter Null gesunken, hat sich das gefrierende Wasser ausgedehnt und die Wandung aufgebrochen. Frisch gedrehte Arbeiten müssen gleichmäßig und in temperierter Umgebung trocknen.

Brauche ich einen besonderen Ton, um Raku-Keramik zu fertigen?

Raku-Keramik wird in glühendem Zustand aus dem Ofen genommen. Sie können Stücke aus den unterschiedlichsten Tonen für Raku-Arbeiten verwenden, am besten eignen sich jedoch grob schamottierte, offenporige Massen, die Temperaturschocks überstehen können. Bei der Verwendung von feinen Tonen oder gar Porzellan müssen Sie mit einer hohen Ausschussrate rechnen.

Speziellen Raku-Ton können Sie kaufen, meist eignet sich jeder stark schamottierte oder mit anderem feuerfesten Material versetzte Ton für diesen Zweck ebenfalls. Versetzen Sie Ihre Masse mit 5–20 % Schamotte, Molochit oder hochfeuerfestem Ton und machen Sie hiermit Versuche. Die Form der Arbeit nimmt auch Einfluss auf die Menge des Zusatzstoffes. Große Arbeiten verlangen einen Ton mit einem hohen Anteil an z. B. Schamotte.

Ich möchte gern flammfeste Ware herstellen. Ist das möglich?

Es ist sehr schwierig, Gefäße herzustellen, die sich für das Kochen auf offener Flamme eignen. Der Scherben muss sehr weich und offenporig sein, um die Spannungen zu ertragen, die der Einfluss der direkten Flamme erzeugt. Die Form des Gefäßes ist ein weiterer wichtiger Aspekt. Sie darf keine Schwachstellen aufweisen wie z. B. Winkel beim Übergang vom Boden zur Wandung. Traditionelle rote Irdenwaretöpfe mit ihren gerundeten Böden und der offenen Form können hierfür als Vorbild dienen.

Welche Tonsorte kann ich benutzen, um wetterfeste Pflanzenkübel herzustellen?

Gesintertes Steinzeug
Blumentöpfe, die für die Benutzung im Garten oder im Freien vorgesehen sind, können aus engobiertem oder glasiertem Steinzeug sein. Wasser kann nicht in den Steinzeugscherben eindringen, und es besteht somit keine Gefahr, dass ihn das im Winter gefrierende Wasser sprengt. Damit sich eventuell im Gefäß stehendes Wasser bei Frost ausdehnen kann, muss sich die Form nach oben weiten.

Irdenware
Blumentöpfe bestehen in der Regel aus roter Irdenware. Benutzen Sie für Pflanzgefäße einen Ton mit viel Sand, aber ohne Schamotte. Schamottekörner sitzen in der Gefäßwandung wie poröse Klumpen, in die Wasser einwandern kann. Brennen Sie die Stücke im oberen Temperaturbereich des verwendeten Tons, sodass der Scherben noch offen, jedoch nur noch gering porös ist. Diese Porösität ist der Grund, weshalb viele Gärtner einen solchen Topf einem dichten Plastiktopf vorziehen.

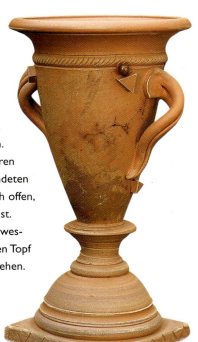

Rechts: Simon Hulbert, Vase aus roter Irdenware

34 • *Arbeitsgeräte und Materialien*

Wegen seiner Farbe und Glätte arbeite ich gern mit Porzellan. Leider reißen und verziehen sich die Stücke oft. Was kann ich dagegen tun?

Setzen Sie etwas Molochit zu
Porzellan kann durch den Zusatz von Molochiten besser verarbeitet werden. Dies führt zu einer griffigeren Massestruktur mit besseren Verarbeitungseigenschaften.

1. Beginnen Sie Ihre Versuche, indem Sie 1800 g Porzellanmasse 225 g Molochit zugeben. Ändern Sie später dieses Ausgangsverhältnis (8:1) je nach Ihren Arbeitsbedingungen.

2. Befeuchten Sie den Molochit mit etwas Wasser, damit das Porzellan beim Unterkneten nicht trockener und somit härter wird.

3. Kneten Sie den Molochit in Ihre Porzellanmasse, bis die Materialien gut und homogen gemischt sind.

Papierzusatz
Setzen Sie dem Porzellan in Wasser aufgelöstes Papier zu. Dieser Papierbrei wird die Standfestigkeit der Masse erhöhen und wirkt dem Verziehen und dem Reißen entgegen. Wenn Sie die Papierfasern in der Oberfläche der Arbeiten stören, können Sie später zusätzlich eine dünne Schicht Porzellanschlicker auftragen.

Wie kann ich Porzellan vor Verunreinigungen durch anderen Ton in der Werkstatt schützen?

Ihr Arbeitsbereich und hier besonders die Drehscheibe, die Arbeits- und Regalbretter müssen absolut sauber gehalten werden. Reinigen und trocknen Sie alle Werkzeuge nach Gebrauch, insbesondere solche aus Metall, damit sich kein Rost bilden kann. Wenn Sie farbige Massen in Ihrer Werkstatt verarbeiten, sollten Sie einen separaten Arbeitsbereich einrichten und bestimmte Werkzeuge nur für Porzellan benutzen.

Meine Porzellangefäße haben eine raue Oberfläche, aber ich möchte sie nicht glasieren. Was kann ich tun?

Glätten bei allen Arbeitsschritten
Obwohl Porzellan einen glatten Oberflächencharakter hat, bedarf es doch einiger Anstrengung, um eine glatte, seidenartige Oberfläche zu bekommen. Glätten Sie bereits während der Trocknungsphase die Oberfläche mit einem weichen Schwamm und nach dem Schrühbrand mit feinem Sandpapier. Nach dem Glattbrand benutzt man feines Schleifpapier mit besonders hartem Korn.

Ist es möglich, verschiedene Tonsorten miteinander zu mischen?

Verschiedene Tonsorten können Sie zusammen verarbeiten, wenn diese homogen miteinander vermischt werden. Wenn Sie unsicher über die Brenntemperatur der neu gemischten Masse sind, sollten Sie Tests durchführen und mit der Brenntemperatur des niedrig schmelzenden Tons beginnen. Wenn Sie eine nur teilweise Vermischung verschiedenfarbiger Tone wünschen (Marmorierung), so ist es besser, eine Tonsorte zu benutzen und einen Teil davon einzufärben. Nehmen sie verschiedenfarbige Tone, werden voraussichtlich die Schwindungen unterschiedlich sein, und die Teile können beim Trocknen oder spätestens beim Brennen auseinander fallen.

Arbeitsgeräte und Materialien • 35

Ich verwende einen stark mit Sand versetzten Ton, um große Gefäße herzustellen. Wie kann ich dennoch den Arbeiten eine glatte Oberfläche geben?

Wischt man einen stark mit Sand oder Schamotte versetzten Ton mit einem Schwamm und Wasser ab, werden die gröberen Partikel freigelegt. Glätten Sie den Ton also lieber mit Ihren Fingern, mit einer Gumminiere, einem glatten Kieselstein oder einem Holzwerkzeug. Sie können auch die gesamte Oberfläche oder separate Teile mit einer feinen Engobe überziehen. Arbeiten, die eine offene und raue Oberfläche, speziell im Fußbereich, haben, verkratzen Möbeloberflächen. Daher sollten Sie raue Fußbereiche mit Schleifpapier glätten und später mit Filz bekleben.

Ich habe von Paper-Clay gehört. Was ist das und wofür verwendet man diesen Ton?

Paper-Clay ist ein Ton, der einen Anteil an wassergelöstem Papier enthält. Die Tonmasse bekommt so eine sehr gute Rohbruchfestigkeit während des Trocknens und eine erstaunliche Trockenfestigkeit sowie eine besonders gute Resistenz gegen Rissbildung und Verziehen. Es ist sogar möglich, trockene Tonstücke mit feucht-plastischen Teilen zu verbinden, ohne dass Risse entstehen. Auch können an bereits geschrühte Arbeiten weitere Teile anmodelliert werden. Der Papieranteil brennt während des Schrühbrandes aus. So ist es möglich, ganz leichte und sehr fragile Konstruktionen herzustellen.

Paper-Clay hat jedoch auch Nachteile. Es ist nicht möglich, solchen Ton auf der Scheibe zu drehen, Henkel daraus zu ziehen oder feine Details zu modellieren. Paper-Clay in plastischem Zustand beginnt zu verfaulen und riecht entsprechend. Beim Brand entstehen stinkende und schädliche Dämpfe.

Welche Papiersorte soll ich für das Ansetzen von Paper-Clay verwenden und wie stelle ich eine solche Masse her?

Herstellung von Paper-Clay

Benutzen Sie als Ausgangsmaterial saugfähige Papiere – wie Servietten oder Zeitungspapier, die sich leicht zu einem Brei auflösen lassen. Sie können einen elektrischen Quirl benutzen, um den Auflösungsprozess zu beschleunigen. Üblicherweise wird der Papierbrei mit der gleichen Menge Tonschlicker vermischt. Für glattere Oberflächen muss der Tonanteil größer sein.

1. Weichen Sie das bereits feuchte oder das in Fetzen zerrissene Papier so lange in Wasser ein, bis eine breiige Konsistenz vorhanden ist. Drücken Sie nun das Wasser gut aus. Setzen Sie dem Papierbrei die gleiche Menge Tonschlicker zu und mischen Sie gründlich durch.

2. Legen Sie diese Papier-Ton-Mischung auf einer Gipsplatte aus, bis das überschüssige Wasser entzogen ist. Verwenden Sie den Paper-Clay als Platte direkt von der Gipsplatte oder kneten Sie das Material zu einem Batzen, den Sie dann für Aufbautechniken verwenden können.

Welche anderen Rohstoffe kann ich Ton zusetzen, um dessen Eigenschaften und Struktur zu beeinflussen?

Seit den alten Ägyptern versetzen Töpfer ihren Ton mit weiteren Materialien. Obwohl in der jüngsten Vergangenheit eine Tendenz zur Verwendung reiner Tonmassen vorhanden war, geht die Entwicklung in den letzten Jahren dahin, die verschiedensten Materialien gemeinsam zu verarbeiten. Hierbei wurden Versuche gemacht, bei denen Glasfasern, Fasern aus Seilen und Matten, Stroh, Cellulose-Fasern, Zement und Stahlteile oder Gips in Pulverform Verwendung fanden. Sie sollten jedoch vorsichtig bei Versuchen mit solchen Zusätzen sein. Testen Sie zuerst geringe Mengen, um eventuell extreme Reaktionen klein zu halten, und stellen Sie die Teststücke im Ofen in gebrannte Teller oder Schüsseln, damit Ihre Setzplatten nicht in Mitleidenschaft gezogen werden. Beginnen Sie mit Testbränden bei einer niedrigeren Temperatur als üblich. Sorgen Sie für eine gute Belüftung der Werkstatt.

36 • Arbeitsgeräte und Materialien

Auf der Oberfläche meiner Gefäße bildet sich eine weiße Schicht. Wie kann ich diesen Belag entfernen und vermeiden, dass er erneut entsteht?

Bei dem weißen Belag handelt es sich um Salze, hauptsächlich Kalziumsulfat oder Chloride, die aus dem Ton an die Oberfläche wandern. Durch Abwischen mit einer Lösung 1 Teil Wasser und 1 Teil Essig können Sie diese Ausscheidungen entfernen. Um dem vorzubeugen, können Sie 1–2 % Bariumkarbonat in Ihren plastischen Ton kneten oder die Töpfe etwas höher brennen.

Ich möchte eine Engobe auf bereits geschrühte Arbeiten aufbringen, aber die Engobe hält nicht auf der Oberfläche. Was kann ich tun, um dieses Problem zu lösen?

ENGOBE FÜR GESCHRÜHTE IRDENWARE
35 % Kalzinierter Ball Clay
25 % Kalziniertes Kaolin
20 % Borfritte
20 % Quarz

ENGOBE FÜR GESCHRÜHTES STEINZEUG
35 % Kalzinierter Ball Clay
25 % Kalzinierter China Clay
20 % Cornish Stone
20 % Quarz

Verwenden Sie ein spezielles Engoberezept
Sie müssen eine Engobe verwenden, die speziell auf den Schrühscherben zugeschnitten ist. So erreichen Sie, dass die Schwindung des Gefäßes und die der Engobe angepasst werden. Die kalzinierten Rohstoffe in diesem Versatz sind Ball Clay und Kaolin, die bereits bei 1000° C vorgeglüht wurden. Abhängig von der Schwindungsrate der Gefäße können diese Versätze auch mit nicht kalzinierten Rohstoffen funktionieren.

Verwenden Sie Kleber
Geben Sie eine geringe Menge Tapetenkleister oder Gummi Arabicum zu dem Engobeversatz. Eine mit solchen Materialien versetzte Engobe kann nur wenige Wochen gelagert werden, da die Zusätze zu verfaulen beginnen. Außerdem entstehen beim Brand giftige Dämpfe, die gut entlüftet werden müssen.

Wenn ich meine Gefäße engobiere, entstehen häufig kleine Bläschen, oder es platzt sogar die Engobe. Warum?

Befeuchten Sie Ihre Gefäße
Besprühen Sie die Gefäße, bevor Sie die Engobe auftragen mit etwas Wasser oder engobieren Sie die Arbeiten bereits in einem früheren Stadium. Verwenden Sie in der Engobe den gleichen Ton, aus dem das Gefäß ist. So gleicht sich die Schwindungsrate des Gefäßes der Schwindungsrate der Engobe an. Setzen Sie der Engobe etwas Fritte als Flussmittel zu, um das Aufschmelzen zu unterstützen.

Alle meine Gefäße sind beim Engobieren zusammengefallen. Wieso?

Nacheinander engobieren
Engobieren Sie erst die Innenseite Ihrer Arbeiten und lassen Sie diesen Auftrag anschließend gut trocknen, bevor Sie die Außenseite begießen. So kann die Gefäßwandung nicht zu viel Wasser aufnehmen und wird nicht kollabieren.

Wandstärke
Drehen oder bauen Sie die Gefäße, die Sie engobieren wollen, mit etwas dickeren Wandstärken. Sehr dünne Wände nehmen schnell viel Feuchtigkeit aus der aufgetragenen Engobe auf und verziehen sich oder kollabieren gar. Versuchen Sie auch, gleichmäßig dicke Wandungen ohne Schwachstellen zu formen.

Arbeitsgeräte und Materialien • 37

Welche Rohstoffe benötige ich für Glasuren?

Um selbst Glasuren anzusetzen, benötigen Sie eine Reihe von feingemahlenen Rohstoffen. Hierzu gehören die Glasbildner, die der Glasur Härte und Glanz geben. Quarz ist hier der Wichtigste. Des Weiteren die Flussmittel, wie Fritten oder Feldspat, die das Schmelzen der Glasur bestimmen; dann die Stabilisatoren wie Kaolin oder Tone und letztlich die farbgebenden Oxide. Diese Rohstoffe werden dem speziellen Glasurrezept entsprechend ausgewogen und mit Wasser vermischt. Sie können auch fertig angesetzte Glasuren – in Pulverform oder bereits verflüssig – benutzen.

Welche Rohstoffe kann ich zum Einfärben meiner Gefäße verwenden?

Verwenden Sie Farboxide oder Farbkörper zum Einfärben von Tonen und Schlicker. Dekorieren Sie auf geschrühten Oberflächen mit Unterglasurfarben, Glasurfarbkörpern oder Farboxiden. Auf gebrannten Glasuren verwenden Sie Aufglasurfarben, Schmelzfarben und Lüsterpräparate.

Wenn ich meinen Schlicker mit Massefarbkörpern einfärbe, sieht er wie verwaschen aus. Wieso?

Ton ist ein opakes Material, in dem die Farbkörper oder Farboxide nicht die gleiche Farbwirkung entfalten können wie in einer klaren Glasur. Daher benötigen Sie in einem Schlicker fast die doppelte Menge an farbgebenden Stoffen wie in einer Glasur, um die gleiche Farbwirkung zu erzielen.

Ich möchte farbige Tone ansetzen. Kann ich Farbkörper in plastischen Ton einarbeiten?

Farbigen Schlicker einkneten
Bereits angesetzten plastischen Ton können Sie einfärben, indem Sie farbigen Schlicker einkneten. Hierbei können Sie allerdings die benötigte Menge an farbgebenden Stoffen nicht genau bestimmen und werden verschiedene Versuche machen müssen.

1. Wiegen Sie vier kleine Kugeln Ihres plastischen Tons ab. Messen Sie jeweils 1, 2, 3 und 4 Teelöffel des Farbkörpers ab. Alternativ können die verschiedenen Mengen auch abgewogen werden. Mischen Sie jede dieser Mengen mit Wasser zu sämiger Konsistenz und kneten Sie die einzelnen Mischungen in eine der abgewogenen Tonkugeln.

2. Rollen Sie jetzt jede Kugel zu einer Platte aus und schneiden Sie diese in Stücke, auf deren Rückseite Sie die Menge des zugesetzten Farbkörpers vermerken. Dies sind nun Ihre Proben, an denen Sie nach dem Brand sehen können, welche Zusatzmenge Farbkörper vonnöten ist, um eine bestimmte Farbintensität zu erreichen.

38 • *Arbeitsgeräte und Materialien*

Mein eingefärbter Ton bildet im Brand Blasen und bläht sich auf. Wie kann ich das verhindern?

Die farbgebenden Oxide, die dem Ton zugesetzt werden, wirken als Flussmittel und setzen die Sintertemperatur des Tons herab. Brennen Sie bei niedriger Temperatur oder verringern Sie die Zusatzmenge der Farboxide.

Welche Sorte Eisenoxid sollte ich in meinen Rezepten verwenden?

Wählen Sie nach der Farbwirkung
Wenn nicht anders vermerkt, handelt es sich bei Eisenoxid in Rezepten um rotes Eisenoxid. Des Weiteren gibt es Eisenoxid als schwarzes Eisenoxid, Gelben Ocker oder Crocus Martis.

Wie viel färbende Oxide soll ich einem bereits angesetzten Schlicker zugeben?

Berechnen Sie das Trockengewicht in einem Schlicker nach der folgenden Formel:

$$\text{Trockengewicht} = \frac{(\text{Gewicht eines } 1/2 \text{ Liters Schlicker} - 560) \times 2{,}5}{1{,}5}$$

Zu dem so ermittelten Trockengewicht können Sie nun prozentual die farbgebenden Stoffe zusetzen. Abhängig von der gewünschten Farbintensität sollten Sie Versuche im Bereich 10–18 % machen. Einfacher, jedoch ungenauer ist die auf Seite 37 beschriebene Methode, bei der bestimmte Mengen an Schlicker teelöffelweise Farbgeber zugesetzt werden. Statt der Tonmengen benutzt man die vierfache Menge an Schlicker.

In all meinen Rezepten für Engoben, eingefärbte Tonmassen und Glasuren werden Oxide zugesetzt. Kann ich auch die Karbonate dieser Metalle verwenden?

Benutzen Sie die folgenden Umrechnungsformeln, wenn Sie Karbonat gegen Oxid austauschen möchten.

$$\text{Kupferkarbonat} = \frac{\text{Kupferoxid} \times 100}{65}$$

$$\text{Kupferoxid} = \frac{\text{Kupferkarbonat} \times 65}{100}$$

$$\text{Kobaltkarbonat} = \frac{\text{Kobaltoxid} \times 100}{63}$$

$$\text{Kobaltoxid} = \frac{\text{Kobaltkarbonat} \times 63}{100}$$

Soll ich aufbereitete Farbkörper oder eher Farboxide in meinen Glasuren verwenden?

Glatt oder strukturiert
Obwohl Farbkörper auch aus farbgebenden Metalloxiden hergestellt sind, enthalten sie noch andere Rohstoffe wie Zink- oder Zinnoxid. Diese Mischungen werden gebrannt und fein vermahlen. Farbkörper erzeugen daher eine klarere und verlässlichere Farbwirkung als das Oxid. Diese Eigenschaft ist dann wertvoll, wenn Sie eine sehr gleichmäßige Farbgebung wünschen, hingegen unerwünscht, wenn die Farbe lebendig wirken soll. Sie können Farbkörper und Farboxide auch mischen. Geringe Zusätze von Rutil oder Titandioxid fördern die Farbwirkung.

Rechts: Steve Mattison, Schale, mit farbigen Engoben dekoriert

Arbeitsgeräte und Materialien • 39

Ich verwende Farbkörper in Glasuren und Unterglasurfarben. Muss ich zwei verschiedene Farbkörperarten kaufen oder kann ich einen Typ für beide Zwecke benutzen?

Mischen Sie Unterglasurfarbkörper mit etwas Flussmittel oder mit transparenter Glasur und verwenden Sie diesen Ansatz als Malfarben auf die ungebrannte Glasur. Flussmittel- und Glasurzusatz wirken unterstützend beim Einschmelzen in die Glasur. Dieselben Farbkörper können auch zum Einfärben von Glasuren verwendet werden. Zu Glasurfarbkörpern sollten Sie etwas Malmedium oder Glyzerin mischen, wenn Sie diese als Malfarben auf geschrühten oder ungeschrühten Oberflächen verwenden wollen. Diese Zusätze fördern die Streichfähigkeit.

Rechts: Barbara Swarbrick, Bunte Papageienvase

Kann ich selbst Wachsfarbstifte zum Bemalen von Keramik herstellen?

Benutzen Sie gefärbte Wachsstifte zum Aussparen von Bereichen, die keine Glasur annehmen sollen. Sie führen zu einer körnigen Farbgebung, ähnlich wie Wasserfarbe auf stark saugendem Papier.

1. Schmelzen Sie zwei Wachskerzen und einen halben Teelöffel Paraffin in einer Blechdose auf dem Ofen oder auf einem Stövchen. Geben Sie die gewünschten Farbkörper bzw. Farboxide hinzu.

2. Bereiten Sie eine Tonplatte vor, in die Sie bleistiftförmige Vertiefungen einbringen. Mischen Sie das geschmolzene Wachs und die Farbkörper gut durch und gießen Sie es in die Vertiefungen der Tonplatte, bevor sich die Farbstoffe wieder setzen können.

Kann ich Bunt- und Zeichenstifte für die Verwendung auf Keramik selbst herstellen?

Die Kreiden und Malstifte, die im Rohstoffhandel zu kaufen sind, bestehen aus keramischen Farben, die mit härtenden Bindern versetzt sind. Sie können Ihre eigenen Stifte herstellen, indem Sie Farboxide oder Farbkörper mit Kaolin bzw. Tonschlicker vermischen. Die zugesetzte Farbmenge bestimmt die Farbintensität. Brennen Sie diese Stifte bei ca. 1000° C. Oder setzen Sie einen Gipsschlicker mit Farbkörpern an. Solche Stifte brauchen Sie nur trocknen zu lassen.

40 • *Arbeitsgeräte und Materialien*

Kann ich eigene Aufglasur- und Schmelzfarben herstellen?

Sie benötigen hierzu 85 % Blei- oder Alkalifritte und 15 % fetten Ton oder Kaolin. Hierzu sollten Sie 1–10 % Glasurfarbkörper geben. Mahlen Sie diese Mischung und geben Sie diese durch ein Sieb Nr. 60. Fügen Sie ein paar Tropfen Malmedium oder Öl dazu und mischen Sie alles auf einer Glasplatte mit entsprechendem Spachtel. Verdünnen Sie, wenn nötig, mit Terpentin.

Ich finde Lüsterglasuren sehr schön, kann in meinem Ofen jedoch nicht reduzierend brennen. Wie kann ich einen vergleichbaren Effekt erzielen?

Sie können Lüsterfarben in malfähiger Konsistenz fertig kaufen. Brennen Sie diese bei der vom Hersteller angegebenen Temperatur in Ihrem Elektroofen. Diese Lüsterfarben können nicht auf allen Irdenware- und Steinzeugglasuren verwendet werden.

Wie repariert man am besten schon getrocknete Arbeiten?

Essig verwenden
Rauen Sie die Berührungsflächen auf und befeuchten Sie diese mit Essig. Mischen Sie Pulverton mit Essig zu pastöser Konsistenz. Streichen Sie diese Paste auf die Berührungsflächen und pressen Sie die Teile gut zusammen.

Ist es möglich, Risse in bereits geschrühten Arbeiten zu reparieren?

Reparieren mit dem passenden Material
Ein Riss in einem Gebrauchsgegenstand macht die Verwendbarkeit des Gefäßes fraglich. Solche Stücke sollte man nach dem Schrühbrand aussortieren. Sie können dekorative und skulpturelle Arbeiten reparieren, müssen jedoch berücksichtigen, dass Risse aus dem Schrühbrand sich im folgenden Glattbrand eventuell weiter öffnen. Unglasierte Arbeiten reparieren Sie daher besser nach dem letzten Brand. Jetzt können Sie auch abschließend entscheiden, ob es sich lohnt, das Objekt noch zu bearbeiten. Spezielle Kleber, eingefärbter Gips oder Polyester eignen sich zum Reparieren.

REPARATURKITT

Sie können im Fachhandel Reparaturkitte zur Verwendung auf roher oder geschrühter Ware kaufen. Ein solcher Kitt kann entsprechend der Tonfarbe eingefärbt werden. Manche dieser Kitte glänzen nach dem Brand oder vertragen sich schlecht mit Glasuren. Hier hilft es, wenn Sie dem Kitt etwas von Ihrem verwendeten Ton zusetzen.

FERTIGEN SIE IHR EIGENES FÜLLMATERIAL

Brennen Sie etwas Tonmehl bei der gleichen Temperatur wie Ihre Arbeiten. So hat das Material die gleiche Schwindung hinter sich. Mischen Sie das Pulver mit etwas Quarz und einem Flussmittel wie Fritte oder Feldspat. Setzen Sie wenig Wasser zu und pressen Sie die feuchte Masse in den Riss. Lassen Sie die Reparaturstelle trocknen und brennen Sie erneut bei Schrühbrandtemperatur.

REPARIEREN MIT PAPER-CLAY

Sie können für die Reparatur von Rissen in roher oder geschrühter Ware Paper-Clay verwenden. Setzen Sie Paper-Clay wie auf Seite 35 beschrieben an, lassen Sie ihn bis zum plastischen Zustand trocknen und füllen Sie den Riss damit. Brennen Sie das Stück erneut.

GLASURÜBERZUG

Kleine Risse erscheinen manchmal an Ansatzstellen von Henkeln oder Applikationen. Diese Risse können Sie mit einer deckenden Glasur überziehen. Sie sollten jedoch nur an solchen Stücken Risse überdecken, die im späteren Gebrauch nicht mechanisch belastet werden.

Arbeitsgeräte und Materialien • 41

Mein gekaufter Gießton ist sehr dickflüssig. Kann ich diesen mit etwas Wasser gießbarer werden lassen?

Gießschlicker ist thixotrop, d. h. er wird geleeartig, wenn man ihn längere Zeit stehen lässt. Er lässt sich leichter gießen, wenn Sie kräftig umrühren. Ist er dann trotzdem noch zu zähflüssig, sollten Sie ein paar Tropfen Verflüssiger zusetzen. Wasser verändert nur das Zusammensetzungsverhältnis der Anteile, verbessert jedoch nicht die Gießfähigkeit.

Kann ich normalen Tonschlicker als Gießschlicker in Gipsformen verwenden?

Gließschlicker ist mit Tonschlicker nicht zu vergleichen. Eine Gießmasse enthält Verflüssiger, wodurch mehr Ton im Wasser gelöst werden kann. Da die Dichte des Gießschlickers somit höher ist, trocknet er schnell in der Form und schwindet hierbei weniger. Fertig angesetzter Gießschlicker ist im Fachhandel erhältlich.

Kann ich die getrockneten Gießreste wieder aufarbeiten?

Sie können bis zu 25 % Reste in einen frischen Ansatz Gießmasse einarbeiten. Größere Mengen würden das Verhältnis Ton zu Verflüssiger allzu sehr ändern. Weichen Sie die Reste ein und sieben Sie die neue Mischung.

Wie kann ich die Gipsmenge abschätzen, die ich für eine Form benötige?

Erfahrung
Die meisten Töpfer unterschätzen die Menge an Gips, die sie für das Gießen einer Form oder Platte benötigen. Schauen Sie sich die Form an, die Sie ausgießen wollen. Dieses Volumen nehmen Sie als Wassermenge, in die Sie den Gips einrühren.

Machen Sie mehrere Ansätze
Wenn die Form sehr groß ist oder Sie sich mit der Menge des Gipses verschätzt haben, können Sie auch mehrere Lagen eingießen. Setzen Sie die zweite Mischung an, während die Erste in der Form abzubinden beginnt. Bevor Sie die zweite Mischung eingießen, kratzen Sie kreuzweise Rillen in die Oberfläche der ersten Schicht. Hierdurch wird eine bessere Verbindung der beiden Lagen ermöglicht.

Gibt es eine einfache Methode, um abzuschätzen, wie viel Gips ich dem Wasser zugeben muss?

Inseln im See
Jede Gipssorte hat ein eigenes ideales Verhältnis von Volumen Gips zu Volumen Wasser. Befragen Sie dazu Ihren Rohstoffhändler. Ein weniger genaues Verfahren besteht darin, in ein mit Wasser gefülltes Gefäß so lange Gips einzustreuen, bis kleine Inseln von Gips oberhalb der Wasseroberfläche stehen bleiben. Diese Inseln zeigen Ihnen an, dass genügend Gips vorhanden ist. Lassen Sie diesen Ansatz für ca. zwei Minuten zum Durchziehen ruhen, bevor Sie ihn gut umrühren.

SOBALD WIR EIN STÜCK TON in der Hand halten, um ein Gefäß oder eine Skulptur zu schaffen, müssen wir Entscheidungen über Größe und Form der Arbeit fällen. Fragen zu Farbe und Dekor kommen hinzu, und wichtige funktionale Anforderungen müssen berücksichtigt werden. Die individuelle Wahl, die wir hier treffen, bestimmen Design und Charakter unserer Arbeiten.

Form, Funktion und *Design*

Form, Funktion und Design • 43

Mir fehlen Ideen zu Gefäßformen. Wo kann ich mir Anregungen suchen?

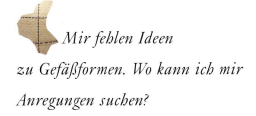

Schauen Sie sich um

Studieren Sie die Objekte Ihrer unmittelbaren Umgebung aufmerksam und Sie werden Formen finden, die Sie interessieren. Flaschen, Schüssel, Töpfe und andere Gefäße aus Glas, Metall, Plastik oder Leder werden Ihre Fantasie beflügeln; Eindrücke aus der Architektur, dem Verkehr, der Beleuchtung oder industrielle Produkte können ausgezeichnete Ideen liefern. Untersuchen Sie die Formen von Samen, Blumen, Gemüse und Früchten. Auch können Sie die Formen und Farben von Gewächsen, Muscheln und Felsformationen in dekorative Elemente umsetzen.

Notieren Sie Ihre Ideen

Führen Sie zur Auffrischung Ihrer Erinnerung ein Skizzenbuch. Sammeln Sie interessante Fotos aus Magazinen und Zeitschriften. Kopieren Sie sich Zeichnungen und Fotos. Alles, was Interesse erweckt, kann als Quelle der Inspiration genutzt werden.

Seit einiger Zeit töpfere ich immer die gleiche Form. Wie kann ich diese Form weiterentwickeln?

Variationen

Benutzen Sie eine bestimmte Form als Ausgangspunkt für Abwandlungen.

1. Zeichnen Sie die Form Ihres Gefäßes auf ein Stück Papier und schneiden Sie sie als Schablone aus. Schneiden Sie diese Schablone vertikal in der Mitte sowie horizontal im Hals- und Bauchbereich mit der Schere durch. Sie erhalten somit sechs Stücke.

2. Ziehen Sie auf einem ausreichend großen Blatt eine Mittellinie und gruppieren Sie die Teile der Schablone um diese Mittellinie. Durch das Verschieben der Teile in vertikaler und horizontaler Richtung können Sie die Grundform dehnen und strecken. Zeichnen Sie die so neu entstehenden Formen auf, bis Sie ein Blatt voller neuer Gefäßformen erhalten.

Was sind die wichtigsten Aspekte, die beim Entwurf keramischer Arbeiten zu berücksichtigen sind?

Der wichtigste zu berücksichtigende Aspekt ist der spätere Brand. Sie müssen daher lernen, diesen in Ihre Überlegungen zur Gestaltung einzubeziehen. Dickwandige Arbeiten müssen daher ausgehöhlt werden und Hohlformen ein Loch erhalten. Design und Dekor wie auch die spätere Glasur sollten von Anfang an berücksichtigt werden. Vielleicht wird es auch notwendig sein einzuplanen, wie die Arbeit im Brand zu unterstützen ist.

Ton ist ein Naturprodukt und in seinem Verhalten nie völlig berechenbar. Selbst der automatisierteste Brand kann Überraschungen bergen, und auch erfahrene Töpfer erleben immer wieder, dass Dinge sich anders entwickeln als geplant. Aber eben solch unerwartete Resultate können manchmal die Interessantesten sein.

44 • *Form, Funktion und Design*

 Ich habe versucht, meine Gefäße nach Skizzen zu bauen, jedoch mit wenig Erfolg. Wie kann ich meine Ideen besser umsetzen?

Arbeiten mit Schablonen

Es kann schwierig sein, eine zweidimensionale Skizze in ein dreidimensionales Gebilde umzusetzen. Wichtig ist, das Profil des Gefäßes zu erkennen. Hierin liegt die Gemeinsamkeit zur Skizze.

1. Zeichnen Sie die Kontur des geplanten Gefäßes auf ein Papier. Schneiden Sie es vertikal in der Mitte durch, kleben Sie eine Hälfte auf eine Pappe und schneiden Sie die Kontur aus. Jetzt haben Sie eine Schablone.

2. Halten Sie die Schablone an Ihr Gefäß und nutzen Sie diese als Vorlage für die zu entstehende Form. Sie erkennen so, wann die Wandungen eingezogen oder geweitet werden müssen. Das Gefäß wird nun viel präziser Ihren Vorstellungen entsprechen.

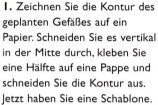 *Wie kann ich den Computer bei der Gestaltung meiner Arbeiten einsetzen?*

Mit dem richtigen Design-Programm können Sie Gefäßformen auf dem Bildschirm entwickeln und variieren. Sie können neue Formen entwerfen und die verschiedensten Dekore einsetzen, Farben verändern und eine große Anzahl an Kombinationen ausprobieren. Hierbei ist es möglich, von zwei- oder dreidimensionalen Vorlagen auszugehen. Andere Programme helfen Ihnen, Glasurversätze zu errechnen und zu variieren. Wenn Sie Zugang zum Internet haben, können Sie Informationen über Galerien, Ausstellungen, Museen, Magazine, Rohstoffe bzw. Ausrüstungen erhalten und Kontakte zu Töpfern und Künstlern aus aller Welt knüpfen.

 Ich kann nicht gut zeichnen. Wie entwickele ich dennoch mein eigenes Design?

Informationen sammeln

Es gibt viele Wege, Informationen für die Erarbeitung Ihrer Designs zu erhalten, ohne diese zeichnen zu müssen. Benutzen Sie Fotokopien aus Büchern, Fotos aus Zeitschriften, Abschnitte von fotografierten Designobjekten, Altpapier und Materialien, die als Beispiel für Farbe, Oberflächen und Struktur stehen können. Das Sammeln jeder Art von Informationen soll Sie näher an die Dinge heranbringen und Ihren Blick für Details schärfen. Ein Heftchen für kurze Notizen, kleine Skizzen etc. ist hierbei ein nützlicher Helfer.

Heben Sie Proben auf

Probestücke oder Versuchsplättchen können großartige Informationsträger sein. Notieren Sie sich den Anlass der Herstellung, Brennbedingungen

und Ergebnisse und bemühen Sie sich um eine sinnvolle Archivierung. Solche Proben sind oft noch nach Jahren von größter Wichtigkeit.

Form, Funktion und Design • 45

 Meine Arbeiten gelingen technisch gesehen gut, wirken jedoch eher langweilig. Wie kann ich sie dynamischer gestalten?

Beachten Sie Kontraste
Kräftige Kontraste in der Gefäßform oder im Dekor geben den Arbeiten einen dynamischen Ausdruck. Unterbrechen Sie glatte Flächen durch strukturierte Bereiche oder bringen Sie dynamische Dekore auf. Mit Farben können Sie die Konturen des Gefäßes unterstreichen oder expressive Striche quer über die Form laufen lassen. Variieren Sie die Proportionen strukturierter und ruhiger oder freier und dekorierter Bereiche.

Mut zu freien Arbeiten
Benutzen Sie Ihre Dekore und Glasuren nicht unter strengen Vorgaben. Gießen Sie verschiedenfarbige Engoben oder Glasuren über die Formen, tauchen Sie das Gefäß einmal schräg in die Glasur oder bringen Sie Dekore mit texturiertem Material oder einem Schwamm auf. Nutzen Sie die Zufälligkeiten des Materials und gelegentlich auch unbeabsichtigte Effekte, um das Gesamtbild lebendiger zu gestalten.

Links: John Calver, Platte mit gegossenem und geschwämmeltem Deko

Oben: Louise Darby, Krüge mit kontrastierenden Dekorbereichen

Die Formen, die ich der Natur nachempfinde, sind recht langweilig. Wie kann ich sie lebendiger gestalten?

Konzentrieren Sie sich auf den Bereich der Formvorgabe, der Sie besonders interessiert. Analysieren Sie diesen Bereich nach Form, Farbe, Oberflächenbeschaffenheit, Zeichen des Wachstums oder Verfalls usw. Mithilfe Ihres Könnens und Ihrer Fantasie sollten Sie diese Aspekte in Ihre Arbeit integrieren.

Wie kann ich lernen, meinen Arbeiten einen eigenständigen Stil zu geben?

In der Anfangszeit kann es sehr hilfreich sein, sich von den Arbeiten anderer Töpfer inspirieren zu lassen. Um sich weiter zu entwickeln und eine eigene Handschrift zu kreieren, müssen Sie Ihre besonderen Interessen erforschen. Die Formen von Früchten, mechanische Objekte, Architektur, Farbe und Gestalt von Muscheln, Felsformationen, rostendes Metall und vieles mehr können als Studienquellen dienen. Experimentieren Sie mit Methoden und Materialien, sodass sich nach und nach eine persönliche Beziehung zum Material Ton aufbaut, und suchen Sie nach Detailbereichen wie Henkel, Ausguss, Fußring und Rand, denen Sie eine individuelle Note geben.

46 • Form, Funktion und Design

Wenn ich die Glasur vom Bodenbereich meiner Gefäße abwische, entsteht immer eine unschöne Abschlusszone. Wie erreiche ich ein besseres Gesamtbild?

Wählen Sie die richtige Glasur
Benutzen Sie eine Glasur, die im Brand nur gering oder gar nicht läuft. Jetzt brauchen Sie tatsächlich nur denjenigen Bereich von Glasur zu reinigen, der in Kontakt mit der Einsetzplatte des Ofens kommt. Streuen Sie etwas Sand oder Aluminiumoxid auf die Einsetzplatte und stellen Sie das Gefäß auf diese Trennschicht.

Geben Sie Ihrem Gefäß Füße
Formen Sie drei kleine Kugeln aus Ton und kleben Sie diese mit etwas Schlicker an den Boden des Gefäßes. Nach dem Schrühbrand und dem anschließenden Glasieren ist es einfach, die Glasur von der Unterseite der kleinen Kugeln abzuwischen. Jetzt können Sie auch etwas leichtflüssigere Glasuren verwenden.

Verwenden Sie Dreipunktstützen
Irdenware können Sie ganz glasieren und anschließend auf Dreipunktstützen (Krähenfüße) stellen. Hierdurch kommen sie nicht in Kontakt zu den Einsetzplatten. Die Spitzen der Dreipunktstützen schmelzen zwar in die Glasur, sind jedoch nach dem Brand leicht herauszubrechen. Eventuell entsteht ein scharfer Grat an diesen Stellen, der mit Schleifpapier oder Schleifstein abgeschliffen werden muss.

Ich möchte feine und elegante Gefäße herstellen. Letztlich sind meine Arbeiten aber immer grob und verzogen. Warum?

Die Materialien und Techniken, die Sie benutzen, haben großen Einfluss auf die Qualität der fertigen Arbeiten. Es ist fast unmöglich, mit grob schamottiertem Ton elegante Stücke zu schaffen. Aufbauen und Ausformen führen zu eher ungleichmäßigen Formen, wohingegen gegossene und gedrehte Arbeiten klare Formen aufweisen. Fühlen Sie sich durch Ihren Ton und die Arbeitstechnik eingeschränkt, wechseln Sie die Masse bzw. die Fertigungsmethode.

Ich bin immer unsicher, in welchem Bereich ich meine Gefäße dekorieren oder glasieren soll.

Planen Sie bereits während der Herstellung, wo Sie später Dekore oder Glasurüberzüge anbringen wollen. Anderenfalls werden alle späteren Dekorationen willkürlich erscheinen. Schaffen Sie schon bei der Formgebung klare Grenzen für die Dekore. Beim Drehen können Sie zum Beispiel Linien umlaufen lassen, die später glasierte oder dekorierte Bereiche begrenzen. Für aufgebaute oder ausgeformte Gefäße können Sie zu diesem Zweck Dekorroller benutzen.

Form, Funktion und Design • 47

Ich habe Probleme, meine Gefäße beim Glasieren festzuhalten. Was kann ich tun?

Planen Sie im Vorfeld
Schon bei der Herstellung sollten Sie sich überlegen, wie der letzte Arbeitsschritt, das Glasieren, zu bewältigen ist. Drehen oder arbeiten Sie Fußringe an Ihre Stücke, die nicht nur dekorativ, sondern auch nützlich sind. Die Gefäße lassen sich daran gut greifen und in einem Arbeitsgang innen und außen glasieren.

Dekorative Aspekte
Planen Sie Ihre Dekore so, dass bestimmte Bereiche des Gefäßes unglasiert bleiben. Hier halten Sie das Stück beim Glasieren. Sehr dekorativ kann auch das Tauchen in verschiedenfarbige Glasuren sein.

1. Nachdem Sie das Gefäß innen glasiert haben, tauchen Sie es partiell in die Glasur. Dies kann einmalig geschehen, sodass eine gerade Glasurlinie entsteht – oder mehrfach in unterschiedlichem Winkel.

2. Wenn der erste Glasurauftrag trocken genug ist, halten Sie das Gefäß am oberen Rand und tauchen den unteren Bereich in eine andersfarbige Glasur. Tauchen Sie tief genug ein, damit sich die Glasuren überschneiden. Hier wird sich im Brand eine dritte Farbe entwickeln.

Ich habe nur eine einfarbige Glasur. Wie kann ich sie am besten einsetzen?

Arbeiten Sie mit klaren Formen
Eine monochrome Glasur kann ausgesprochen schön aussehen, wenn die Form des Gefäßes das dominante Element ist und zusätzliche Dekorationen überflüssig sind. Gefäße mit klar definierten Formen können seriell als Gruppe hergestellt werden, sodass ihre Einfachheit und Klarheit in der Reihung augenfällig wird.

Oben: Elsa Rady, Stillleben # 52

Dekorative Effekte
Es gibt Dekortechniken, die sehr gut zu monochromen Glasuren passen. In den lederharten Ton geritzte Linien, Muster oder Motive passen zu farbigen, transparenten Glasuren. In den geritzten Linien liegt die Glasur dicker und entwickelt so eine kräftigere Farbigkeit. Opake Glasuren passen sehr gut zu perforierten Dekoren.

Oben: Peter Lane, Schale mit Perforationen

48 • Form, Funktion und Design

  Ich möchte, dass Dekor, Farbe und Struktur der Oberfläche meiner Gefäße eine geschlossene Einheit bilden.

Links: Jo Connell, Urne aus eingefärbtem Ton

Ton und Dekormaterial müssen zusammenpassen
Nutzen Sie Effekte, die sich aus dem Arbeitsprozess ergeben, z. B. Finger- und Werkzeugspuren, die an sich schon ein Muster bilden. Arbeiten Sie mit farbigen oder strukturierten Tonen. Häufig bedecken Glasuren den gesamten Gefäßkörper und liefern nur die Oberfläche für Aufglasurdekore. Wählen Sie Brenntechniken, die Farbe, Form und Materialcharakteristik hervorheben, wie Salzglasur, Schmauchspuren oder Ascheanflug.

  Wo finde ich eine Ideenquelle für die Dekore meiner Gefäße?

Führen Sie ein Ideenbuch
Unsere Umgebung ist voller Ideen für Dekore unterschiedlichster Art. Schwierig ist es, die interessanten von den weniger interessanten Informationen zu trennen. Legen Sie sich eine Sammlung von Dekoren an, die Ihnen im Laufe der Zeit auffallen. Diese Sammlung kann z. B. Zeitungsausschnitte, Fotokopien, Computerausdrucke, Grußkarten, Abfallpapier und Tapetenreste enthalten. Sammeln Sie Figürliches, jedoch auch farbliche Impressionen.

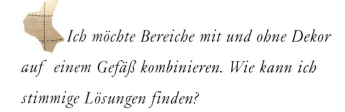 *Ich möchte Bereiche mit und ohne Dekor auf einem Gefäß kombinieren. Wie kann ich stimmige Lösungen finden?*

Papierentwürfe
Mithilfe von Entwürfen auf Papier können Sie die unterschiedlichsten Muster- und Farbkombinationen entwickeln und hieraus die Besten für Ihre Gefäße ableiten. Benutzen Sie eine Schablone Ihres Gefäßes und zeichnen Sie den Umriss auf Papier. Bei einer Schale zeichnen Sie einen Kreis für die Innenfläche sowie den Umriss. Zum Vervielfältigen der Vorlage eignen sich Computer oder Kopierer. Zeichnen Sie nun Ihre Vorstellungen in die Umrisse. Teilen Sie die Oberfläche der Gefäße in Felder oder Bereiche ein und spielen Sie mit Motiven und Farben.

Form, Funktion und Design • 49

Ich möchte Dekore direkt auf das Gefäß vorzeichnen, um sicher zu sein, dass sie korrekt sitzen. Wie geht das am besten?

Mit Bleistift
Auf ungebrannte Stücke können Sie Dekore mit einem weichen Bleistift zeichnen. Motive können mithilfe der auf das Gefäß aufgelegten Zeichnung durchgedrückt und so übertragen werden. Fehler sind mit einem feuchten Schwamm leicht zu beseitigen, und Sie können auf einer freien Fläche erneut beginnen. Wenn Sie mit Ihrem Entwurf zufrieden sind, arbeiten Sie ihn mit Engobe, Unterglasurfarbe oder Glasur nach.

Weiche Bleistifte eignen sich auch zum Zeichnen auf geschrühten Oberflächen. Manche Kreiden und Farbstifte decken den Scherben ab, sodass hier keine Glasur mehr haften kann. Sofern dies nicht als Zierelement eingesetzt werden soll, sind solche Stifte zu meiden. Die Farbe eines weichen Bleistifts verschwindet im Brand, und Fehler beim Zeichnen auf der geschrühten Oberfläche können mit einem Radiergummi korrigiert werden.

Mit Wasserfarben
Auf ungebrannten Glasuren lässt sich schlecht mit einem Bleistift zeichnen. Nehmen Sie helle Wasserfarben wie Gelb oder Pink, die im Brand ausbrennen. Dunklere Farben wie Blau, Braun oder Grün enthalten so viel Farbstoff, dass die Gefahr besteht, dass Reste nach dem Brand noch zu sehen sind. Gefällt Ihnen ein Dekor nicht, nehmen Sie eine zweite Farbe und ignorieren Sie den ersten Entwurf. Fertige Entwürfe können dann mit keramischen Farben oder Glasuren nachgearbeitet werden.

Wenn ich versuche, eine Linie in eine Schale zu zeichnen, ist das Ende immer verzogen. Wie kann ich eine gerade Linie ziehen?

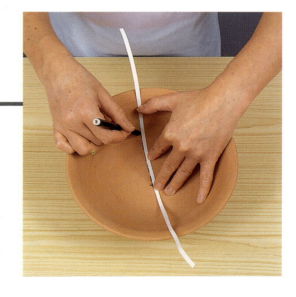

Rundung beachten
Um eine gerade Linie durch eine Schale zu ziehen, müssen Sie sehr genau auf den Verlauf der Linie schauen und sich nicht von der Kurve der Wandung beeinflussen lassen. Benutzen Sie als Lineal am besten einen schmalen Streifen flexiblen Materials wie Pappe, Linoleum oder starke Plastikfolie. Legen Sie den Streifen so in die Schale, dass er durch das Zentrum läuft und ziehen Sie die Linie entlang des Lineals. Wollen Sie auf der Außenfläche Unterteilungen vornehmen, müssen Sie berücksichtigen, dass die Linien im Fußbereich enger zusammenkommen, zum Rand hin jedoch weiter voneinander weg liegen.

Wie unterteile ich meine Schale zum Dekorieren in gleichmäßige Bereiche?

Mit einer Papierschablone

Eine vorbereitete Papierschablone erlaubt es Ihnen, auch Schalen mit unterschiedlichem Durchmesser zu bearbeiten.

1. Zeichnen Sie mithilfe eines Zirkels verschieden große Kreise auf ein Blatt Papier. Schneiden Sie sie entlang des größten Kreises aus.

2. Falten Sie den Papierkreis zuerst in der Mitte, dann weiter zu einem Viertel-, Achtelkreis usw. Wenn Sie das Papier wieder öffnen, finden Sie eine exakte, gleichmäßige Aufteilung der Kreise. Wenn nötig, zeichnen Sie die gefalteten Linien nach.

3. Legen Sie eine Schale mit dem Rand auf das Papier und zentrieren Sie das Stück anhand der gezeichneten Kreise. Sie können nun genau gleiche Sektionen am Rand der Schale markieren.

Mit einem Papierstreifen

Sie können auch einen Streifen Papier benutzen, um für eine bestimmte Schale eine Randaufteilung vorzunehmen.

1. Legen Sie den Papierstreifen um den Rand des Gefäßes und markieren Sie den genauen Umfang der Schale.

2. Falten Sie nun die markierte Länge des Streifens in gleiche Teile. Wollen Sie eine ungerade Teilung, so messen Sie die markierte Länge. Teilen Sie diese Länge durch die gewünschte Anzahl der Bereiche. Messen und markieren Sie diese auf dem Papierstreifen.

3. Legen Sie den Streifen wieder um den Rand der Schale und übertragen Sie die Markierungen vom Papier auf den Rand.

Form, Funktion und Design • 51

 Wie kann ich Designs entwickeln, die für Sgraffito geeignet sind?

Benutzen Sie eine Vorlage

Sgraffito unterscheidet sich von den meisten Dekortechniken dadurch, dass kein Material hinzugefügt, sondern dieses partiell abgetragen wird. Benutzen Sie eine Vorlage, z. B. eine Pappe, überzogen mit einer dünnen Schicht Ton, die wiederum mit Tinte oder Tusche oberflächlich eingefärbt ist. Wenn Sie in diese dunkle Oberfläche ritzen, tritt der helle Ton hervor. Dies ist ein ideales Übungsbrett, auf dem Sie Ihre Designvorlagen entwickeln können.

 Welches Design eignet sich am besten für Pinselmalerei?

Links: Laurence McGowan, Albarello, Steinzeug

Flächendeckende Bilder

Betrachten Sie Ihr Gefäß als Leinwand und malen Sie die Muster oder Bilder über den gesamten Gefäßkörper. Die Gefäßform kann so einen interessanten zusätzlichen Aspekt liefern. Malen Sie Blumen, Figuren, Landschaften oder abstrakte Motive freihändig auf das Gefäß. Lassen Sie die Linien frei stehen oder füllen Sie die Bereiche farbig aus. Schaffen Sie Entwürfe, die exakt auf die Oberfläche passen und den gesamten Platz ausfüllen, oder Formen, die wie abgeschnitten wirken – so als würden sie um die Ecke des Gefäßes fließen.

Wiederkehrende Dekore

Die Pinselmalerei wird traditionell zum Repetieren von Motiven oder zur Darstellung wiederkehrender Muster auf Rändern verwendet. Ein Motiv in wiederkehrender Weise darzustellen erfordert Erfahrung und Praxis. Experimentieren Sie mit Pinseln, um Strichstärken und mögliche Strichartarten kennen zu lernen und um mit der Handhabung vertraut zu werden. Versuchen Sie, Ihre Motive mit Wachs zu malen, sodass die Striche später keine Glasur annehmen. Heißes, geschmolzenes Wachs ist das traditionelle Material für diese Form der Malerei, mit kalten, flüssigen wachsähnlichen Medien malt es sich jedoch leichter.

Einzelne Motive

Malen Sie ein Motiv auf das Gefäß. Motive, die in die Mitte einer Schale, auf die Seite eines Kruges, Bechers oder Vase gemalt werden, wirken als Blickfang. Auftragsarbeiten und Gedenkteller für Restaurants, besondere Anlässe, persönliche Geschenke sind prädestiniert für diese Art von Dekor. Je häufiger Sie mit dem Pinsel arbeiten, umso sicherer und expressiver werden Sie in Ihrer Arbeit werden.

Oben: Barbara Swarbrick, Diva, Plattenvase

Rechts: Andrew McGarva, Schüssel mit Henne, Steinzeug

52 • *Form, Funktion und Design*

Meine Malereien erwecken einen relativ langweiligen Eindruck. Wie kann ich sie interessanter gestalten?

Kombinieren Sie verschiedene Techniken
Völlig durchdachte Designs können statisch und daher langweilig wirken. Versuchen Sie, unvorhersehbare Effekte einzubeziehen. Die Kombination mit anderen Techniken kann Ihre Malerei beleben.

1. Gießen Sie Engobe oder Glasur in freiem Schwung über Ihre Gefäße. So werden Farbgebung und Form einen spontanen Zusammenklang finden.

2. Arbeiten Sie mit Ihren Fingern, mit Werkzeugen oder mit dem Schwamm in die frisch aufgetragenen oder auch bereits getrockneten Begüsse, um so Strukturen zu schaffen.

3. Tragen Sie Ihre Malerei auf diesen lebendigen Hintergrund auf. Die Kombination der formalen Elemente auf einem bewegten Untergrund kann Ihren Arbeiten einen neuen Impuls geben.

Meine Gefäße wirken, als seien sie mit dem Untergrund verwachsen. Wie kann ich sie leichter und eleganter erscheinen lassen?

Heben Sie die Gefäße optisch an
Wenn Sie Ihre Gefäße mit einem Fußring oder Füßen versehen, werden Sie den Eindruck haben, dass sie aus dem Tisch herauswachsen, anstatt wie bisher schwer darauf zu lasten. Drei Füße, aus kleinen Tonkugeln geformt, heben das Gefäß diskret an (vgl. oben links) oder können zu dekorativen Applikationen ausgeformt werden. Sie können auch einen Fußring ansetzen, der einfach aus einer gebogenen Platte herzustellen ist (vgl. oben rechts).

Ich fertige verschieden große Krüge. Gibt es Größen, die besonders beliebt sind?

Überlegen Sie sich, für was Ihre Krüge benutzt werden. Kleine Gießer sind für Sahne, Yoghurt oder Soßen geeignet. Umso größer die Krüge, umso wichtiger ist es, das Volumen zu kennen. Die meisten Kunden möchten Krüge, die eine bestimmte Menge Flüssigkeit, z. B. einen Liter aufnehmen können. Sehr große Krüge werden eher für dekorative Zwecke und weniger für den täglichen Gebrauch gefertigt.

Form, Funktion und Design • 53

 Wie versehe ich einen Krug mit einer gelungen aussehenden und gut gießenden Schnaupe?

Formen der Schnaupe

Die Schnaupe macht aus einem einfachen Gefäß einen Krug. Formen Sie die Schnaupe in einer expressiven und überzeugenden Art.

1. Drehen Sie Ihr Gefäß mit einem dickeren Rand, sodass genügend Ton vorhanden ist, aus dem Sie die Schnaupe formen können. Damit wird auch der Bereich des Gefäßes betont, aus dem die Schnaupe und später der Henkel hervorgehen. Um die Schnaupe zu gestalten, dünnen Sie den Rand durch den Druck von Daumen und Fingern aus, während Sie eine aufwärts ziehende Bewegung ausführen. Es gießt sich besser aus dünn ausgeformten Schnaupen.

2. Modellieren Sie die Form der Schnaupe, indem Sie den Rand des Gefäßes mit zwei Fingern stabilisieren und mit dem Zeigefinger der anderen Hand die Schnaupe durch leicht ziehende Bewegungen ausformen. Hierbei ist es wichtig, einen ausreichend großen Ausgussbereich zu formen, damit beim Gießen die Flüssigkeit nicht links und rechts der Schnaupe ausläuft. Der äußerste Rand sollte abwärts zeigen, sodass nach dem Gießen keine Flüssigkeit in den Krug zurücklaufen kann.

3. Begrenzen Sie den Bereich der Schnaupe, indem Sie seitlich mit den Fingern oder einem Werkzeug im Übergang zum Gefäßkörper eine Markierung setzen.

 Ich habe durch Ausdünnen der Schnaupe versucht, Krüge herzustellen, die gut gießen. Wieso passiert es dennoch immer wieder, dass sie tropfen?

Unterseite der Schnaupe mit einem kleinen Loch und einem Kanal, der zur Vorderkante der Schnaupe verläuft.

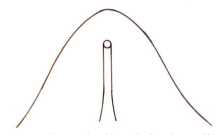

Schnaupe von oben mit dem kleinen Loch und einem Kanal, der nach innen läuft und sich verbreiternd verliert.

Bohren Sie ein Loch, um Tropfen aufzufangen

Die funktionalsten Krüge sind aus Metall. Hier kann man die Schnaupe sehr dünn ausformen, ohne dass die Gefahr des Abbrechens besteht. Für Töpfer ist ein so dünner Bereich gefährlich, da er leicht zerbrechlich ist. Die Funktion eines Kruges sollte in Bezug zu den ästhetischen Qualitäten gesehen werden, und die meisten Menschen, die Tonkrüge benutzen, akzeptieren, dass es Unterschiede zwischen maschinell und von Hand gefertigten Exemplaren gibt.

Eine Möglichkeit, das Tropfen zu minimieren, ist das Bohren eines kleinen Loches in die Schnaupe und das Eingraben von zwei kleinen Kanälen (vgl. Zeichnungen). Nach dem Gießen werden noch an der Schnaupe hängende Tropfen von der in die Kanne zurückfließenden Flüssigkeit durch das Loch gesaugt.

54 • Form, Funktion und Design

 Welche Form ist zum Trinken sowie zum Halten von Bechern am günstigsten?

Handliche Formen

Becher, die eine breite Standfläche haben, werden nicht so leicht umgestoßen. Eine sich nach oben öffnende Form sieht leichter und eleganter aus. Es gilt hier, ästhetische und praktische Aspekte abzuwägen. Formen, die sich nach oben hin etwas verengen, halten die Flüssigkeit länger warm, und eine nach außen sich neigende Randzone ist angenehm beim Trinken. Aus Bechern mit dicken Rändern lässt sich hingegen schlecht trinken.

Oben: Christine McCole, Becher aus Steinzeug

 Wie kann ich das untere Ende des Henkels an einem Krug oder einem Becher dekorativ befestigen?

Verstreichen

Üblich ist das Verstreichen der Montagestelle in Form eines Fischschwanzes. Streichen Sie etwas Schlicker auf den Henkel und drücken Sie ihn mit Bedacht gegen das Gefäß. Halten Sie das Gefäß in der einen Hand und drücken Sie mit dem Daumen der anderen Hand eine Seite des Henkelendes fester gegen die Wandung und ziehen gleichzeitig den Daumen schräg nach unten. Dies wiederholen Sie mit der anderen Hand und dem anderen Teil des Henkels.

Stempeln

Nachdem Sie den Henkel mit Schlicker an die Gefäßwand gedrückt haben, können Sie einen dekorativen Stempel in den feuchten Ton drücken. Stempel lassen sich aus Ton, Gips, Kork oder Gummi herstellen. Entwerfen Sie ein Design, das zu Ihren Arbeiten passt, oder benutzen Sie einen Stempel mit Ihren Initialen.

 Wie kann ich Henkel entwerfen, die sich gut fassen lassen?

Handliche Henkel

Denken Sie daran, dass Ton im Brand in alle Richtungen schwindet. Die Breite und Länge des Henkels, wie auch sein Abstand zum Gefäßkörper werden kleiner. Daher müssen Sie alle diese Dimensionen beim Herstellen etwas größer anlegen. Die Position des Henkels ist abhängig vom Gebrauchsgewicht des Bechers. Sitzt der Henkel zu niedrig, wird man den Becher nur unsicher in der Hand halten können. Auch Henkel, die beim Trocknen abgesackt sind, vermitteln ein seltsames Gefühl. Der Henkel bleibt gut in Form, wenn Sie den Becher nach dem Angarnieren umdrehen und so trocknen lassen. Ton, der im feuchten Zustand weich ist, kann scharf und kantig sein, wenn er gebrannt ist. Versäubern und glätten Sie daher die Kanten.

Rechts: Andrew Young, Spannungsvoller Henkel

Form, Funktion und Design • 55

Wie stelle ich eine gut gießende Tülle für eine Teekanne her?

Die Tülle muss lang genug sein, damit die Fließrichtung zentriert wird. Runden Sie alle eventuellen Kanten innerhalb der Tülle, damit der Tee beim Durchfließen nicht verwirbelt wird. Dünnen Sie die untere Lippe aus und formen Sie diese leicht nach unten geneigt. Der Gesamtquerschnitt der Öffnungen im Siebbereich der Tülle, innerhalb der Kanne, muss größer sein als der Querschnitt der Ausgussöffnung, damit ausreichend Druck in der Tülle und am Ausguss entsteht. Um Tropfenbildung zu vermeiden, sollten Sie ein kleines Loch in die Vorderkante der Tülle bohren (vgl. S. 53).

Die Deckel meiner Teekannen fallen beim Eingießen heraus. Wie kann ich das vermeiden?

Deckelsitz korrigieren
Die einfachste Lösung ist, den Deckelschaft etwas länger zu drehen. Einen Deckel mit einem sehr langen Schaft können Sie ohne Halterungen direkt einstecken. Der lange Schaft wird dafür sorgen, dass der Deckel beim Gießen nicht herausfällt. Es ist auch möglich, eine kleine Zunge an den Schaft anzumontieren, die unter den Deckelsitz ragt und so den Deckel auch beim Gießen in Position hält.

Ich habe Teekannen mit Henkeln an der Seite gestaltet. Gibt es noch andere besondere Henkelformen?

Bambus-Henkel
Holzhenkel sind über den Fachhandel in verschiedenen Größen zu beziehen. Bringen Sie kleine Ösen aus angeschlickerten Tonstreifen auf dem Körper der Kanne an. Achten Sie darauf, dass die Positionen stimmen. Die Ösen müssen mittig auf der Kanne und ausreichend frei angebracht sein, damit die Enden des Bambushenkels durch die Öffnungen passen. Sie können solche Henkel auch aus anderen Materialien wie Zweigen, Drähten, Stricken oder Bast selbst herstellen.

Bügelhenkel
Sie können auch einen Bügelhenkel anbringen, der über die Kanne hinausragt. Schneiden Sie einen Streifen Ton von einem gedrehten Ring oder aus einer gerollten Platte – oder ziehen Sie ihn, wie beim Henkeln üblich. Wenn der Ton fest genug ist, um zu stehen, bringen Sie das eine Ende zwischen Öffnung und Tülle an und das andere direkt auf der anderen Seite des Gefäßkörpers. Schauen Sie von oben auf den Bügel und kontrollieren Sie die Position. Versuchen Sie, ob der Deckel leicht aufgelegt und abgehoben werden kann.

56 • *Form, Funktion und Design*

 *Ich möchte Deckeldosen aus Ton herstellen. Welche Deckelformen gibt es?*

Grundformen
Es gibt die verschiedensten Möglichkeiten. In manchen Fällen schließen die Dosen glatt ab und die Deckel haben eine kompliziertere Form, in anderen Fällen haben die Dosen einen Deckelsitz, auf den ein einfach geformter Deckel passt. Der Deckeltyp, den Sie benötigen, kann vom Verwendungszweck der Dose abhängen, meist ist jedoch das gewünschte Aussehen der entscheidende Faktor.

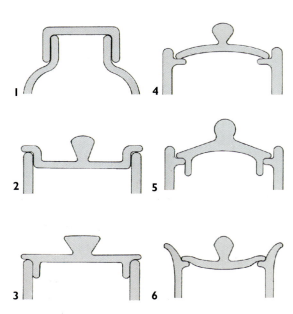

1. Ein tassenförmiger Deckel passt gut über den geraden Abschluss einer Dose.
2. Benutzen Sie einen solchen Deckel, wenn die gesamte Breite der Dose zugänglich sein soll.
3. Dieser Deckel kann auf Dosen mit oder ohne Deckelsitz verwendet werden.
4. Ein schaftloser Deckel, der auf einem Deckelsitz ruhen muss.
5. Ein Deckel mit Schaft, der auf einem Deckelsitz sicher aufliegt und für Teekannen sehr geeignet ist.
6. Dies ist die vereinfachte Version von Nr. 2.

 Wie kann ich erreichen, dass die Beschriftung auf meinen Tellern richtig platziert ist?

Machen Sie einen Entwurf
Legen Sie das zu beschriftende Objekt auf ein Blatt Papier, ziehen Sie seine Kontur nach, teilen Sie den Platz ein – und nutzen Sie das Papier für Ihren Entwurf. Bei lederharten Arbeiten legen Sie den Entwurf auf und drücken mit einem Werkzeug die Buchstaben durch. Bei geschrühten Oberflächen legen Sie ein Blatt Kohlepapier dazwischen.

Schneiden Sie Buchstaben aus
Benutzen Sie Buchstaben von einem Computerausdruck, einer Fotokopie oder Klebebuchstaben, um Aussparschablonen herzustellen. Experimentieren Sie mit verschiedenen Größen, kleinen und großen Buchstaben und unterschiedlichen Schrifttypen.

1. Schneiden Sie die gewählten Buchstaben sehr exakt mit einem Skalpell oder Ähnlichem aus. Platzieren Sie diese Buchstaben auf Ihrem Teller und bringen Sie diese in den richtigen Abstand zueinander – passend zur Kurve der Tellerfahne. Bei noch weichem Ton pressen Sie dann die Buchstaben gut an, bei geschrühten Oberflächen können Sie Kleber verwenden.

2. Tragen Sie darüber Glasur auf. Benutzen Sie ein spitzes Werkzeug, um die Ecken der Buchstaben anzuheben, und entfernen sie diese, bevor Sie die Stücke überglasieren oder brennen.

Fertigen Sie eine Schablone
Geben Sie Ihrer Beschriftung mithilfe einer Schablone eine andere Farbe. Drucken Sie z. B. mithilfe Ihres Computers das gewünschte Design auf ein Stück Papier und schneiden Sie die Buchstaben mit einem Skalpell genau aus. Legen Sie diese Schablone über Ihre Schale und bringen Sie durch Spritzen, Pinseln oder mit dem Schwamm farbige Engobe, Glasur oder Farbkörperlösungen auf.

Form, Funktion und Design • 57

Von den Tellern, die ich herstelle, lässt sich nicht gut essen. Welche Designelemente sind für einen funktionalen Teller wichtig?

Herstellung von Tellern

Ein Problem bei handgemachten Tellern ist häufig, dass sie zu flach sind. Achten Sie beim Drehen oder Formen darauf, dass man später mit den Fingern unter die Fahne fassen kann, um den Teller anzuheben. Sorgen Sie dafür, dass der Innenbereich entweder flach oder gering konkav ist, jedoch niemals konvex. Beachten Sie die Größenverhältnisse der Fahne zum Gesamtkörper, entscheiden Sie, ob die Fahne ein dekoratives Element sein soll oder ob man sie überhaupt benötigt. Ein ungeübter Töpfer dreht häufig Teller, die für ihre Größe viel zu schwer sind. Drehen Sie in einem solchen Falle den Teller unten stärker ab, bis ein akzeptables Gewicht erreicht ist.

Wie kann ich funktionale Arbeiten fertigen?

Studieren Sie andere Gebrauchskeramik

Betrachten und analysieren Sie Keramiken, die Sie in Ihrem Haus benutzen oder die Sie in Läden sehen. Bedenken Sie die Funktionsweise der Stücke und wie diese eventuell zu verbessern wäre. Sie werden feststellen, dass Funktion nicht der einzige Aspekt Ihrer Arbeiten sein sollte. Es ist für den Hersteller wie für den Benutzer genauso wichtig, wie sich Gefäße anfühlen und wie sie aussehen.

Ich möchte Becher, Schalen und Tassen als Set gestalten. Wie kann ich die notwendige Beziehung zwischen den Einzelteilen herstellen?

Ein Set keramischer Gefäße muss trotz der formalen Unterschiedlichkeit grundsätzliche Gemeinsamkeiten aufweisen. Ihr eigener Stil wird vermutlich bereits bei allen Ihren Arbeiten bestimmte Charakterzüge zeigen. Die Dicke des Randes, die Verhältnisse glatter zu strukturierten oder undekorierter zu dekorierten Flächen ebenso wie die Grundform Ihrer Gefäße zeugen von einer gewissen Verwandtschaft. Um eine weitere Gemeinsamkeit zu schaffen, geben Sie den Henkeln, den Rändern oder Fußringen eine auffällige Art der Dekoration oder Verformung. Ein interessanter Aspekt bei der Gestaltung ganzer Sets besteht in der Aufgabe, dass alle Dekore, Motive oder Farbkombinationen den verschiedenen Gefäßformen angepasst werden müssen, um mit den Kurven einer Schale, dem Rand eines Tellers und den zylindrischen Formen von Bechern, Vasen oder Krügen zu harmonisieren.

Rechts: Jonathan Keep, Teekanne

58 • Form, Funktion und Design

Viele Leute stellen Tierfiguren her. Wie kann ich in diesem Bereich eine persönliche Note entwickeln?

Links: Gill Bliss, Hahn

Den eigenen Stil entwickeln
Führen Sie mehrere detaillierte Studien des Tieres durch, das Sie modellieren möchten. Schauen Sie sich Fotos in Büchern, Magazinen ebenso wie Filme an und fertigen Sie Skizzen. Notieren Sie sich alle Eigenheiten des Tiers, das Sie interessiert. Das kann die Gesamtform sein, die Art, wie es sich bewegt, wie es aufwacht und sich streckt, die farblichen Aspekte des Fells, Gefieders oder der Haut, sein Temperament und wie es sich verhält, wenn es Angst hat oder gejagt wird. Während Sie den Ton bearbeiten, benutzen Sie die Techniken, die Farben oder Texturen, die es Ihnen erlauben, die Eigenheiten herauszuarbeiten, die für Sie interessant sind.

Ich habe Steinzeuggefäße in die Spülmaschine gestellt, und die Farben scheinen nunmehr verblasst. Ist es möglich, dass sich die Farbe abwaschen lässt?

Die Farbigkeit einer hochgebrannten Glasur ist nicht abwaschbar. Vielleicht hat jedoch das Spülmittel die Glasuren angegriffen. Benutzen Sie ein Mittel, das speziell für empfindliches Geschirr geeignet ist oder waschen Sie solche Stücke von Hand ab. Hiermit vermeiden Sie jedes Risiko, dass spezielle Dekore oder Oberflächen Schaden nehmen.

Handelt es sich bei den Dekoren um niedrig gebrannte Aufglasurfarben, werden diese den Angriffen von Spülmittel nicht widerstehen können. Aufglasurfarben sind kein Teil der Glasur, sondern sind lediglich aufgeschmolzen. Sie werden daher in der Spülmaschine von den aggressiven Spülmitteln nach und nach abradiert.

Welchen Glasurtyp sollte ich für Gebrauchskeramik benutzen?

Glasuren, die auf Gebrauchsware Verwendung finden, sind in der Regel glänzend oder seidenmatt und resistent gegen das Ritzen mit dem Messer. Risse in der Glasur (Krakelee) stellen selbst bei hochgebranntem Steinzeug oder Porzellan ein Problem dar, da Essensreste und Schmutz einwandern und das Krakelee einfärben. Das Krakelee in einer Glasur auf Irdenware lässt Wasser in den Scherben eindringen.

Gefäße, die für das Aufbewahren von Lebensmitteln benutzt werden, sollten eine gut ausgeschmolzene Glasur tragen. Bei Glasuren, die hohe Anteile an Barium- oder anderen Farboxiden enthalten, können sich diese Oxide aus dem Glasurverband lösen und in die Lebensmittel wandern. Bleiglasuren und Bleifritten sollten Sie strikt nach Anweisung des Herstellers verwenden. Kupfer- und Bleioxide sollten niemals zusammen im Glasurversatz auftauchen. Cadmiumoxid, das für schöne rote Farben benötigt wird, sollte ebenfalls nicht mit Lebensmitteln in Kontakt kommen.

Form, Funktion und Design • 59

 Inwiefern ist es möglich, durch Tonsockel die Aussagen meiner Arbeiten zu unterstreichen?

Was bewirkt ein Sockel?

Stellen Sie sich folgende Fragen: Braucht die Arbeit einen Sockel, um sicher zu stehen? Hält ein Sockel die verschiedenen Teile der Arbeit zusammen und schafft hierdurch eine Einheit? Gibt ein Sockel der Arbeit eine neue Dimension oder erhöht er deren Informationswert? Die Notwendigkeit eines Sockels auf diese Weise zu hinterfragen, wird Sie rasch erkennen lassen, ob ein Sockel die Aussage unterstützt oder störend wirkt.

Oben: Christine Derry, Der Wald der Philosophen

Ich möchte Sockel für meine Arbeiten anfertigen, jedoch nicht aus Ton. Welche Materialien bieten sich an?

Nutzbare Materialien für Mixed Media

Holz, Schiefer, Metall, Plastik, Gips oder Marmor sind nur einige der Materialien, die häufig im Zusammenhang mit Keramik genutzt werden. Wählen Sie ein Material, das Ihre Arbeit unterstützt und nicht überlagert. Farbe und Textur sollten nicht die Aufmerksamkeit von der eigentlichen Arbeit ablenken. Des Weiteren sind die Größenverhältnisse des Sockels zur Keramik wichtig. Manchmal unterstützt ein kleiner Sockel die Wirkung der Arbeit, mitunter ist hingegen ein großer Sockel für das Gesamtbild notwendig.

Links: Andrea Hylands, Zyklone

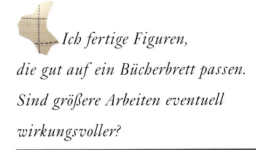 *Ich fertige Figuren, die gut auf ein Bücherbrett passen. Sind größere Arbeiten eventuell wirkungsvoller?*

Wir alle sind es eher gewöhnt, mit Objekten zu leben, die auf Regalen und Tischen stehen, eine handliche Größe haben und nicht den gesamten Raum dominieren. Große künstlerische oder kunsthandwerkliche Arbeiten fallen daher auf. Miniaturen können ebenfalls Aufsehen erregen, da sie eine unüblich kleine Form haben. Die Dimensionen eines Objekts sollten in Einklang mit der zum Ausdruck gebrachten Idee stehen. Manchmal hat man den Eindruck, dass eine Arbeit als Modell die richtige Größe hat, um dann später festzustellen, dass das Objekt in Originalgröße ausgeführt, leblos und falsch dimensioniert erscheint. Sie werden die richtige Größe für Ihre Objekte nur durch Ausprobieren herausfinden.

Sicherlich ist es leichter, einen Platz für kleinere Arbeiten zu finden. Wenn Sie größere Objekte planen, sollten Sie bereits im Vorfeld überlegen, wo sie aufgestellt werden. Plastiken für draußen müssen frost- und generell wetterbeständig sein; Materialien und Herstellungstechniken sind dementsprechend zu wählen.

TON IST EIN WEICHES MATERIAL mit ungewöhnlich vielseitigen Möglichkeiten. Mit unseren Händen können wir es durch Ausformen, durch Drücken und Schlagen in fließende Formen bringen oder wir können aus bereits angetrockneten Platten geometrische Formen mit exakten Winkeln schaffen. Viele Töpfer entwickeln eine Vorliebe für eine bestimmte Technik und Arbeitsweise. Es ist jedoch ohne weiteres möglich, die verschiedensten Techniken miteinander zu kombinieren und so individuelle Wege zu suchen.

Aufbautechniken

Aufbautechniken • 61

Meine ausgeformten Schalen sind schief und ungleichmäßig. Wie kann ich sie symmetrischer formen?

Ton mit gleicher Konsistenz verwenden
Jeder harte oder weiche Einschluss im Ton führt zu ungleichmäßigem Ausformen. Formen Sie den Ton in Ihren Handflächen zu einer Kugel, schließen und glätten Sie jeden auftretenden Riss. So schaffen Sie sich eine gute Basis für die weitere Arbeit.

Mit dem Daumen
Sie können kein symmetrisches Gefäß formen, wenn auf der einen Seite der Kugel mehr Ton ist als auf der anderen. Drücken Sie daher Ihren Daumen genau in der Mitte abwärts in den Ton. Drehen Sie dabei den Tonball, dies unterstützt das Zentrieren der Öffnung.

Formtechniken kombinieren
Während des Ausformens des Gefäßes können Sie außer dem beschriebenen Drücken und Drehen auch andere Methoden benutzen, um die Wandung zu verdünnen und den Innenraum zu vergrößern. Mit dem Ausformen des Zeigefingers – während Sie das Gefäß in der anderen Hand halten – können z. B. Unebenheiten besser ausgeglichen werden. Arbeiten Sie vom Boden zum Rand hin und Sie werden feststellen, wie die Wandung in Ihrer Handfläche wächst.

Meine ausgeformten Gefäße sind schwer und klotzig. Wie kann ich eine glatte, gleichmäßige Wandung herstellen?

Einen dünnen Bodenbereich schaffen
Vermeiden Sie zu viel Masse im Bodenbereich Ihrer Gefäße. Drücken Sie Ihren Daumen tief genug in den Tonball, sodass nur noch wenig Ton zwischen der Handfläche, in der der Ton liegt und Ihrem Daumen verbleibt. Beginnen Sie an diesem tieferen Punkt mit dem Ausformen.

Langsam arbeiten
Versuchen Sie nicht allzu schnell, dünne Wände herzustellen. Sie verlieren die Kontrolle über die Form, wenn Sie den Ton zu rasch und zu fest bearbeiten. Arbeiten Sie langsam, und immer mit geringem Druck auf die Wandung, während Sie das entstehende Gefäß in gleichmäßigem Rhythmus zwischen Ausformen und Weiterbewegen in Ihrer Hand drehen.

Endbearbeitung
Zum Schluss sollten Sie mit einer Gummi- oder Metallniere arbeiten. Mit Gumminieren lassen sich noch etwas plastische Stücke gut bearbeiten, die Metallniere eignet sich besser für das bereits lederharte Stück. Glätten Sie es innen und außen und entfernen Sie so Unregelmäßigkeiten.

62 • Aufbautechniken

Die Ränder meiner Gefäße fangen beim Ausformen immer zu reißen an. Wie kann ich das verhindern?

Den Rand formbar halten

Um das Reißen des Randes zu verhindern, sollten Sie diesen immer etwas dicker halten als den Rest der Arbeit. Bearbeiten Sie den Rand zum Schluss, sodass der Ton hier weich bleibt. Trocknet er dennoch aus, befeuchten Sie ihn mit Wasser. Achten Sie darauf, dass nicht das gesamte Gefäß nass wird. Alternativ hierzu können Sie auch bewusst die Randzone Ihrer ausgeformten Gefäße fließend und ungleichmäßig, eventuell mit Rissen, auslaufen lassen.

Ich möchte Gefäße mit sauberen Abschlüssen. Was muss ich hierfür tun?

Schneiden und glätten

Schneiden Sie den unregelmäßigen Randbereich der geformten Schale ab. Auf einer Ränderscheibe lässt sich dies gleichmäßig bewerkstelligen. Markieren Sie die Schnittlinie und schneiden Sie dann mit einem spitzen Messer den Rand ab. Glätten Sie scharfe Ecken mit einem feuchten Schwamm.

Eine Tonwulst aufsetzen

Ein verstärkter Randbereich gibt dem Gefäß ein geschlossenes Aussehen. Ritzen und schlickern Sie den Rand der lederharten Schale und setzen Sie eine noch plastische Tonwulst auf, die dicker als die Wandung ist. Verstreichen Sie die Wulst nach innen und außen, ohne sie auf die gleiche Stärke wie die Wandung zu verdünnen.

Aufbautechniken • 63

Meine Schalen werden beim Ausformen immer zu Tellern. Wie kann ich ihre Wandung erweitern, ohne dass sie allzu flach werden?

Die richtige Technik benutzen

Gut ausgeformte Gefäße herzustellen ist nicht so leicht, wie es vielleicht anfangs scheint. Zu lang an einem Stück zu arbeiten, ermüdet den Ton. Lagern Sie daher Ihre Gefäße für eine Weile, wenn Sie bemerken, dass der Ton allzu nachgiebig wird. Arbeiten Sie zur gleichen Zeit an mehren Stücken, sodass jedes Zeit hat zu härten.

UNTERSTÜZUNG DURCH DIE HAND
Arbeiten Sie immer mit dem Gefäß in der Hand, niemals auf dem Arbeitstisch. Formen Sie Ihre Hand so, dass die Schale gut liegt und drücken Sie, während Sie das Stück in der Hand drehen, mit Daumen und Fingern der anderen Hand leicht gegen die Wandung.

RÜCKFORMEN DER RANDZONE
Wird die Schale zu weit, nehmen Sie diese in beide Hände und drücken den Randbereich wieder vorsichtig zusammen. Drehen Sie nach jedem leichten Drücken die Schale in eine andere Position.

Ich montiere ausgeformte Schalen zusammen, um weitere Formen zur Verfügung zu haben. Wie sind die Ränder am besten miteinander zu verbinden?

Ton mit gleicher Konsistenz

Montieren Sie die lederharten Stücke durch Anritzen und anschließendes Einschlickern des Randes. Sorgen Sie dafür, dass die Ränder ungefähr gleiche Stärke und die Stücke gleichen Feuchtigkeitsgrad haben. So wird die Schwindung beider Stücke einander entsprechen.

Ausstopfen der Schalen

Das Ausfüllen mit zusammengedrücktem Zeitungspapier gibt den Halbschalen Stabilität, sodass Sie beim Zusammenfügen mehr Druck ausüben können.

1. Füllen Sie beide Halbkugeln fest mit Zeitungspapier, das während des Brandes verbrennt.

2. Sie können jetzt die Nahtstelle gut überarbeiten, ohne dass Ihre Form eingedrückt wird.

Geneigter Rand

Vor dem Zusammensetzen sollten Sie darauf achten, dass die Ränder beider Halbkugeln einen leichten Winkel nach außen haben. Ist der Winkel nach innen geneigt, wird dort immer eine Schwachstelle sein.

64 • Aufbautechniken

Ich trockne meine ausgeformten Gefäße auf einem Holzbrett. Hierdurch bekommen sie eine flache Grundfläche. Wie ist das zu vermeiden?

Setzring
Es ist besser, wenn Sie die ausgeformten Gefäße auf einem weichen Untergrund trocknen. Verwenden Sie hierzu Tonwülste, die Sie zu Ringen formen und in die Sie die Gefäße stellen können.

Vorhandene Stützen
Nehmen Sie im Haushalt vorhandene Gefäße, die Sie mit Schaumstoff, Tüchern oder Watte auspolstern, oder legen Sie die geformten Stücke zum Trocknen direkt auf eine weiche Unterlage. Wenn der harte Rand eines Glases nicht stört, kann es auch ohne Auspolsterung benutzt werden.

Wie kann ich mit Fußringen meinen Gefäßen eine größere Leichtigkeit verleihen?

Fußringe aus Tonwülsten
Um das Gefäß nur ein wenig anzuheben, nehmen Sie am besten eine Tonwulst.

1. Kratzen Sie mit einem scharfen Messer dort Rillen in den Boden der Schale, wo der Fußring aufgesetzt werden soll. Schlickern Sie diese ein, legen Sie die Tonwulst auf und schneiden Sie die Länge zu.

2. Verstreichen Sie die Wulst innen und außen mit der Oberfläche der Schale und verputzen Sie den Montagebereich mit einem feuchten Schwamm.

Zylindrischer Fußring
Einen kleinen Tonzylinder nimmt man für einen höheren Fußring. Schneiden Sie sich einen Streifen aus einer ausgerollten Platte. Die Breite des Streifens wird zur Höhe des Fußrings. Verbinden Sie den Tonstreifen zu einem Zylinder und setzen Sie diesen wie üblich an das Gefäß an. Glätten sie die Naht mit dem Finger oder einem Werkzeug und versäubern Sie zum Schluss mit einem feuchten Schwamm.

Aufbautechniken • 65

Wie kann ich meine ausgeformten Arbeiten farbig gestalten?

Farbige Tone
Ausgeformte Gefäße haben eine organische, fließende Form, und Farbigkeit kann dies noch unterstreichen. Sie erhalten verschiedenfarbige Tone bei Ihrem Lieferanten, oder mischen Sie solche Tone mit Massefarbkörpern bzw. Farboxiden selbst. Mischen und verkneten Sie verschiedenfarbige Tone miteinander und formen Sie daraus einen Ball. Die Farben werden sich durch das gesamte Gefäß ziehen, wenn Sie es ausgeformt haben.

Eingedrückte Dekore
Eingedrückte Dekore können farblich betont werden. Sammeln Sie Materialien wie strukturierten Stoff, Blätter und Schnüre, mit denen Sie interessante Abdrücke erzielen können. Drücken Sie diese Materialien mithilfe eines Werkzeugs, Löffels oder Messers in die noch lederharte Oberfläche Ihrer Arbeiten. Bereits zu trockene Oberflächen müssen eventuell etwas angefeuchtet werden. Pinseln Sie auf die eingedrückten Muster des getrockneten oder geschrühten Stücks mit Wasser verflüssigte Farbkörper oder Farboxide und wischen Sie nach dem Antrocken mit einem angefeuchteten Schwamm die außerhalb der Dekore befindlichen Farben ab.

Marmorierungen
Kneten Sie Farbkörper oder Farboxide in den plastischen Ton. Die Farblinien und Flecken geben Ihrem Gefäß eine Marmorierung.

1. Streuen Sie pulverige Farbgeber auf eine Tonplatte und rollen Sie diese zusammen. Kneten Sie den Ton und bilden Sie eine Kugel zur Vorbereitung für das Ausformen.

2. Während Sie Ihr Gefäß ausformen, ziehen sich Farblinien durch den gesamten Ton.

Einfärben des Randes
Wenn Ihre Arbeiten gerissene und unregelmäßige Ränder haben, betonen Sie diese farblich.

1. Geben Sie eine Farkörper- oder Farboxidlösung auf die Ränder Ihrer Arbeiten. Achten Sie darauf, dass die Farbe gut in alle Risse und Aufbrüche eindringt.

2. Wischen Sie anschließend die Arbeit mit einem feuchten Schwamm ab, sodass nur in den Rissen und Aufbrüchen Farbe zurückbleibt und die organische Form des Randes betont wird.

66 • Aufbautechniken

Meine Tonwülste geraten immer flach und brechen auseinander. Wie kann ich meine Technik verbessern?

Weichen Ton verwenden
Ton verliert durch die Bearbeitung mit warmen Händen schnell Feuchtigkeit. Wenn er zu hart wird, bricht er, und es bilden sich Lufteinschlüsse, wodurch er endgültig nicht mehr zu verarbeiten ist. Verarbeiten Sie daher den Ton so feucht wie möglich.

Später ausrollen
Bilden Sie aus dem Ton eine Wulst, die Sie mit den Händen durch Pressen immer dünner und länger ausformen. Fahren Sie damit fort, bis die Wulst fast die Stärke hat, die Sie brauchen. Erst anschließend rollen Sie sie zu der endgültigen Dicke.

Richtig rollen
Flache Tonwülste weisen darauf hin, dass Sie beim Rollen zu viel Druck nach vorn ausüben. Versuchen Sie, den Ton nicht nur zu rollen, sondern auch nach außen zu dehnen. Bewegen Sie hierzu Ihre Hände seitwärts, während Sie die Tonwulst vor- und rückwärts rollen (vgl. oben). Achten Sie hierbei darauf, dass Sie den Ton immer rollen, jedoch nie schieben. Rollen Sie Ihre Tonwülste nur bis zu Fingerstärke, ansonsten wird die Wandung des späteren Gefäßes zu dünn.

Gibt es außer dem Rollen von Hand auch Werkzeuge, mit denen Tonwülste hergestellt werden können?

Modelliereisen
Mit einem Modelliereisen können Sie aus einem Block feuchten Tons Stränge herausschneiden. Ein geschlungener Schneidedraht ist ebenfalls hierzu verwendbar. Allerdings braucht man etwas Übung, um einen gleichmäßigen Strang abzuschneiden.

Tonstreifen
Indem Sie eine Platte Ton in gleichmäßige Streifen zerschneiden, erhalten Sie rechteckige Tonwülste. Rollen Sie hierzu zwischen zwei gleich starken Leisten den Ton aus. Eine der Leisten können Sie dann als Lineal und Schablone beim Zuschneiden verwenden.

Gepresste Tonwülste
Bei Verwendung einer Tonpresse können Sie mehrere Tonwülste auf einmal pressen. Sie füllen Ton in den Zylinder und drücken diesen Ton mithilfe eines Hebelarms oder einer Gewindeschnecke durch eine perforierte Scheibe am unteren Ende der Presse.

Aufbautechniken • 67

Im Fußbereich meiner aufgebauten Gefäße entstehen immer wieder Risse. Wie kann ich dies verhindern?

Bodenplatte ausrollen
Bauen Sie die Bodenplatte nicht aus Tonwülsten auf, da diese im Brand oft Risse zeigen. Benutzen Sie eine ausgerollte Tonplatte. Ein rundes Gefäß, ein Zirkel oder eine Ausstechform helfen Ihnen, eine exakt runde Platte zu fertigen.

Gleichmäßige Wandstärken
Bemühen Sie sich, Boden und Wandung in gleicher Stärke zu formen. Dicke Böden benötigen länger zum Trocken, und das ungleiche Trocknen führt zu Spannungen, die wiederum Risse erzeugen können.

Gefäße umdrehen
Drehen Sie Ihre Arbeiten beim Trocknen um und sorgen Sie dafür, dass nur gut getrocknete Gefäße in den Ofen gestellt werden. Wasser, das nicht beim Trocknen entweichen konnte, sprengt die Stücke im Brand. Umgedrehte Gefäße trocknen gleichmäßiger.

Auf einer Unterlage aufbauen
Der Druck, der während des Aufbauens auf die Grundplatte ausgeübt wird, kann dazu führen, dass das Stück am Arbeitsplatz festklebt. Heben Sie das Gefäß nun an, können Risse bzw. Spannungen entstehen, die später zu Sprüngen führen. Arbeiten Sie daher auf einer trennenden Unterlage wie Stoff oder Papier.

Die Wände meiner aufgebauten Gefäße werden nach oben immer dünner und fallen manchmal zusammen. Wieso?

Gute Montagetechnik
Wenn man damit beginnt, Gefäße aus Tonwülsten aufzubauen, wird häufig versucht, diese fälschlicherweise durch Drücken zwischen Fingern und Daumen miteinander zu verbinden. Hiermit werden die Tonwülste jedoch nicht effektiv miteinander verbunden, sondern ausgedünnt. Die folgende Technik hilft Ihnen, richtig zu arbeiten.

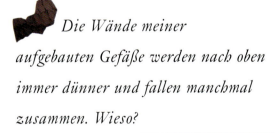

1. Verbinden Sie die Tonwülste, indem Sie von dem neu aufgesetzten Ring etwas Ton auf den darunter Liegenden drücken. Schließen Sie so die innen liegende Nähte.

2. Wenn die Innenseite des Gefäßes glatt ist, verfahren Sie genauso auf der Außenseite. So sind die Tonwülste gut miteinander verbunden, ohne dass die Wand zu sehr ausgedünnt wird.

68 • *Aufbautechniken*

Wie sollte ich ein bereits angefangenes Gefäß lagern, bis ich weiter daran arbeiten kann?

Was muss ich beachten, wenn ich eine angefangene Arbeit nach einer längeren Pause erneut aufnehme?

Gefäß feucht halten

Sie müssen dafür sorgen, dass der Ton weich genug bleibt, bis Sie Ihre Arbeit erneut aufnehmen.

Aufrauen und befeuchten

In der Regel wird der obere Rand etwas trocken sein. Sie müssen ihn daher vorbereiten, bevor Sie die nächste Tonwulst auflegen.

1. Wenn Sie das Stück nur für ein paar Stunden stehen lassen müssen, brauchen Sie sich lediglich um die Feuchtigkeit des Randes zu kümmern. Sprühen Sie die Arbeit mit etwas Wasser ein oder feuchten Sie den Rand mit einem nassen Schwamm an.

1. Rauen Sie den Rand mit einer Gabel oder einem spitzen Werkzeug auf, befeuchten Sie ihn mit einem feuchten Schwamm und streichen Sie etwas Schlicker auf.

2. Dann legen Sie ein angefeuchtetes Tuch über den Rand oder bedecken die Arbeit lose mit einem Stück Plastikfolie.

2. Ihr Stück ist nun vorbereitet, um den nächsten Tonring aufzunehmen. Verstreichen Sie die Tonwulst zuerst im Inneren des Gefäßes und dann auf der Außenseite auf die übliche Art. Manchmal entsteht dort, wo die Tonwülste aneinander liegen, eine Vertiefung. Diese kann mit einem Glättholz gut überarbeitet werden.

3. Wenn Sie die angefangene Arbeit für mehrere Tage stehen lassen wollen, müssen Sie diese fast luftdicht einpacken, sodass die Feuchtigkeit nicht entweichen kann. Besprühen Sie hierzu das Stück leicht mit Wasser und schlagen Sie es mit Plastikfolie ein.

Aufbautechniken • 69

 Es fällt mir schwer, die Form der Gefäße beim Aufbauen zu kontrollieren. Was kann ich verbessern?

Formtechniken verinnerlichen

Der Schlüssel zur Kontrolle einer Form ist das Verstehen der Aufbautechniken. Wenn Sie einmal wissen, warum die Wandung sich nach innen oder außen formt, werden Sie gezielter arbeiten können.

NACH AUSSEN ARBEITEN
Setzen Sie eine Tonwulst gering nach außen verschoben auf die unterliegende Tonwulst. So wird sich die Wandung nach außen wölben und das Gefäßinnere weiten, wenn Sie zum Beispiel bauchig arbeiten wollen.

NACH INNEN ARBEITEN
Montieren Sie eine Tonwulst gering nach innen versetzt auf die vorhergehende Tonwulst, und die Form wird sich automatisch verengen. Dies ist im Schulterbereich eines Gefäßes erforderlich.

SCHRITT FÜR SCHRITT
Arbeiten Sie jeweils nur an einer Tonwulst. Wenn Sie mehrere Tonwülste auflegen und dann erst mit dem Verstreichen beginnen, haben Sie nur noch wenig Kontrolle über die Form. Schneiden Sie die Tonwulst jeweils nach einem Ring ab.

VORAUSSCHAUEND PLANEN
Entwickeln Sie eine klare Vorstellung von dem Objekt, bevor Sie mit der Arbeit beginnen. Damit helfen Sie sich selbst, jeden Arbeitsschritt gezielt auszuführen. Arbeiten Sie am besten nach einer gezeichneten Vorlage.

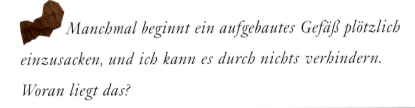 *Manchmal beginnt ein aufgebautes Gefäß plötzlich einzusacken, und ich kann es durch nichts verhindern. Woran liegt das?*

Ton fester werden lassen

Lassen Sie die Arbeit stehen, wenn Sie bemerken, dass sie sich zu verziehen beginnt. Die Wandung muss bei fortschreitender Arbeit mehr und mehr Gewicht tragen. Wenn Sie dem Ton nicht genügend Zeit geben, härter zu werden, verliert das Gefäß die Form (vgl. Abb.). Am besten ist es, gleichzeitig an mehreren Gefäßen zu arbeiten, sodass Sie eins nach dem anderen gestalten können. So hat jedes der Gefäße ausreichend Zeit, etwas anzutrocknen.

Meine aufgebauten Gefäße wirken schwerfällig und schief. Wie kann ich sie symmetrischer gestalten?

Gefäß beim Arbeiten drehen
Wenn Sie Ihre Arbeit von allen Seiten sehen können, ist es leichter, sie symmetrisch zu gestalten. Drehen Sie das Gefäß oder umschreiten Sie es, während Sie an ihm arbeiten. Am besten verwenden Sie eine Ränderscheibe.

Aufbauen in Ringen
Verstreichen Sie je einen Tonring, bevor Sie weiter arbeiten. Wenn Sie die Tonwulst wie eine Spirale auflegen, ist es viel schwieriger, das Gefäß symmetrisch zu halten.

Glätten mit einem Holz
Benutzen Sie ein nierenförmiges Holzwerkzeug zum Glätten und Verdichten der Gefäßoberfläche. Um die Form zu halten, ist es sehr hilfreich, wenn Sie nach dem Aufsetzen mehrerer Tonwülste die entstandene Form überarbeiten.

Mir gefallen die Formen, die durch das Aufbauen entstehen, nicht aber das Tonausrollen. Gibt es alternative Techniken?

Ausgeformte Tonplatten
Benutzen Sie mit den Fingern ausgeformte Tonplatten an Stelle der Tonwülste.

1. Pressen Sie ein Stück Ton zwischen Ihren Fingern, bis Sie eine gleichmäßige Dicke erzielt haben. Setzen Sie dieses Tonstück an die Wandung Ihres Gefäßes. Achten Sie beim Ausformen darauf, dass die Wandung nach oben wächst statt nur nach außen.

2. Glätten Sie die Naht auf der Außen- und Innenfläche. Hiernach können Sie das nächste Stück ansetzen.

In Abschnitten bauen
Dies ist eine sehr schnelle Art aufzubauen, man braucht jedoch etwas Erfahrung, um die Form zu kontrollieren.

1. Rollen Sie eine Tonplatte aus und schneiden Sie diese in Streifen. Letztere benutzen Sie, um die Wandung des Gefäßes aufzubauen.

2. Verbinden Sie die Nähte sehr vorsichtig und sorgfältig, da hier die Schwachpunkte des Gefäßes liegen. Eine Holzschiene ist hilfreich, der Wandungsform die endgültig Gestalt zu geben. Eventuell müssen Sie das Gefäß etwas stehen lassen, damit der Ton – speziell an der Naht – antrocknen kann.

Aufbautechniken • 71

 Wie kann ich Platten gleicher Stärke herstellen?

Richtige Konsistenz beachten
Weicher Ton lässt sich am leichtesten ausrollen. Nach dem Ausrollen können Sie die Platte trocknen lassen. Festerer Ton eignet sich besonders gut zum Schneiden von Platten aus einem Block mit einer Tonharfe oder einem Schneidedraht.

Plattenwalze benutzen
Mit einer Plattenwalze lassen sich sehr leicht große Platten herstellen. Hierbei rollt ein Zylinder über einen Tisch und hinterlässt gleich starke Tonplatten. Der Ton wird auf einem Tuch ausgerollt, von dem der Tonfladen zur weiteren Verarbeitung leicht abnehmbar ist.

Platten schneiden
Schneiden Sie Platten mit einer Tonharfe, einer Bügelsäge (Draht an Stelle des Sägeblatts) oder mit dem Schneidedraht.

Mit dem Nudelholz
Benutzen Sie zwei gleich hohe Latten und ein Nudelholz. Die Latten müssen lang genug sein, damit sich der Ton der ausgerollten Platte zwischen ihnen gut ausdehnen kann. Legen Sie ein flach gedrücktes Stück Ton zwischen die Latten und rollen Sie es weiter flach. Wenn das Nudelholz die Latten berührt, ist eine gleichmäßige Tonplatte ausgerollt.

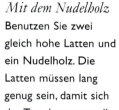

1. Legen Sie einen Block festen Ton auf Ihren Arbeitstisch und schneiden Sie mit der Tonharfe eine Platte aus dem unteren Teil. Achten Sie darauf, dass die Enden der Tonharfe immer fest gegen den Tisch gedrückt sind, sodass die Platte eine gleichmäßige Dicke bekommt.

2. Greifen Sie mit flachen Händen den Block von der Seite, heben Sie ihn von Ihrer ersten Platte ab und legen Sie ihn auf einen sauberen Untergrund. Jetzt wiederholen Sie die Aktion, bis der Block in Platten zerlegt ist.

Wenn ich Ton ausrolle, stoße ich manchmal auf Luftblasen. Wie kann ich dieses Problem beheben?

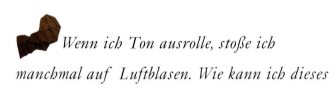

Aufstechen
Stechen Sie die Blasen mit einer Nadel oder einem spitzen Messer auf. Drücken Sie die Luft aus der Blase und geben Sie bei größeren Blasen etwas Ton auf die entstandene Vertiefung, bevor Sie die Platte erneut überrollen.

72 • *Aufbautechniken*

 Wie hart sollte der Ton sein, damit ich Platten schneiden kann?

Für geometrische Gefäße

Wenn Sie geometrische Objekte mit exakten Kanten bauen wollen, muss der Ton fest genug sein, damit man ihn montieren kann, ohne dass er sich verzieht. Sie können weiche Tonplatten zuerst grob und nach dem Antrocknen exakt zuschneiden oder mit dem Zuschneiden warten, bis der Ton zur richtigen Konsistenz getrocknet ist.

1. Beim Verwenden von weichem Ton und einer Schablone sollten Sie die Tonplatte etwas größer ausschneiden als später benötigt. Hierbei liegt der Vorteil darin, dass Sie Abschnitte gleich einkneten, auswalzen und dann wieder verwerten können.

2. Wenn der Ton Ihrer Platten fester geworden ist, schneiden Sie diese auf das richtige Maß. Benutzen Sie ein Lineal, das Sie auf die Papierschablone legen. Schneller geht es bei bereits angetrockneten Tonplatten. Die dabei entstehenden Abschnitte müssen jedoch vor erneuter Verwendung erst wieder eingesumpft werden.

Bauen mit weichen Platten

Sie können Ton ausrollen, zuschneiden und sofort verarbeiten, wodurch fließende Formen entstehen. Vielleicht müssen Sie zu einem weichen Verarbeiten die Platten sogar noch mit Wasser besprühen und in Plastikfolie einschlagen, damit sie gut durchziehen. Die Besonderheit dieser Methode liegt in den Möglichkeiten, die sich aus den sich wellenden und verbiegenden Platten ergeben. Es entsteht so eine spontane und lebendige Qualität Ihrer Arbeit, die sich vollkommen vom Bauen mit härteren Platten unterscheidet.

 Wenn ich Platten zuschneide, verzieht sich der Ton, und es entstehen keine exakten Ecken. Wie kann ich Formen präziser zuschneiden?

Schneiden, nicht ziehen

Die Verwendung des richtigen Werkzeugs und der richtigen Technik verhindert das Verziehen der Schnittkanten. Schneiden Sie Ton mit einem sehr scharfen und spitzen Messer. Mit einem Messer, dessen Schneide nicht vollkommen gerade ist, kann man gut winkelig, niemals jedoch exakt schneiden.

1. Stehen Sie direkt über Ihrer Arbeit. Dies hilft Ihnen, gerade nach unten zu schneiden. Bewegen Sie weder die Platte noch Ihre Position, während Sie die weiteren Schnitte durchführen.

2. Um ganz exakte Kanten zu bekommen, sollten Sie hinter der geplanten Kante mit dem Schnitt ansetzen und diesen bis zur Mitte fortsetzen. Daraufhin setzen Sie an der gegenüberliegenden Seite an, sodass sich die Schnitte in der Mitte treffen.

Aufbautechniken • 73

 Wie kann ich die genaue Größe der benötigten Platten ermitteln?

Daumenwert genügt
In der Regel benötigen Sie nur ein ungefähres Festlegen der Dimensionen. Angenommen, Sie wollen eine Kastenvase von ca. 15 cm Höhe bauen, die höher als breit sein soll:

1. Zeichnen Sie mithilfe eines Dreiecks und eines Lineals ein Rechteck mit einer Höhe von 15 cm auf die Tonplatte.

2. Schneiden Sie dieses Rechteck aus und verwenden Sie es als Schablone, um drei weitere Rechtecke zuzuschneiden. Verbinden Sie diese Tonplatten zu den Seiten der späteren Vase.

3. Stellen Sie die zusammenmontierten Platten auf eine Tonplatte als Boden und schneiden Sie diese zu.

Genaues Messen
Wenn Sie Ihren Stücken exaktere Dimensionen geben wollen, müssen Sie genauer planen und eventuell auch die Stärke der Platten einbeziehen. Fertigen Sie sich Schablonen, die Sie benutzen können, um exakt vermaßte Platten auszuschneiden. Benutzen Sie hierzu Ton, der so hart wie möglich, aber noch so feucht ist, dass die Platten montiert werden können.

Meine Platten biegen sich beim Trocknen an den Ecken nach oben. Wie verhindere ich dies?

Verschiedene Methoden
Das Verziehen kann durch ungleichmäßiges Trocknen oder aufgrund der Zusammensetzung des Tons auftreten. Platten verziehen sich, wenn an einer Seite mehr Feuchtigkeit austreten kann als an der anderen. Daher sollten Sie während der Trockenphase die Platten mehrfach drehen. Wenn Sie einen besonders fetten Ton verwenden, ist die Wahrscheinlichkeit groß, dass sich die Platten verziehen. Versetzen Sie einen solchen Ton mit Sand, Molochit oder Schamotte, um die Textur zu öffnen. Sie können es auch mit Gewichten versuchen. Legen Sie während des Trocknens ein paar Steine auf die Ecken, die dem Hochbiegen der Kanten entgegenwirken.

74 • *Aufbautechniken*

Ich messe meine Platten sehr genau aus. Dennoch hat die letzte Platte beim Montieren niemals die richtige Größe. Wie erhalte ich eine Bodenplatte mit den richtigen Maßen?

Die Bodenplatte als Letzte montieren
Schneiden Sie die Bodenplatte erst zu, wenn alle anderen Platten miteinander verbunden wurden.

1. Wenn Sie mit den Seiten Ihres gebauten Gefäßes zufrieden sind, stellen Sie es auf eine Tonplatte und schneiden Sie um die Seiten herum, um so die Bodenplatte zu bekommen.

Zusammenstellen der Platten
Wenn Ihre Zuschnitte nicht nur ein wenig, sondern sehr unterschiedlich sind, haben Sie vermutlich die Platten falsch zusammengebaut. Sie müssen beim Zuschneiden und beim Montieren die Stärke der Platten berücksichtigen und sehen, wie diese Stärke die Gesamtform beeinflusst. Es ist einfacher zu verstehen, wie die Platten zusammenpassen, wenn Sie diese vor dem Verschlickern zuerst nur zusammenstellen. Dieselben Platten können Sie so verwenden, dass ein würfelförmiges (vgl. oben links) oder ein rechteckiges Gefäß entsteht (vgl. oben rechts).

2. Verbinden Sie diese Platte mit den Wandungen auf übliche Weise mit Schlicker.

Wie kann ich Platten ausrollen, die an einer Seite dünner sind als an der anderen?

Verschiedene Lattenstärken
Benutzen Sie zum Ausrollen Latten mit verschiedenen Stärken. Der Ton wird zwischen diesen Latten gleichmäßig ausgerollt und bekommt dennoch eine keilförmige Form, die gleichmäßig von dicker zu dünner reicht.

Aufbautechniken • 75

Wie kann ich verhindern, dass die Nahtstellen meiner Platten sich wieder öffnen?

Lederharte Platten verarbeiten

Montieren Sie die Platten, bevor der Ton zu hart geworden ist. Die Platten sollten lederhart sein. Wenn der Ton erst einmal Feuchtigkeit und seine dunkle Farbe verloren hat, ist er bereits zu hart. Alle Platten sollten die gleiche Feuchtigkeit besitzen, sodass die Schwindung einander entspricht. Die linke Platte auf dem Foto ist zu trocken, die rechte gerade richtig zum Verarbeiten.

Fertige Arbeiten langsam trocknen

Lassen Sie Ihre fertigen Gefäße langsam trocknen. Schlagen Sie die Stücke für ein bis zwei Tage dicht in Plastikfolie ein. So findet ein Feuchtigkeitsausgleich statt, und die Nähte verbinden sich dauerhaft. Trocknen Sie die Arbeiten wie üblich an der Luft.

Sichere Verbindungen schaffen

Verbinden Sie die Nahtstellen besonders sorgfältig. Im Brand sind Schwachstellen stark belastet. Daher sollten Sie ausreichend Zeit auf den Zusammenbau der Platten verwenden.

1. Ritzen Sie die Verbindungsbereiche gut und geben Sie Schlicker auf diese Zonen. Drücken Sie die Platten fest zusammen und schieben Sie diese etwas hin und her, bis ein guter Kontakt entstanden ist.

2. Glätten Sie den Nahtbereich auf der Außenseite, indem Sie den Ton mit einem Werkzeug darüber verstreichen.

3. Um die Naht innen zu versiegeln, glätten Sie den herausgequollenen Schlicker mit den Fingern, legen Sie anschließend eine dünne Tonwulst ein, die Sie wiederum mit einer dünnen Schicht Schlicker überziehen, sodass eine gerundete Ecke entsteht. So wird die Verbindung verstärkt.

4. Beachten Sie besonders die Verbindung an der oberen Ecke, an der leicht ein Riss entstehen kann. Um diesen Bereich zu verstärken, sollten Sie eine dünne Tonwulst über die Kante – dort, wo die Naht verläuft – einarbeiten.

76 • *Aufbautechniken*

Die Wände meiner aus Platten gebauten Gefäße verbiegen sich nach innen. Wie kann ich sie auseinander spreizen?

Mit Papier
Starre Stützen, z. B. Holz, führen aufgrund der Trockenschwindung des Tons zu Rissen. Benutzen Sie zerknülltes Zeitungspapier, das ausreichend stützt, jedoch der Eigenbewegung des Tons keinen Widerstand entgegensetzt.

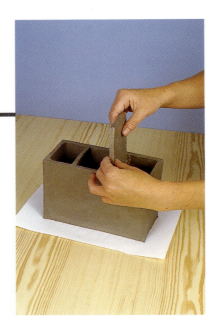

Mit Ton
Offene und geschlossene Formen können mit Tonplatten gespreizt werden, die einen länglichen Raum in mehrere Segmente zerlegen. Wenn die Form geschlossen wird, dürfen Sie nicht die Löcher vergessen, durch die die Luft entweichen kann.

Welche Deckelarten passen zu Gefäßen, die aus Platten gebaut wurden?

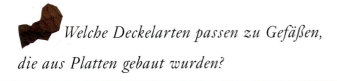

Ein geschwungener Deckel
Sie können in ein oben und unten geschlossenes Gefäß einen einfachen und schönen Deckel schneiden. Versuchen Sie diese Methode an zylindrischen und rechteckigen Formen. Wenn das Objekt lederhart ist, zeichnen Sie im oberen Teil eine geschwungene Linie um die Arbeit. Achten Sie darauf, dass sich die Enden treffen, und schneiden Sie anschließend durch die Wandung. Die Unregelmäßigkeit der Schnittlinie sorgt für Passgenauigkeit. Nehmen Sie den Deckel ab und versäubern Sie die Ränder der Dose sowie des Deckels mit einem feuchten Schwamm, ohne dabei zu viel Ton wegzunehmen. Brennen Sie die Dose und den Deckel gemeinsam.

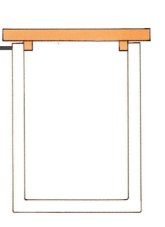 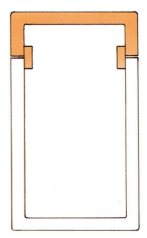

Deckel mit Führung
Schneiden Sie eine Platte, die auf Ihre Dose passt bzw. gering übersteht, und montieren Sie zwei kleine Streifen Ton an der Unterseite dieser Platte (vgl. Zeichnung links). Hierzu ist genau Maß zu nehmen, die Streifen sind an den richtigen Stellen anzubringen. Durch diese Führung sitzt der Deckel korrekt. Sie können auch einen tiefen Deckel herstellen, indem Sie wie beschrieben einen geschlossenen Körper aufschneiden und innerhalb der Wandungen des Deckelteils dünne Tonstreifen anbringen (vgl. Zeichnung rechts).

Ich möchte die Oberflächen meiner Arbeiten planschleifen. Die Bearbeitung mit dem Sandpapier hebt jedoch die vorhandenen Vertiefungen eher hervor. Was kann ich tun?

Richtig schleifen
Schleifen Sie die Arbeiten auf dem Sandpapier anstatt mit dem Papier auf dem Objekt. Befestigen Sie dazu einen Bogen auf einer ebenen Unterlage und schieben Sie Ihre Arbeit darauf hin und her.

Strukturieren der Oberfläche
Anstatt eine völlige ebene Fläche zu erzielen, können Sie noch mehr Unregelmäßigkeiten schaffen, um die bereits vorhandenen Unebenheiten zu überdecken. Klopfen Sie mit der Kante eines flachen Holzes Linien in die Oberfläche oder drücken Sie anderes, strukturgebendes Material hinein. Ihr Hohlkörper wird auch weiterhin geometrisch wirken, es besteht jedoch dann kein Grund mehr, ihn allseitig zu beschleifen.

Unregelmäßige Formen
Überlegen Sie sich Möglichkeiten, Hohlkörper mit nicht so starren Formen zu gestalten.

1. Das Bearbeiten eines rechteckigen Hohlkörpers mit einem runden Holz führt zu einer neuen Form. Bohren Sie in den Körper ein kleines Loch, sodass die Luft beim Verformen und Stauchen entweichen kann.

2. Verwinden Sie einen rechteckigen Hohlkörper in Ihrer Hand, solange der Ton weich ist. Sollten sich Nähte öffnen, können Sie diese noch reparieren.

3. Eine Variation von ungewöhnlich geformten und strukturierten Hohlkörpern kann neue Kraft und Bewegung in Ihre Formensprache bringen. Unternehmen Sie Versuche mit Zylindern, rechteckigen Hohlkörpern und Würfeln.

78 • *Aufbautechniken*

Welche Gefäßtypen kann ich aus weichen Tonplatten herstellen?

Zylinder

Sie können gerade zylindrische Gefäße herstellen sowie mit Randzonen und Nahtstellen experimentieren.

1. Schlagen Sie eine Flasche oder Ähnliches in Zeitungspapier ein und wickeln Sie eine weiche Platte Ton um die Flasche. Achten Sie darauf, dass der Ton parallel zum Boden der Flasche verläuft.

2. Schneiden Sie die Platte mit einem spitzen Tonmesser auf Maß, lassen Sie jedoch ausreichend Ton stehen, damit ein gutes Verbinden der beiden Plattenenden möglich ist. Zu viel sollte jedoch nicht stehen bleiben, da sonst eine Verdickung an der Naht entsteht.

3. Legen Sie die Tonplatte um die Flasche, achten Sie darauf, dass hierbei keine Lufteinschlüsse entstehen. Der Ton sollte weich genug sein, um die Enden miteinander, entweder mit den Fingern oder einem Modellierholz, verdrücken zu können.

Aufbautechniken • 79

4. Stellen Sie den Zylinder samt der sich darin befindlichen Flasche auf eine Tonplatte und schneiden Sie diese um den Fußbereich aus. Ritzen Sie die Kontaktflächen am Tonzylinder und der Bodenplatte, streichen Sie Schlicker auf und pressen Sie beide zusammen. Versäubern Sie anschließend die Naht.

5. Wenn die Bodenplatte montiert ist, öffnen Sie das Zeitungspapier, ziehen die Flasche und anschließend das Zeitungspapier heraus. Dies muss geschehen, bevor der Ton zu schwinden beginnt.

6. Jetzt können Sie die Naht an der Innenwand des Zylinders bearbeiten. Versäubern Sie mithilfe eines Modellierholzes auch die innere Naht zwischen Bodenplatte und Wandung.

Gewickelte Gefäße

Zur Herstellung solcher Gefäße benötigen Sie nur Zeitungspapier zum Abstützen. Sie können fast jede Form herstellen, solange Sie die nötige Abstützung entwickeln. Das Beispiel zeigt ein Blumengefäß zum Aufhängen an der Wand.

1. Rollen Sie eine weiche Tonplatte in eine konische Form. Halten Sie hierbei die oberen Enden zusammen und gemeinsam etwas hoch, damit die Innenflächen nicht zusammenkleben können.

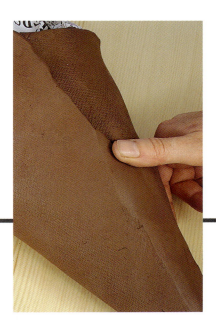

2. Füllen Sie den Innenraum mit zerknülltem Zeitungspapier und verbinden Sie anschließend die Plattenenden.

3. Setzen Sie einen Bügel zum Aufhängen an und dekorieren Sie das Gefäß nach Ihrem Geschmack.

80 • *Aufbautechniken*

Ich habe schon viele Gefäße aus Platten montiert und suche nach Wegen, diese interessanter zu gestalten. Welche Möglichkeiten gibt es?

Neue Anregungen sammeln

Oberfläche, Farbe und Form bergen die vielfältigsten Möglichkeiten, Ihre Arbeiten neu zu gestalten. Lassen Sie sich inspirieren.

VORBEHANDLUNG

Verändern Sie die glatten Oberflächen, bevor Sie mit dem Zusammensetzen der Gefäße beginnen. Rollen Sie den Ton auf strukturierten Materialien wie z. B. Milchglas, Leinen, texturierten Matten oder Blättern aus.

ZARTE ODER MUTIGE FARBIGKEIT

Setzen Sie dem Ton für Ihre Gefäße Farbgeber zu. Kneten Sie Farbkörper oder Farboxide in den Ton. Dies führt zu Marmorierungen. Oder drücken Sie andersfarbige Tonstreifen bzw. Tonfladen in die ausgerollten Platten.

Unten: Louis Marak, Gebaute Teekanne

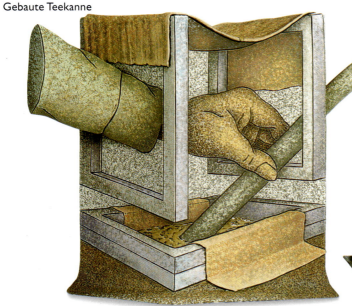

SKULPTUREN AUS TONPLATTEN

Das Bauen mit Tonplatten ist ein schneller und expressiver Weg, eine große Zahl von Formen zu schaffen. Sie können Ihre Arbeiten hiermit eher in Richtung Skulptur entwickeln. So eröffnet sich Ihnen ein weites Feld an Formen, Dekoren und Farben.

Oben: John Blackwell, Schiff, aus Platten gebaut

Unten: Josie Warshaw, Japanische Dose

KREATIVE FORMEN UND KOMBINIERTE TECHNIKEN

Ihre Gefäße müssen keine regelmäßige Gestalt haben. Bauen Sie Gefäße mit ungewöhnlichen Winkeln oder formalen Richtungsänderungen und kombinieren Sie verschiedene Techniken. Gepresste Formen harmonieren aufgrund ihres technischen Aussehens gut mit gebauten Körpern, und ausgeformte oder gedrehte Stücke können Bewegung in eher statische Arbeiten bringen. Gepresste Teile wurden für die oben gezeigte Teekanne benutzt. In der rechts abgebildeten Dose wurden verzogene Winkel und gegenläufige Bewegungen bei den Dekoren verwendet. Beides suggeriert dem Betrachter eine fließende, lebendige Form.

Aufbautechniken • 81

Meine Kacheln werden flach in den Ofen eingesetzt, kommen aber verzogen aus dem Brand. Was tun?

Nuten in den Platten
Nuten auf der Rückseite der Platten wirken dem Verziehen entgegen. Solche Nuten entstehen, wenn Sie einen Metallstab mit quadratischem Querschnitt über die Platte rollen, die Tonplatte auf einer geriffelten Gipsplatte ausrollen oder die Ecke einer Holzlatte in gleichen Abständen in die Tonplatte drücken. Erst anschließend werden die Kacheln ausgeschnitten.

Richtigen Ton benutzen
Wenn sich Ihre Kacheln verziehen, benutzen Sie eventuell den falschen Ton. Stellen Sie Kacheln aus einem schamottierten, mit Sand oder Molochit versetzten, offenporigen Ton her. Der Ton für Kacheln muss nicht besonders plastisch sein, daher können Sie mehr als üblich von diesen Zusätzen verwenden. Kacheln aus Paper-Clay haben eine besonders gute Resistenz gegen Verziehen. Ein anderer Grund für das Verziehen kann in der zu geringen Dicke der Kacheln liegen.

Ich dekoriere mit Vorliebe Kacheln, stelle sie aber nicht gern her. Welche Möglichkeiten der Beschaffung gibt es?

Zwei Möglichkeiten
Kachelschneider sind in verschiedenen Größen erhältlich (vgl. unten rechts). Nachdem der Ton zu einer Platte ausgerollt ist, können Sie mit einem solchen Werkzeug schnell, sauber und ohne zu messen Kacheln selbst herstellen. Es gibt jedoch auch bereits geschrühte Kacheln zu kaufen, die fertig zum Dekorieren und Glasieren sind.

Welche Möglichkeiten habe ich, meine Kacheln auszustellen, ohne diese fest montieren zu müssen?

Geben Sie dauerelastische Silikonmasse auf die Rückseite der Kachel und kleben Sie diese auf ein poröses, nicht gestrichenes Holzbrett. Die Silikonmasse wird nach dem Abbinden eine feste, aber elastische Verbindung bilden, die Sie zu gegebener Zeit mit einem scharfen Messer wieder durchtrennen können.

82 • Aufbautechniken

Wie baue ich Plastiken, die später als Hohlkörper gebrannt werden müssen, und wie bereite ich sie auf den Brand vor?

Aushöhlen massiver Figuren

Vielleicht bevorzugen Sie es, Ihre Figuren massiv aufzubauen, wodurch ein freieres Arbeiten möglich ist. Dennoch können größere Stücke Ton nicht ohne das Risiko zu reißen oder gar zu explodieren gebrannt werden. Daher müssen Sie solche massiven Figuren vor dem Brennen aushöhlen.

2. Lassen Sie den Ton etwas trocknen, bevor Sie die Plastik mit einem Schneidedraht oder einem scharfen langen Messer auseinander schneiden. Höhlen Sie nun die Teile mit einem langen Werkzeug so weit es geht aus.

3. Setzen Sie dann die Teile wieder auf die übliche Weise mit Schlicker zusammen. Jetzt, da die Arbeit hohl ist, kann sie trocknen und anschließend gebrannt werden.

1. Schneiden und modellieren Sie Ihre Figur aus einem massiven Tonblock oder bauen Sie die Arbeit aus einzelnen Tonstücken auf. Wenn es das Gewicht verlangt, setzen Sie zur Unterstützung einen Stab aus Holz oder Eisen in die Mitte des Tons. Wickeln Sie diesen Stab in Zeitungspapier oder Plastikfolie, damit der Ton nicht festklebt und er leicht herausziehbar ist, wenn die Skulptur geöffnet wird.

4. Modellieren Sie die Details Ihrer Figur und vergessen Sie nicht, die notwendigen Luftlöcher zu bohren. Eine größere Skulptur sollte mehrere Wochen trocknen, bevor sie gebrannt wird.

Aufbautechniken • 83

Verwendung von Pressformen

Machen Sie sich Abgüsse von Skulpturen, die in Ton modelliert wurden. Verwenden Sie diese als Pressformen, um hohle Skulpturen herzustellen.

1. Modellieren Sie eine Figur massiv aus Ton. Zerschneiden Sie dann vorsichtig die Figur in Beine, Arme, Hände, Kopf und den verbleibenden Torso.

2. Stellen Sie sich eine einfache zweiteilige Gipsform von jedem der Teile her.

3. Wenn die Gipsformen getrocknet sind, pressen Sie Ton in die einzelnen Formenteile, sodass Halbformen entstehen. Setzen Sie diese erneut zusammen.

4. Verbinden Sie die Hände mit den Armen, diese mit dem Torso usw. und bauen Sie so die Figur wieder zusammen. Hierbei können Sie die Position der einzelnen Glieder manipulieren und eine große Anzahl von verschieden aussehenden Figuren gestalten.

Bauen von Hohlformen

Figuren können Sie auch mit bestimmten Techniken fertigen, die unmittelbar zu Hohlformen führen.

DURCH AUSFORMEN

Sie können Hohlkörper durch Ausformen schaffen, die Sie dann plastisch von außen weiter bearbeiten. Robustere und einfachere Formen sind hierfür gut geeignet.

MIT PLATTEN

Sie können feuchte Platten zum Bau Ihrer Figuren verwenden. In Form von weichen Zylindern und Tonplatten, die über Abstützungen gelegt werden, lassen sich sehr freie Arbeiten gestalten. Die Charakteristik des sich dehnenden und wellenden Tons gibt den Figuren ein große Lebendigkeit, und Sie können den Platten zusätzliche Strukturen geben, bevor Sie diese verarbeiten.

Oben: Jan Beeny, Schafe aus Platten gebaut

AUS DREHFORMEN

Ebenfalls können Sie Tier- oder menschliche Figuren aus Drehformen gestalten. Das Drehen ist eine schnelle Technik, um Hohlformen herzustellen, die Sie dann weiter bearbeiten können.

Links: Gill Bliss, Froschmann   **Oben:** Janet Hamer, Gänseherde

Entweder explodieren meine Figuren im Ofen, oder einzelne Teile platzen ab. Wie lässt sich das vermeiden?

Luftlöcher schaffen
Hohlformen müssen wenigstens ein Loch haben, durch das Luft und Wasserdampf entweichen können. Wenn Sie das Stück in den Ofen stellen, passen Sie auf, dass es nicht auf diesem Loch steht. Luftlöcher können Sie gut in der Nase oder dem Mund der Figur unterbringen – oder vom Boden her einstechen. Benutzen Sie ein rundes Werkzeug, ein länglicher Stich könnte zu einem Riss führen.

Oberfläche perforieren
Geben Sie den Arbeiten ausreichend Zeit zum Trocknen. Wenn der Ton noch feucht ist, kann er im Brand explodieren. Verwenden Sie sandigen oder schamottierten Ton. Verwenden Sie hingegen sehr plastischen, fetten Ton, können sich leicht Lufteinschlüsse bilden. Perforieren Sie dann mit einer Nadel die Oberfläche der Arbeit. Durch diese kleinen Kanäle können Feuchtigkeit und eventuell eingeschlossene Luft entweichen.

Wie kann ich meine Arbeiten aushöhlen, ohne dass ich dabei die Form beschädige?

Höhlen Sie Ihre Arbeiten aus, wenn der Ton lederhart und somit fest genug ist, um die Form zu wahren. Der massive Tonkörper bleibt länger feucht, sodass es einfach ist, diesen weicheren Ton auszuhöhlen. Unterstützen Sie die Figur mit Ihrer anderen Hand oder mit Schaumstoff und legen Sie die Figur nicht auf den Arbeitstisch, wo sie platt gedrückt würde. Höhlen Sie Ihre Figur aus, wenn Sie die Hauptarbeit beendet haben. Die feinen Details sollten vorgenommen werden, wenn alles wieder zusammengesetzt ist.

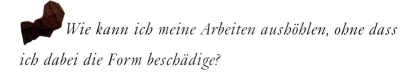

Wie kann ich verhindern, dass sich die Nähte meiner ausgehöhlten Figur im Brand öffnen?

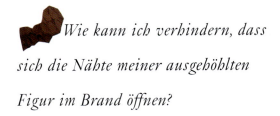

Ton feucht halten
Es ist sehr wichtig, dass der Ton nicht zu hart ist, wenn Sie die Teile miteinander verbinden. Schlagen Sie die einzelnen Stücke in Plastikfolie ein, sobald Sie nicht daran arbeiten, und besprühen Sie sie mit Wasser, wenn sie auszutrocknen drohen.

Richtige Mischung
Ein offenes Gefüge der Tonmasse ist sehr wichtig für den Trocknungsprozess. Deshalb sollten Sie Ihren Ton mit Schamotte, Molochit oder Sand versetzen. Es ist auch gut, dem Schlicker zum Montieren etwas Essig zuzufügen.

Richtige Platzierung
Schneiden Sie Ihre Figur dort, wo die Nähte die geringste Belastung aushalten müssen. Ein abgewinkeltes Bein ist besser unter- oder oberhalb des Knies zu schneiden und nicht dort, wo es gebogen ist. Nach dem Verbinden der Teile trocknen Sie die Figur langsam, um die Gefahr der Rissbildung zu minimieren.

Aufbautechniken • 85

Ich habe Schwierigkeiten, die ausgehöhlten Teile meiner Figuren zusammenzusetzen, weil die Wandungen immer zu dünn sind.

Vorzeichnen
Zeichnen Sie sich eine Begrenzungslinie, nachdem Sie die Figur auseinander geschnitten haben.

1. Ziehen Sie mit einem spitzen Messer oder einer Nadel eine Linie parallel und mit ausreichendem Abstand zur Außenform, mit der Sie die Dicke der Wandung bestimmen. Bleiben Sie beim Aushöhlen hinter dieser Linie, und Ihre Wandung wird auch an den Rändern dick genug bleiben.

2. Am sichersten ist, von dieser aufgezeichneten Linie nach innen zu arbeiten. So besteht keine Gefahr, dass Sie über die vorgegebene Linie hinaus geraten.

Die von mir modellierten Figuren benötigen dicke Beine, um ihr Gewicht tragen zu können. Gibt es eine Technik, mit der ich dies verbessern kann?

Wenn Sie eine stehende, massive Figur modellieren, kann es passieren, dass sich die Beine verdicken aufgrund des Gewichts und der ständigen Bewegungen, die beim Arbeiten am oberen Teil und am Kopf der Figur entstehen. Versuchen Sie, den unteren und oberen Teil der Figur separat zu modellieren, wobei so viele Details wie möglich bereits fertig gestellt werden sollten, damit nach dem Zusammensetzen nur noch wenig zu tun bleibt. Paper-Clay ist für eine solche Arbeitsweise ideal, da Sie feuchten mit trockenem Ton verbinden können. Modellieren Sie die Beine Ihrer Figur in entsprechender Form und lassen Sie diese antrocknen. Wenn der Ton hart genug ist, modellieren Sie den oberen Teil des Körpers. Die Beine werden nun das Gewicht gut tragen können. Eine andere Möglichkeit ist, eine außerhalb der Figur stehende Stütze zu benutzen, die mit einem waagerechten Ausleger in die Skulptur ragt und somit einen großen Teil des Gewichts aufnimmt.

Wie unterstütze ich meine Figuren während der Herstellung, solange der Ton noch weich ist?

Innere und äußere Stützen
Von innen können Sie Ihre Figuren mit Holz- und Eisenstäben, Stricknadeln oder Stäben aus alten Schirmen verstärken. Lassen Sie hierbei ein Ende aus der Figur ragen, sodass Sie die Stützen später, wenn der Ton etwas getrocknet ist, herausziehen können. Oder entfernen Sie die Stützen, wenn Sie die Figur zum Aushöhlen aufschneiden. Äußere Stützen gleichen Gerüsten, die teilweise in die Figur ragen. Nachdem der Ton härter geworden ist, können Sie auch diese Stützen entfernen und müssen nun noch die Löcher in der Figur schließen. Abstehende Teile einer Figur sollten bis zum endgültigen Trocknen mit Tonstücken weiterhin lose unterstützt werden.

Wie kann ich meine Skulpturen im Ofen unterstützen, damit sie nicht absacken?

Tonstützen
Ton erweicht während des Brandes. Damit überhängende oder vorstehende Teile nicht absacken, müssen sie mit Tonstücken unterstützt werden. Diese Stützen sollten hohl und dennoch kräftig sein. Stellen Sie diese Stützen aus dem gleichen Ton und zur gleichen Zeit wie die Skulptur her, um eine aufeinander abgestimmte Schwindung zu gewährleisten. Beim Glattbrand glasierter Arbeiten achten Sie darauf, die Stützen so zu platzieren, dass sie nicht mit der Glasur verschmelzen.

Liegend brennen
Mitunter ist es einfacher, eine liegende Figur zu unterstützen. Benutzen Sie gut abgestimmte Stützen, damit die Arbeit nicht nach dem Brand flach auf der Setzplatte liegt. Sie können die Figur auch in ein dickes Sandbett schieben.

Meine Porzellanfiguren sind nach dem Brand mit vielen feinen Rissen überzogen. Wie kann ich das vermeiden?

Porzellan neigt bei starken Wandstärken zum Reißen. Dünnen Sie daher Ihre Stücke so weit wie möglich aus und versuchen Sie hierbei, die Wandstärken so gleichmäßig wie möglich zu halten. Trocknen und brennen Sie Ihre Arbeiten langsam. Selbst wenn Sie alle Vorsicht walten lassen, werden Sie feststellen, dass Sie bei Porzellan eine höhere Ausschussrate haben als bei grobem Ton.

Kann ich die Metall-, Holz- und Drahtstützen während des Trocknens und Brennens im Ton belassen?

Grundsätzlich können feste Stützen nicht im Ton bleiben. In der Regel schwindet und reißt der Ton bereits während des Trocknens von den Stützen fort. Im Brand können diese schmelzen oder verbrennen und so Probleme zur Folge haben. Sie könnten nur dann feste Stützen im Ton belassen, wenn dieser fast keine Schwindung zeigt und die Arbeiten lediglich bei niedriger Temperatur gebrannt werden.

Ich stütze meine Skulpturen ab. Die Stützen sind jedoch nach dem Brand immer umgefallen. Wie kann ich sie besser sichern?

Auf Tonplatte brennen
Alle Teile Ihrer Skulptur schwinden um den Mittelpunkt des Bereichs, mit dem dieser die Setzplatte berührt. Daher bewegen sich im Brand die Teile voneinander weg. Dieses Problem lösen Sie, indem Sie Ihre Arbeit und die Stützen zum Brennen auf eine ungebrannte Tonplatte stellen. Tonplatte, Stützen und Plastik sollten der Schwindung wegen aus dem gleichen Ton sein.

Ich stelle meine Skulpturen aus einzelnen Teilen her, die ich anschließend mit Schlicker montiere. Im Brand reißen oder platzen jedoch immer wieder Teile ab.

Teile einzeln brennen

Brennen Sie die Teile einzeln und setzen Sie diese erst nach dem Brand zusammen. Bei dieser Methode können Sie sehr komplexe Figuren herstellen, ohne sich über Verziehen, Reißen oder Absacken Gedanken machen zu müssen. Dies eröffnet auch die Möglichkeit, jedem Teil seine eigene Struktur und Farbe zu geben, wie an nebenstehendem Beispiel zu sehen. Sie können auch einzelne Teile aus einem anderen Material wie Glas, Metall oder Stoff herstellen. Dies eröffnet einen weiten gestalterischen Bereich.

Oben: Laurance Simon, La vie en rose

Wenn ich große Skulpturen in Teile zerlege und brenne, verziehen sie sich. Wie kann ich das vermeiden?

Dem Verziehen vorbeugen

Fertigen Sie Ihre Skulpturen aus stark schamottiertem oder mit Sand versetztem Ton und stellen Sie die einzelnen Teile der zerschnittenen Arbeit auf eine Tonplatte gleicher Konsistenz oder in ein Bett aus Sand. So kann der Ton leicht während des Brandes schwinden und klebt nicht an der Einsetzplatte fest. Setzen Sie unterstützende Trennwände in Ihre Skulptur ein, die durch alle Sektionen verlaufen, und verstärken Sie die Ränder der Teile durch eingesetzte Tonwülste.

Wie kann ich gebrannte Teile meiner Skulptur zusammenfügen oder Skulpturen auf Sockeln befestigen?

Zum Zusammenfügen von kleineren Teilen kann ein belastbarer Haushaltskleber benutzt werden. Herausgequollener Kleber ergibt oft glänzende Stellen, die nach dem Aushärten mit Sandpapier bearbeitet werden sollten. Bei größeren Teilen sollten Sie einen Zweikomponenten-Kleber verwenden. Gut eignet sich auch Zweikomponenten-Spachtel aus dem Autobedarf.

Was muss ich beachten, wenn ich große Skulpturen in Einzelteilen herstellen möchte?

Umsichtige Planung

Die Gestaltung solcher Großplastiken sollte mit Bedacht geplant werden, sodass sie nach Fertigstellung eine überzeugende Wirkung haben. Kontrollieren Sie stets aufs Neue, ob die Proportionen zueinander passen – insbesondere dort, wo sie später miteinander verbunden werden sollen. Die Verbindungsstellen großer Skulpturen können entweder so gestaltet werden, dass sie kaum auffallen – oder so hervorgehoben, dass die Nähte wie bei dem hier abgebildeten Beispiel Teil der Gesamtform werden.

Rechts: Christine Derry, Mantel

Ist es möglich, Skulpturen, deren Teile mit Kleber oder Zweikomponenten-Spachtel zusammengefügt sind, nochmals im Ofen zu brennen, ohne dass sie explodieren?

Der Spachtel und der Kleber verbrennen im Ofen und verlieren somit ihre Wirkung. Der zurückbleibende pulverige Rest kann abgekratzt werden, sodass die Teile anschließend erneut miteinander verbunden werden können. Wichtig ist, dass Sie jedes Luftloch in der Plastik offen halten und dass Sie Stücke, die eventuell abfallen könnten, unterstützen.

Ich möchte gern gepresste Schalen herstellen, besitze jedoch keine Gipsformen.

Formen aus dem Haushalt benutzen
Nehmen Sie normale Glas-, Porzellan- oder Plastikschüsseln als Formersatz. Legen Sie die innere Fläche mit Servietten bzw. Plastikfolie aus, sodass der Ton nicht ankleben kann. Da diese Formen nicht porös sind, wird es länger dauern, bis der Ton fest genug ist, um die Schale herausnehmen zu können.

Tonformen
Geschrühte Schalen und Schüsseln sind gut als Formen zu benutzen, da sie porös sind und sich der eingelegte Ton schneller von der Wandung löst.

Wie schneide ich einen sauberen Rand um gepresste Formen?

Mit dem Messer
Wenn Sie hierfür ein Messer benutzen, drehen Sie beim Schneiden die Pressform, damit Sie immer die gleiche Bewegung, im gleichen Winkel ausführen. Halten Sie das Messer flach gegen die Form und schneiden Sie von sich weg.

Mit einem Draht
Benutzen Sie einen Abschneidedraht und schneiden Sie gerade über die Form. Der Ton sollte hierzu noch weich sein.

Aufbautechniken • 89

Welches ist der einfachste Weg, aus kleinen gefundenen Objekten eine Form herzustellen?

Gipsform
Gipsformen von gefundenen Objekten geben Ihnen eine Fülle interessanter Formen und dekorativer Details.

1. Füllen Sie alle Hohlräume unter den Objekten – oder Bereiche, die sich schlecht mit Ton abformen lassen. Drücken Sie die Objekte mit der abzuformenden Seite nach oben in eine Tonplatte und bestreichen Sie sie mit einem Wasser abweisenden Medium.

2. Bauen Sie Wände aus Ton oder Pappe um die Tonplatte mit den Objekten und dichten Sie diese nach unten zum Tisch mit Ton ab. Zur Sicherheit können Sie Schnur um die Wände binden. Mischen Sie ausreichend Gips an und gießen Sie eine Gipsplatte. Nach dem Abbinden des Gipses können Sie die Wände entfernen, die Modelle aus der Gipsplatte nehmen und die Platte selbst versäubern.

Geschrühte Formen
Sie können sehr feine Details reproduzieren, indem Sie das jeweilige Objekt in Ton drücken. Auf diese Weise müssen Sie sich nicht mit dem Auffüllen von Unterschneidungen beschäftigen.

1. Rollen Sie eine dicke Platte aus weichem Ton aus und drücken Sie Ihre Objekte so tief in den Ton, wie Sie die Abformung wünschen. Rollen Sie das Objekt ein wenig im Ton, sofern dies einen besonders guten Abdruck ergibt.

2. Nach dem Trocknen brennen Sie die Form. Danach können Sie sie zum Abformen der Objekte benutzen. Die Duplikate werden etwas kleiner sein als das Original, da die Schwindung zweimal mit zu berücksichtigen ist.

Ich habe versucht, eine einfache Pressform herzustellen. Die Objekte steckten jedoch fest im Gips.

Bestreichen Sie Ihr Objekt mit einer Wasser abweisenden Schicht, die als Trennschicht zum Gips wirkt. Sie können, abhängig vom Objekt, Talkum, Salatöl, Vaseline oder Schmierseife benutzen. Achten Sie darauf, dass Sie durch das Bestreichen mit dem Trennmaterial keine feinen Details zudecken.

90 • *Aufbautechniken*

Wie finde ich die richtige Position für die Trennlinie beim Herstellen von zweiteiligen Formen?

Die Linie der größten Ausdehnung finden

Die Trennlinie zwischen den zwei Formteilen muss an der weitesten Stelle des Objektes liegen. Es ist die Linie, an der beide Formteile auseinander fallen können. Schauen Sie direkt von oben auf Ihr Objekt und identifizieren Sie diese Linie. Sie können sie nun auf dem Objekt einzeichnen. Legen Sie Ihre Arbeit bis zu dieser Linie in Sand oder Ton, um die Grenzlinie für die Formhälften zu fixieren.

Was soll ich tun, damit der Gips der zweiten Formhälfte nicht an der Ersten festklebt?

Mehrere Lagen dünnflüssiger Schmierseife, die auf die erste Formhälfte aufgetragen werden, sorgen für eine geschlossene Oberfläche, auf welche die nächste Gipslage gegossen wird. Es ist auch möglich, eine ganz dünne Schicht stark verflüssigten Tonschlickers aufzustreichen. Der Ton trocknet aus, und die Formhälften lösen sich voneinander.

Wie kann ich vermeiden, dass der Ton in meiner Pressform festklebt?

Bestäuben mit Talkum

Aus völlig trockenen Formen können Sie den Ton leicht entfernen. Stoßen Sie nach dem Antrocknen des eingeformten Tons die Form leicht auf den Tisch, um den Formling zu lösen. Formen, die vom vorherigen Arbeiten noch etwas feucht sind, können Sie mit Talkum bestäuben, das als Trennschicht wirkt. Das Puder sollte gut verteilt werden und keinerlei Anhäufungen bilden.

Wie stelle ich sicher, dass die beiden Teile meiner Form nach der Herstellung wieder exakt aufeinander passen?

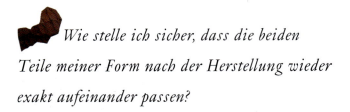

Gipsschlösser

Um zu gewährleisten, dass beide Formhälften anschließend wieder genau zusammenpassen, werden Gipsschlösser als runde Vertiefungen in die erste, noch nicht ganz gehärtete Formhälfte eingebracht.

Wenn Sie die zweite Hälfte gießen, wird der Gips dieser Form in die Vertiefungen laufen und Ausbuchtungen bilden. Später sorgen diese Vertiefungen in der einen und die darin sitzenden Ausbuchtungen der zweiten Formhälfte für eine genaue Passung. Es gibt fertige Gipsschlösser im Fachhandel. Meist reichen drei Schlösser aus.

Ich besitze ein paar einfache Pressformen. Wie kann ich die Gefäße aus diesen Formen etwas expressiver gestalten?

Eine Flasche oder Vase herstellen

Benutzen Sie eine Schalenform, um die beiden Seiten einer Flasche oder einer Vase herzustellen. Sodann können Sie weitere Techniken wie Drehen, Ausformen oder Aufbauen einsetzen.

1. Formen Sie Ton in eine Schalenform, um die Hälfte einer Vase oder Flasche herzustellen. Drücken Sie dicht an dicht kleine Tonstücke in die Form und streichen Sie diese mit Ihren Fingern glatt. Oder legen Sie eine ganze Platte ein.

2. Nehmen Sie die erste Hälfte aus der Form und formen Sie die zweite Hälfte ein. Wenn beide Hälften fast lederhart sind, bauen Sie diese zusammen.

3. Setzen Sie einen Fußring unter und schneiden Sie ein Loch im oberen Bereich für die Öffnung der Vase. Drehen Sie eine Abschlusszone oder formen Sie diese aus plastischem Ton. Mit dieser Technik können Sie eine breite Palette an runden, flachen, engen und weiten Formen mit unterschiedlichen Oberflächen fertigen.

Eingefärbte Gefäße

Um interessante Einlegearbeiten zu schaffen, drücken Sie verschiedenfarbige Tone in Ihre Formen.

1. Um die verschiedensten farbigen Einschlüsse herzustellen, legen Sie kleine Stücke eingefärbten Tons in die Form.

2. Glätten Sie die Innenseite sorgfältig, um die eingelegten Stücke miteinander zu verbinden. Die Innenseite Ihres Gefäßes wird eine sehr gemischte Farbigkeit aufweisen; außen werden jedoch die exakten Dekore zu sehen sein.

3. Lassen Sie Ihre Gefäße bis zum lederharten Stadium trocknen. Überarbeiten Sie dann die Oberfläche mit einem Metallschaber, um die Konturen der Einlegedekore schärfer hervortreten zu lassen.

Strukturen und lebendige Formen

Rollen Sie Ihren Ton auf einer strukturierten Oberfläche, bevor Sie ihn in die Form geben. Lassen Sie den Ton drapiert in die Form fallen, um ein lebendiges Bild der Gefäßoberfläche zu schaffen, oder geben Sie der Gipsform Strukturen durch Aushöhlen und Einritzen, die sich anschließend auf der Außenseite Ihrer Gefäße zeigen werden.

Das Arbeiten mit weichem Ton an der Töpferscheibe kann sehr viel Freude bereiten, erfordert jedoch Geduld und Erfahrung. Ist erst einmal ein bestimmter Grad an Professionalität erreicht, können Sie die verschiedensten Gefäßformen an der Scheibe fertigen – und alsbald stellen das Ziehen von Henkeln oder das Ausformen von Tüllen immer weiterführende Herausforderungen dar. Obwohl man das Drehen an der Töpferscheibe in erster Linie mit der Herstellung funktionaler Keramik in Verbindung bringt, lassen sich aus den Rohlingen auch plastische Arbeiten gestalten.

Drehen an der Scheibe

Drehen an der Scheibe • 93

Ich lerne das Drehen an der Töpferscheibe. Welche Werkzeuge brauche ich unbedingt?

Grundausstattung

Versorgen Sie sich mit den nötigen Basiswerkzeugen, die Sie immer in gutem Zustand parat haben sollten: eine Schüssel für Wasser, die von ihrer Größe gut auf Ihre Drehscheibe passt, Schwämme verschiedener Größe, die zum Drehen wie zum Reinigen der Töpferscheibe notwendig sind, einen Schneidedraht zum Abschneiden der gedrehten Arbeiten vom Scheibenkopf sowie verschiedene Bretter oder Platten, auf denen Sie die gedrehten Arbeiten zum Trocknen abstellen können. Alte, saubere Handtücher sind ebenfalls wichtige Utensilien bei jedem Drehen an der Töpferscheibe.

Wenn Sie schon einige Erfahrungen haben, werden Sie zusätzlich verschiedene Werkzeuge für spezielle Zwecke benötigen: ein Drehholz zum Bearbeiten des Fußbereichs, bevor Sie das Stück von der Scheibe abschneiden, eine Nadel zum Aufstechen von Luftblasen oder um einen unregelmäßigen Rand abzuschneiden, sowie Drehschienen, mit denen Innen- und Außenwände geglättet werden können.

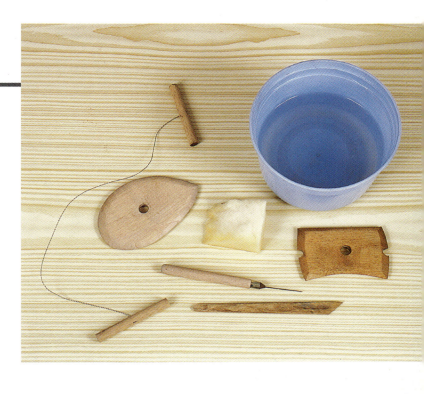

Wenn ich den Tonbatzen auf die Scheibe werfe, fliegt er oft sogleich davon. Was mache ich falsch?

Ton auf den stehenden Scheibenteller werfen

Viele Anfänger versuchen, den Ton auf den sich bereits drehenden Scheibenkopf zu werfen. So ist jedoch kein guter Kontakt zum Scheibenkopf herstellbar. Schlagen Sie den Tonbatzen auf den noch stehenden Scheibenkopf und drücken Sie den Ton nach unten, während Sie die Scheibe anlaufen lassen.

Trockener Scheibenkopf

Wasser auf dem Scheibenkopf bildet eine Trennschicht zwischen Ton und Metall und muss daher vor dem Aufwerfen eines neuen Tonbatzens entfernt werden. Wenn Sie hingegen auf Holz- oder Gipsaufsätzen drehen, müssen Sie diese eventuell etwas anfeuchten, damit der Ton gut haftet. Überschüssiges Wasser sollte auf jeden Fall vermieden werden.

94 • Drehen an der Scheibe

Ich erlerne gerade das Drehen an der Töpferscheibe und finde es schwierig, dem Ton eine Form zu geben. Wieso?

Viele Anfänger haben nicht den richtigen Ton. Entweder ist er zu weich oder zu hart. Zu weicher Ton hält nicht die Form und kollabiert leicht, zu harter Ton führt zu Schwierigkeiten beim Zentrieren und Hochziehen. Sorgen Sie dafür, dass Ihr Ton plastisch, aber nicht klebrig ist. Sie werden schnell herausfinden, mit welcher Tonkonsistenz Sie am besten umgehen können – und dies ist einer der wichtigsten Faktoren für erfolgreiches Arbeiten.

Es bilden sich häufig Lufteinschlüsse zwischen Tonbatzen und Scheibenkopf. Wie kann ich das vermeiden?

Tonbatzen in Eiform
Nicht wie Sie Ihren Ton auf den Scheibenkopf schlagen, ist das Problem, sondern die Form des Tons hierbei. Geben Sie dem Tonbatzen an Stelle einer kugeligen eine Eiform. Beim Aufschlagen wird sich dessen Spitze ausbreiten, und es ist unwahrscheinlich, dass sich jetzt noch Lufteinschlüsse bilden.

Wie kann ich verhindern, dass sich der Ton von der Scheibe löst, wenn ich fester zufasse?

Viel Wasser benutzen
Sowohl Ihre Hände als auch der Ton müssen beim Drehen ständig nass sein. Sobald keine ausreichende Wasserschicht zwischen Händen und Ton vorhanden ist, wird der Ton an den Händen hängen bleiben und sich von der Scheibe lösen. Stellen Sie eine Schüssel mit Wasser neben den Scheibenkopf und tauchen Sie Ihre Hände während des Drehens regelmäßig dort ein. Oder benutzen Sie einen Schwamm, um Wasser auf den Ton zu geben. Während des Drehens wird immer mehr Tonschlicker von Ihren Händen in das Wasser Ihrer Schüssel gelangen. Viele Töpfer drehen vorzugsweise mit einem solchen sehr dünnen Schlicker. Er wirkt besser als Gleitmittel und dringt langsamer als Wasser in den Ton ein.

Drehen an der Scheibe • 95

Meine Hände werden beim Drehen zu einer unrunden Bewegung gezwungen. Wie kann ich sie fest und zentriert halten?

Auf das Zentrum konzentrieren
Sie müssen die Bewegung Ihrer Hände bestimmen und sich nicht von der Drehscheibe bestimmen lassen. Ihre Hände sollten eine nach innen schiebende und von oben drückende Bewegung ausführen. Lassen Sie sie dabei nicht nur auf dem Ton ruhen und damit der vorgegebenen Bewegung folgen, sondern setzen Sie der unrunden Bewegung des Tons Ihre eigene, auf das Zentrum der Scheibe gerichtete Kraft entgegen.

Gut abstützen
Stützen Sie Ihre Hände und Arme so gut wie möglich ab. So können Sie einen ständigen Druck auf den unzentrierten Tonbatzen auf der Scheibe ausüben. Für einen besseren Halt pressen Sie Ihre Ellbogen gegen den Körper und legen Sie Ihre Arme auf den Rand des Spritzschutzes der Drehscheibe auf. Halten Sie Kontakt zwischen den beiden Händen. Welche Position Ihrer Finger Sie hierbei bevorzugen, ist abhängig vom Arbeitsschritt und der individuellen Technik.

Wie kann ich bereits vor dem Zentrieren den Ton mittiger auf der Scheibe platzieren?

Beklopfen
Lassen Sie die Töpferscheibe langsam laufen und beklopfen Sie den aufgeworfenen Tonbatzen. Hierdurch sollten Sie den Ton möglichst in die Mitte der Scheibe bewegen. So schaffen Sie eine gute Ausgangsbasis für das darauf folgende Zentrieren mit Wasser und einer schneller laufenden Scheibe.

Ist es wirklich wichtig, so viel Zeit auf das Zentrieren zu verwenden?

Richtig zentrieren
Wenn Sie mit dem Drehen an der Töpferscheibe beginnen, sollten Sie viel Aufmerksamkeit auf das Lernen des Zentrierens verwenden – andernfalls werden Sie immer wieder mit schiefen Gefäßen zu kämpfen haben. Das Zentrieren ist die wichtigste Grundlage für das Freidrehen. Wenn Sie später mehr Erfahrung haben, ist es eine Sache von Sekunden und geringem Aufwand, den Ton in die richtige Position zu bringen.

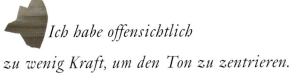 *Ich habe offensichtlich zu wenig Kraft, um den Ton zu zentrieren. Warum ist dies so schwierig?*

Viel üben
Gutes Zentrieren kann nur durch Üben erlernt werden. Es ist die erworbene Erfahrung und nicht die tatsächlich aufgewandte Kraft, die es Ihnen ermöglicht, den Ton mit Leichtigkeit zu zentrieren. Lassen Sie die Scheibe schnell laufen und benutzen Sie einen weichen Ton, den Sie gut hochziehen und nach unten drücken können.

1. Drücken Sie den Ton zusammen und formen Sie einen Kegel. Folgen Sie der Aufwärtsbewegung des Tons mit Ihren Händen und halten Sie den Druck währenddessen aufrecht.

2. Ändern Sie die Position Ihrer Hände und drücken Sie nun mit einer Hand den Tonkegel wieder abwärts, dem Zentrum der Scheibe zu, während die andere Hand den sich wieder verbreiternden Ton stützt und mittig hält. Führen Sie diesen Prozess des Hochziehens und Niederdrückens mehrfach durch.

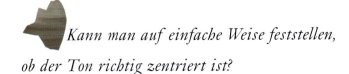 *Wie oft soll ich den Ton beim Zentrieren hochziehen und niederdrücken?*

Wenn Sie zu lang mit dem Zentrieren beschäftigt sind, wird der Ton müde und überarbeitet. Dies führt dann beim Drehen dazu, dass Gefäße schnell zusammensacken. Ein geübter Dreher benötigt nicht mehr als ein dreimaliges Hochziehen und Niederdrücken, um den Ton zu zentrieren. Dies kann man nur durch viel Praxis erlernen, und mit der Zeit wird es Ihnen gelingen, äußerst erfolgreich zu arbeiten.

Kann man auf einfache Weise feststellen, ob der Ton richtig zentriert ist?

Markieren
Halten Sie nahe an den sich drehenden Tonbatzen eine Nadel oder ein spitzes Werkzeug. Dort, wo der Ton unrund läuft, wird die Nadel den Tonbatzen einritzen. Zentrieren Sie erneut und legen Sie wieder die Nadel an. Wiederholen Sie dies so lange, bis die Nadel den Ton gleichmäßig und auf der gesamten Rundung berührt. Mit mehr Erfahrung werden Sie auf diese Testweise verzichten können und bereits sehen bzw. spüren, ob der Ton rund läuft.

Drehen an der Scheibe • 97

Wenn ich versuche, den Ton zu zentrieren, bildet sich in der Mitte oft eine mit Wasser gefüllte Mulde, die beim weiteren Bearbeiten das Wasser einschließt. Wie kann ich das vermeiden?

Ich kann den Ton jetzt gut zentrieren. Beim Drehen verliert er jedoch wieder seine zentrierte Form. Wie kann ich das verhindern?

Kegel formen
Die Mitte des Tons muß stets der höchste Punkt sein. Wenn Sie den Tonbatzen flach oder mit einer leichten Neigung nach innen halten, wird sich beim nächsten Zusammendrücken eine Mulde bilden.

1. Beenden Sie das Hochziehen des Tons, indem Sie die Spitze kegelförmig ausformen. Benutzen Sie hierzu die Seite der Hand als Schablone. Achten Sie darauf, dass Sie nicht durch das Hochziehen der Außenseiten oben eine Mulde bilden. Sie müssen den Ton von außen nach innen drücken, damit die Mitte unter dem Druck von selbst nach oben steigt.

2. Wenn Sie den Ton wieder nach unten drücken, halten Sie ihn in einer Kuppelform. Drücken Sie das Zentrum des Tons keinesfalls so ein, dass sich eine Muldenform ausbildet. Das Zentrum muss immer die höchste Stelle bleiben.

In Gedanken vorarbeiten
Stellen Sie sich vor, dass die Wandung Ihres Gefäßes bereits höher als in Wirklichkeit ist. Halten Sie Ihre Hände in Drehposition und ziehen Sie imaginativ die Wandung auf die gewünschte Höhe oder Größe. Diese gedankliche Vorarbeit wird Ihnen helfen, keine plötzlichen oder unüberlegten Bewegungen beim tatsächlichen Hochziehen auszuführen.

Überprüfen des zentrierten Tons
Vielleicht zentrieren Sie nur die Außenseite Ihres Tonbatzens. Überprüfen Sie, ob Sie den ganzen Ton hochziehen bzw. niederdrücken oder nur die Außenflächen glatt streichen.

Ich habe Probleme beim Zentrieren von größeren Tonbatzen. Muss ich meine Technik ändern?

Aufteilen der Tonmasse
Bei größeren Tonbatzen ist es möglich, die gesamte Tonmenge in Teilen zu zentrieren.

1. Zerlegen Sie sich die Tonmenge in handliche Portionen. Zentrieren Sie den ersten Teil wie üblich. Trocknen Sie die Oberfläche dort, wo der zweite Tonbatzen aufgesetzt wird, so gut wie möglich.

2. Setzen Sie den zweiten Tonbatzen auf und fahren Sie mit dem Zentrieren fort. Gemeinsam zentriert, kann dieser Ton die Ausgangsmasse zum Drehen sein oder als Basis für einen weiteren Tonbatzen dienen.

Richtige Position
Um große Mengen Ton zu zentrieren, ist es mitunter notwendig, die übliche Sitzhaltung an der Töpferscheibe zu verändern. Vielleicht müssen Sie im Stehen arbeiten, um das gesamte Körpergewicht zur Hilfe zu nehmen und nicht nur die Kraft der Hände und Arme zu nutzen.

Hölzerne Drehschienen
Wenn Sie es mit Ihren Fingern nicht schaffen, große Tonbatzen zu zentrieren, kann es hilfreich sein, mit einer Drehschiene gegen den Ton zu arbeiten. Mit einem solchen Werkzeug lässt sich oft mehr Druck ausüben als mit den Fingern allein.

 Wenn ich meinen Daumen in den Ton drücke, verliert der Ton seine zentrierte Form. Wie kann ich das Loch genau mittig setzen?

Hände stützen
Sie müssen Ihren Händen eine feste Position geben, sodass Sie gerade nach unten drücken können. Benutzen Sie beide Daumen, mit denen Sie sowohl nach innen als auch nach unten drücken. Hierdurch haben die Daumen eine Führung, die sie gerade eindrücken lässt. Benutzen Sie nur einen Daumen zum Aufbrechen des Tons, müssen Sie die zugehörige Hand mit der anderen Hand abstützen.

Drehen an der Scheibe • 99

Mein Daumen steckt beim Aufbrechen im Ton fest. Wie kann ich ihn lösen, ohne die Zentrierung des Tons zu zerstören?

Benutzen Sie viel Wasser, wenn Sie mit dem Daumen den zentrierten Ton aufbrechen, der innen sehr trocken sein kann. Wenn Sie die angestrebte Tiefe erreicht haben, ziehen Sie den Daumen etwas zur Seite, wodurch sich das Loch weitet, und beginnen Sie nun, den Boden zu bearbeiten. Mit einiger Erfahrung werden Sie in der Lage sein, das Aufbrechen des zentrierten Tons und das Formen des Bodens in einer fließenden Bewegung durchzuführen.

Ich habe den zentrierten Ton aufgebrochen. Wie kann ich das Loch weiter öffnen?

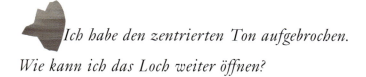

Zylinder
An diesem Punkt müssen Sie sich darüber im Klaren sein, ob Sie einen Zylinder oder eine Schale herstellen möchten. Um einen Zylinder zu formen, müssen Sie mit Ihrem Daumen einen glatten Bodenbereich bilden, der so weit wie Ihr Zylinder breit sein sollte. Sodann können Sie beginnen, die Wände hochzuziehen.

Schalen
Berücksichtigen Sie die Innenseite der Schale bereits bei der ersten Ausformbewegung. Ziehen Sie mit dem Daumen eine aufwärts führende Kurve beim Öffnen des Tons und unterstützen Sie mit der anderen Hand die Form auf der Außenseite.

Alle Gefäße, die ich auf der Töpferscheibe drehe, fallen in sich zusammen. Was mache ich falsch?

Gezielter arbeiten
Manchmal fallen Stücke zusammen, weil der Ton überarbeitet und ermüdet ist. Sie müssen das Stück mit weniger Aufwand sowohl beim Zentrieren als auch beim Hochziehen fertig stellen. Zum Drehen sollten Sie so wenig Wasser wie möglich verwenden und sich im Gefäß sammelndes Wasser stets mit einem Schwamm entfernen.

Schwachstellen
Ihr Gefäß kann auch wegen Lufteinschlüssen, ungleichmäßiger Konsistenz des Tons oder durch zu dünnes Ausdrehen an bestimmten Stellen zusammenfallen. Achten Sie darauf, dass der Ton gut durchgearbeitet ist, und verzichten Sie darauf, sehr dünn zu drehen. Schneiden Sie ein misslungenes Gefäß vertikal auf, um nachzuprüfen, wo die Ungleichheiten in der Wandungsstärke liegen.

Viele meiner Gefäße haben Löcher in der Mitte des Bodens, wenn ich sie von der Scheibe abschneide. Wie kann ich die Dicke des Bodens beurteilen?

Mithilfe einer Nadel

Unterbrechen Sie die Abwärtsbewegung Ihrer Daumen, wenn sich noch genügend Ton zwischen Daumen und Scheibenkopf befindet.

1. Stechen Sie mit einer Nadel senkrecht in die Mitte des Bodenbereichs. Sie zeigt Ihnen die verbliebene Bodenstärke an. Jedes auf diese Weise erzeugte Loch können Sie schnell wieder zudrehen.

2. Halten Sie beim Herausziehen der Nadel einen Finger an die Stelle, bis zu der sie im Boden steckte. Sie sehen nun, wie dick der Boden noch ist. Wiederholen Sie diese Überprüfung nach jedem Vertiefen des Bodenbereichs, bis Sie die gewünschte Bodendicke erreicht haben.

Die Zylinderböden sind im Zentrum höher als an der Seite. Was tun?

Daumen gerade halten

Wenn Sie den Boden des Gefäßes ausweiten, achten Sie darauf, dass Ihre Daumen parallel zum Scheibenkopf arbeiten und nicht von der Mitte nach außen tiefer in den Ton wandern. Arbeiten Sie während des weiteren Drehens nicht mehr am Boden.

Boden gerade streichen

Vorhandene Erhöhungen werden mit dem Daumen, mit den Fingern oder einem Schwamm geglättet. Dies sollte erfolgen, bevor Sie mit dem Hochziehen der Wandung beginnen.

Viele meiner Gefäße reißen beim Trocknen im Bodenbereich. Was kann ich tun, um das zu verhindern?

Zu hohe Feuchtigkeit

Der Boden von trocknenden Gefäßen reißt, wenn der Ton in diesem Bereich viel feuchter ist als in anderen. Nehmen Sie das Wasser, das sich beim Drehen am Boden des Gefäßes immer wieder ansammelt, mit einem Schwamm auf und lassen Sie niemals Wasser in einem fertig gedrehten Gefäß stehen. Sobald die Ränder hart genug sind, sollten Sie Ihre Gefäße während des Trocknens umdrehen.

Ungleiche Wandungsstärke

Gefäße, deren Böden viel dünner oder dicker als die Wandungsstärke sind, neigen während des Trocknens dazu, im Bodenbereich zu reißen. Achten Sie beim Drehen darauf, dass dies nicht der Fall ist, oder schneiden Sie dicke Böden entsprechend dünner.

Drehen an der Scheibe • 101

Wenn ich einen Zylinder zu drehen versuche, weitet sich die Form immer mehr, und letztlich entsteht eine Schale. Was kann ich tun, um die Wandung gerade zu halten?

Wandung nach innen neigen
Halten Sie die Wandung während des Hochziehens nach innen geneigt. Es ist einfacher, bei der abschließenden Formgebung die Wandung nach außen zu erweitern, als eine sich bereits nach außen neigende Wandung zu begradigen. Halten Sie beim Drehen Ihre außen führenden Finger etwas höher als die innen arbeitenden. Hierdurch wird der Ton leicht nach innen und aufwärts gedrückt.

Dickerer Rand
Lassen Sie Ihre Scheibe langsamer laufen als beim Zentrieren. Je schneller die Scheibe dreht, umso mehr Zentrifugalkräfte ziehen die Wandung nach außen. Es ist einfacher, die Form bei geringen Drehzahlen zu kontrollieren. Umfassen Sie das Gefäß und führen Sie die Hände mit geringem Druck aufwärts. So entsteht ein dickerer Abschlussbereich, den Sie weiter hochziehen können.

Wie kann ich vermeiden, dass der Rand meines Gefäßes Falten wirft?

Ein Gefäß bildet am Rand Falten aus, wenn der Ton dünn ausgedreht, überarbeitet oder ermüdet ist. Achten Sie darauf, dass Sie eine gleich starke Wandung von unten nach oben drehen und auch der Randbereich diese Dicke hat. Sie können dort mehr Ton stehen lassen, sodass eine zusätzliche Verstärkung, auch optischer Art, entsteht.

Was kann ich tun, um einen ungleichmäßigen Rand zu korrigieren?

Abschneiden
Ungleiche und schlecht geformte Ränder schneidet man am besten ab. Hierdurch bekommen Sie eine neue Chance, das Gefäß ordentlich fertig zu stellen.

1. Lassen Sie die Scheibe auf höchster Geschwindigkeit laufen und schieben Sie eine Nadel oder ein Messer unterhalb des misslungenen Bereichs in die Wand. Halten Sie die Hand ruhig und führen Sie den Rand mit der anderen Hand im Innern, bis Sie die Nadel spüren.

2. Sodann muss das Gefäß noch eine ganze Umdrehung durchlaufen; nun können Sie den abgeschnittenen Bereich vorsichtig mit der Nadel in einem Schwung abheben.

3. Der restliche Teil des Gefäßes sollte unbeschädigt sein, und Sie können den nunmehr begradigten Rand mit dem Finger und einem Schwamm glätten.

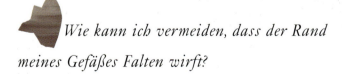

102 • *Drehen an der Scheibe*

Die Ränder meiner Gefäße sehen immer dünn und schwach aus. Wie kann ich das verbessern?

Rand verstärken

Denken Sie daran, dass der Rand wie auch alle anderen Teile des Gefäßes im Brand schwinden. Lassen Sie während des gesamten Drehens einen dickeren Rand stehen. Sie können am Schluss, beim Überdrehen mit einem Drehholz, diesen dünn ausdrehen, aber beachten Sie, dass ein etwas verdickter Rand dem Gefäß auch optisch einen Abschluss gibt. Drücken Sie mit einem Finger auf den Rand, während ihn zwei Finger der anderen Hand führen.

Ich würde gern höhere Schüsseln drehen, aber letztlich werden es immer flache Teller. Welche Drehtechnik muss ich anwenden?

Basis richtig anlegen

Sie müssen gleich nach dem Aufbrechen des zentrierten Tons damit beginnen, die konkave Form der Schüssel auszuformen. Drehen Sie keinen flachen Boden in der Annahme, später noch am Boden arbeiten zu können.

1. Bereiten Sie die Schüsselform bereits beim Zentrieren vor, indem Sie den Ton in eine nicht zu flache, sondern eher runde Form bringen. Drücken Sie Ihre Finger in die Basis, sodass eine Einschnürung entsteht. Arbeiten Sie mit langsam laufender Scheibe, um die Auswirkungen der Zentrifugalkraft gering zu halten.

2. Schaffen Sie beim Hochziehen des Tons eine nach außen kurvige, jedoch nach oben eingezogene Form. Es ist viel leichter, diese später oben zu öffnen, als eine allzu offene Form zu schließen.

3. Konzentrieren Sie sich auf das Hochziehen und Ausdünnen der Wandung. Zum Schluss können Sie mit gerundeten Holz-, Stahl- oder Plastikdrehschienen der Innenwandung eine glatte und regelmäßig verlaufende Form geben.

Drehen an der Scheibe • 103

Die Wandung meiner Gefäße sackt im Fußbereich ein, wenn ich das Stück von der Scheibe abschneide. Wie kann ich das verhindern?

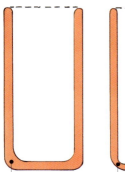

Eine richtige Wandstärke im Übergang von Boden zu Wandung trägt das Gewicht des Gefäßes.

Eine zu dünne Wandstärke kann das Gewicht des Gefäßes nicht tragen.

Kräftigere Wandung
Das Gewicht der Wandung muss vom Fußbereich getragen werden. Jede Verdünnung an der Stelle, an der die Wand aus der Bodenplatte herauswächst, führt zu einer Schwächung der gesamten Konstruktion. Schaffen Sie eine ausreichend große Bodenfläche, aber erweitern Sie diese nicht mehr, wenn Sie bereits die Wände hochgezogen haben, da sonst ein zu dünner Bereich an der Basis der Wandung entsteht. Es ist besser, eine dickere Zone stehen zu lassen, die eventuell später, im lederharten Zustand, abgedreht werden kann.

Bei hohen Gefäßen kommt stets ein Punkt, an dem sich der Ton nicht weiter ausformen lässt. Wie kann ich höhere Arbeiten drehen?

Drehtechnik verbessern
Ton, der sich nicht höher ausdrehen lässt, ist überarbeitet und müde. Obwohl das Gefäß noch nicht kollabiert, hat der Ton bereits zu viel Wasser aufgenommen und lässt sich nicht weiter ausdünnen, ohne die bereits gegebene Form wieder zu verlieren. Um dies zu vermeiden, sollten Sie das Gefäß mit wenigen Ansätzen bis zur vollen Höhe hochziehen und sich erst dann um die genaue Form bemühen.

Tonkonsistenz verbessern
Wechseln Sie zu einer Drehmasse, die bessere Dreheigenschaften hat. Es gibt die verschiedensten Tonmassen, die speziell für das Drehen großer Stücke zusammengesetzt sind. Zumeist ist es schwierig, mit einem sehr plastischen, dichten Ton große Stücke zu drehen. Wenn Sie den Ton nicht wechseln wollen, kneten Sie einen Anteil Sand oder Schamotte ein, um das Gefüge belastbarer zu machen.

Die Wandungen meiner Schalen und Zylinder sind immer etwas unregelmäßig und unruhig. Wie kann ich dies verbessern?

Drehrhythmus
Gleichmäßige Wandungen entstehen durch gleichförmigen Druck und stetiges Hochziehen, d. h. durch Ausdünnen des Tons. Durch Erfahrung werden Sie den notwendigen Drehrhythmus erlernen.

Drehschiene
Sie können die Oberfläche Ihres Gefäßes mit einer Drehschiene aus Metall, Holz oder Plastik glätten. Halten Sie die Drehschiene gegen die Außenfläche Ihres Gefäßes und drücken Sie mit der anderen Hand von innen gegen die Wandung. Der Druck der Schiene beim Hochziehen gegen die innen arbeitende Hand schafft eine glatte Oberfläche.

Abdrehen
Als letzte Möglichkeit können Sie die Wandung auch im lederharten Zustand abdrehen. Es ist jedoch zu empfehlen, die Drehtechniken so zu verfeinern, dass solche Nacharbeiten nicht notwendig sind.

104 • *Drehen an der Scheibe*

Manchmal finden sich Luftblasen in den ausgedrehten Wandungen meiner Gefäße. Wie kann ich solche Arbeiten noch retten?

Aufstechen
Durch das Aufstechen einer solchen Blase kann die Luft entweichen, ohne dass das Gefäß zerstört wird, und Sie können ohne Probleme weiter drehen. Handelt es sich um eine kleine Blase, schließt sich der Leerraum. Manchmal bleibt jedoch eine Schwachstelle in der Wandung zurück. Dann sollten Sie mit einem besser aufbereiteten Stück Ton von Neuem beginnen. Wenn Sie das Gefäß auch mit Lufteinschlüssen fertig drehen konnten, besteht die Möglichkeit, die Luftblasen im angehärteten Zustand anzustechen und auszudrücken – ohne Gefahr, die Form zu beschädigen. Die entstehenden Dellen überarbeitet man mit etwas plastischem Ton.

Was muss ich mit dem Gefäß tun, bevor ich es von der Scheibe abschneide?

Überschüssiges Wasser entfernen
Benutzen Sie einen Schwamm, um das Wasser aus dem Gefäß zu entfernen. Halten Sie einen Schwamm oder eine Drehschiene gegen die Außenseite des Gefäßes, um hier noch befindliche Feuchtigkeit ebenfalls zu entfernen.

Fußzone unterschneiden
Benutzen Sie ein winkeliges Drehholz, um den Ton im Fußbereich zu unterschneiden. So ergibt sich ein guter Ansatz für den Abschneidedraht sowie grundsätzlich ein sauberer Abschluss nach unten.

Die Grundfläche meiner Gefäße ist uneben, wenn ich sie von der Scheibe abgeschnitten habe. Was kann ich tun?

Während Sie das Gefäß abschneiden, halten Sie den Draht gut gespannt und drücken Sie ihn gegen den Scheibenkopf. Jede Verwindung im Draht führt zu einem unsauberen Schnitt. Der Schneidedraht muss an beiden Enden kleine Holzlatten oder Ringe haben, damit man ihn stramm halten kann. Es ist manchmal schwierig, große Platten und Schüsseln abzuschneiden. Achten Sie darauf, bis zum Austritt des Drahtes aus dem Fußbereich dafür zu sorgen, dass er straff gehalten und flach über die Scheibe gezogen wird. Andernfalls laufen Sie Gefahr, ein Stück aus der Grundfläche herauszuschneiden.

Drehen an der Scheibe • 105

Wie nehme ich die Arbeiten vom Scheibenkopf, ohne sie zu verformen?

Wasser als Trennmittel

Trennen Sie Ihre Arbeit von Scheibenkopf mit einer dünnen Schicht Wasser. Auf diesem Wasserfilm kann Ihr Gefäß auf eine bereit gehaltene Auflage gleiten.

1. Wenn Sie mit dem Drehen fertig sind, geben Sie etwas Wasser auf den Scheibenkopf und ziehen Sie dieses beim Abschneiden mit unter das Gefäß. Eventuell müssen Sie mehrfach schneiden, um ausreichend Wasser unter das Gefäß zu ziehen.

2. Benutzen Sie eine Kachel oder ein Holzbrett als Ablage für Ihre Arbeit. Geben Sie auch hier ausreichend Wasser auf die Oberfläche, damit das Stück gut gleiten kann. Schieben Sie Ihr Gefäß vorsichtig im Fußbereich über die Scheibe und auf das bereit gehaltene Brett. Klebt das Stück fest, ist nicht genügend Wasser auf der Oberfläche.

Gefäß abheben

Frisch gedrehte Stücke haben eine gewisse Spannkraft bzw. Festigkeit und können in der Regel direkt vom Scheibenkopf abgehoben werden. Das Abheben erfordert eine direkte und klare Bewegungsführung und ein vorsichtiges Zugreifen. Es ist wichtig, alle Feuchtigkeit von der Oberfläche des Gefäßes wie von den Händen zu entfernen. Mit dieser Methode können Sie Zylinder und auch Schalen abheben.

Scheibenauflagen benutzen

Große Gefäße sind immer schwer vom Scheibenkopf abzunehmen, solange der Ton sehr weich ist. Es ist daher leichter, solche Stücke auf Scheibenauflagen zu drehen, die anschließend gemeinsam mit dem gedrehten Stück abgenommen werden. Ist das Gefäß etwas getrocknet, kann es von der Auflage gelöst werden.

1. Legen Sie Ihre Hände um das Gefäß und heben Sie es zuerst an einer Seite leicht an, damit sich der Boden besser vom Scheibenkopf löst. Drücken Sie das Gefäß jedoch nicht zu schräg, damit sich der Boden nicht bleibend verformt. Das Brett zum Absetzen sollte in unmittelbarer Nähe bereit liegen.

2. Testen Sie die unterschiedlichsten Möglichkeiten, das Gefäß anzuheben. Auch mit gespreizten Fingern kann man eine Schalenform beim Abheben gut unterstützen. Das Wichtigste ist, dass die Bewegungen klar und eindeutig, in einem Zug, jedoch ohne Hast ausgeführt werden.

106 • *Drehen an der Scheibe*

Nach dem Abschneiden meines Gefäßes von der Scheibe verbleibt eine dünne Tonschicht auf dem Scheibenkopf. Soll ich diese entfernen?

Eine gute Basis
Eine solch dünne Schicht ist eine ideale Basis für den nächsten Tonbatzen, da der neue Tonball besser auf ihr haften wird als auf dem Metall des Scheibenkopfes. Wenn sich nach dem Abschneiden Wasser auf dieser Schicht befindet, nehmen Sie es mit einem Schwamm auf. Entfernen Sie die Tonschicht erst, wenn Sie mit dem Drehen fertig sind und die Scheibe reinigen.

Die Ränder meiner Schalen verziehen sich, wenn ich sie von der Scheibe abhebe. Kann ich dies vermeiden, ohne auf Scheibenauflagen zu arbeiten?

Wie kann ich meine Arbeiten beim Drehen farbiger gestalten?

Papierabdeckung

Legen Sie vorsichtig ein Blatt Papier auf die gedrehte Schale und drücken Sie dieses ganz leicht auf den Rand, sodass es haften bleibt. Jetzt können Sie die Schale abschneiden und ohne Verziehen von der Scheibe heben. Die unter dem Papier eingeschlossene Luft hilft, die Form zu halten.

Dynamische Farblinien
Bringen Sie Farben bereits während des Drehens ein. Beginnen Sie, das Gefäß wie üblich zu drehen, unterbrechen Sie jedoch, bevor Sie die Wandung fertig ausgeformt haben. Rollen Sie sich Wülste aus andersfarbigem Ton und drücken Sie diese von innen und außen in die Wandung. Beim weiteren Drehen werden sich dynamische Farblinien in der Wandung entwickeln.

Marmorierung

Sie können auch mit Ton drehen, der aus verschiedenfarbigen Tonen zusammengesetzt wurde. Je weniger Sie die einzelnen farbigen Tone miteinander verkneten, umso deutlichere Farbpartien oder Farbfelder werden in Form einer Marmorierung entstehen. Später drehen Sie diese Gefäße im lederharten Zustand mit einem Werkzeug ab. Jetzt kommen die Farben erst richtig zur Geltung.

Wärme

Mit einem Haartrockner oder einer Heißluftpistole zum Abbrennen von Farbschichten können Sie dünne und empfindliche Randzonen eines Gefäßes etwas antrocknen. Lassen Sie die Scheibe langsam laufen, sodass alle Partien gleichmäßig getrocknet werden.

Drehen an der Scheibe • 107

Wozu kann ich Drehschienen beim Drehen verwenden?

Zum Hochziehen
Benutzen Sie Drehschienen beim Zentrieren und Drehen. Wenn Sie das Gefühl haben, dass Ihre Finger zu tief in den Ton greifen, können Sie die Wandung zwischen der außen laufenden Drehschiene und den von innen drückenden Fingern hochziehen. Das Gefäß erhält hierduch auch eine glatte Oberfläche.

Zum Formen
Mit speziell geformten Drehschienen können Sie Ihren Gefäßen, vor allem Schalen, eine klarere Innenform geben. Außen benutzt man gerade Schienen und innen eine der jeweils gewünschten Krümmung entsprechende Form.

Wie kann ich zum Abschluss die Ränder meiner gedrehten Gefäße glätten?

Schwämme mit groben Poren hinterlassen Spuren auf weichen Rändern. Besser sind dichte Schwämme, die z. B. zum Polstern verwendet werden. Man kann jedoch auch Fensterleder, dünne Gummilappen oder Stücke von dickeren Plastikfolien zum Glätten der Ränder verwenden.

Wie kann ich bereits beim Drehen meinen Stücken ein dekoratives Äußeres geben und so auf das Abdrehen ganz verzichten?

Formschienen
Wenn Sie Ihre Gefäße bereits beim Drehen endgültig fertig stellen wollen, sollten Sie sich ein paar dekorative Möglichkeiten einfallen lassen. Hierzu eignen sich besonders gut unterschiedlich zugeschnittene Formschienen, die dem Fußbereich oder dem Rand eine spezielle Akzentuierung verleihen.

1. Stellen Sie sich eine Formschiene durch Zuschneiden einer alten Kreditkarte, einer Plastikscheibe oder eines Holzstückes her. So können Sie recht schnell eine Anzahl unterschiedlichster Formen fertigen.

2. Pressen Sie die so geschaffene Formschiene von außen gegen die Wandung, die Sie von innen, mit der andere Hand, abstützen. Ihre Gefäße bekommen so auch ohne Abdrehen ein differenziertes Drehmuster.

108 • Drehen an der Scheibe

 Es fällt mir beim Drehen von Tellern schwer, den Ton beim Zentrieren flach zu drücken. Was kann ich tun?

Tonkonsistenz

Teller sollten Sie immer aus weichem Ton drehen. Es ist schwierig, harten Ton flach zu drücken, und es bilden sich schnell Lufteinschlüsse. Wenn Sie den Ton nach unten drücken, sorgen Sie dafür, dass die Basis immer breiter bleibt. Drücken Sie mit dem Handballen und der Handkante und schieben Sie den Ton immer wieder von der Mitte nach außen. Eine abgerundete Drehschiene kann Ihnen hierbei behilflich sein – zumal sie der Oberfläche des Tellers eine glatte Oberfläche gibt.

 Die Ränder meiner Teller klappen leicht um. Wie kann ich das unterbinden?

Versuchen Sie, beim Drehen so wenig Wasser wie möglich zu verwenden. Sie brauchen weichen Ton, um Teller zu drehen, müssen jedoch darauf achten, dass der Ton nicht überarbeitet wird. Achten Sie darauf, die Fahne des Tellers nicht zu stark mit den Fingern oder einem Werkzeug zu unterschneiden. Dies kann zu einer Schwächung des tragenden Bereiches führen. Schneiden Sie einen umgeklappten Teller auseinander, um zu sehen, wo das Problem liegt.

 Ich möchte Schalen mit großen Fahnen drehen. Welche Technik kann ich dazu benutzen?

Fahne ausdrehen

Beim Flachpressen des Tons auf der Scheibe müssen Sie einen Tonring bis zum Rand schieben, aus dem Sie sodann die Fahne drehen.

1. Formen und säubern Sie den Fußbereich der Schale, sodass Sie später nur noch mit dem Schneidedraht abschneiden müssen – am besten, solange die Fahne nicht ausgedreht ist.

2. Benutzen Sie eine abgerundete Drehschiene zum Ausformen der Fahne und zum Glätten des Schalenbodens. Beim Ausformen der Fahne erhält die Schale ihre größte Weite.

Tonwulst aufsetzen

Die Fahne einer großen Schale kann auch aus einer Tonwulst gedreht werden, die auf die flach gepresste Tonscheibe aufgelegt wird.

1. Legen Sie eine dicke Tonwulst auf den ausgeformten Schalenboden und verbinden Sie diese innen wie außen gut mit dem Boden.

2. Jetzt haben Sie genügend Ton, um eine große und weit ausladende Fahne zu drehen. Benutzen Sie wie oben beschrieben ein Drehholz.

Drehen an der Scheibe • 109

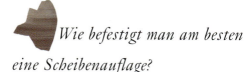 *Wie befestigt man am besten eine Scheibenauflage?*

Tonschicht
Auflagen kann man mithilfe einer Tonschicht auf dem Scheibenkopf befestigen.

1. Gehen Sie vor wie beim Drehen eines Tellers und formen Sie eine ca. 1–1,5 cm dicke Schicht Ton auf dem Scheibenkopf. Drehen Sie in diese Schicht Rillen, die es erlauben, die Auflage später einfach zu entfernen. Die Schicht sollte nicht dicker als angegeben sein, da die Auflage sonst leicht verrutschen kann.

2. Wenn die Auflage trocken ist, müssen Sie diese mit einem feuchten Schwamm abwischen. Legen Sie sie auf die Tonschicht, drehen Sie die Scheibe langsam und klopfen Sie dabei die Auflage in die richtige, zentrierte Position. Mit mehreren festen Faustschlägen wird die Auflage nun auf die Tonschicht gepresst.

Zentrierbolzen
Verschiedene Scheibenköpfe haben Löcher und die zugehörigen Scheibenauflagen Bolzen, die in diese Löcher passen. Hierdurch wird die Auflage auf dem Scheibenkopf fixiert. Fragen Sie Ihren Drehscheibenhersteller, ob er solche Scheibenköpfe anbietet. Allerdings müssen Sie wegen der Löcher im Scheibenkopf dann immer mit Scheibenauflagen arbeiten. Kleinere gedrehte Arbeiten können Sie in diesem Falle von ein- und derselben Scheibenauflage abschneiden.

Lotus-Scheibenkopf
Der Lotus-Scheibenkopf ist ein spezielles System, das den normalen Scheibenkopf ersetzt. Die Gefäße werden auf runden Platten gedreht, die in einer Vertiefung des Scheibenkopfes sitzen. Diese Platten werden von unten aus der Halterung gedrückt und mit dem gedrehten Teil abgestellt. Auf einer neu eingesetzten Platte kann das nächste Stück gedreht werden. Dies ist ein sehr effizientes, jedoch auch teures System.

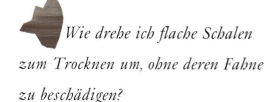 *Wie drehe ich flache Schalen zum Trocknen um, ohne deren Fahne zu beschädigen?*

Sandwich-System
Packen Sie Ihre flachen Schalen und Teller zwischen zwei Platten. Es ist einfach, diese dann umzudrehen, ohne dass der Rand beschädigt wird.

1. Stellen Sie Ihre Schale auf Trockenplatten, bis der Rand angetrocknet ist und eine Auflage tragen kann, ohne sich zu verziehen. Legen Sie eine zweite Platte auf, sodass sich Ihre Schale jetzt zwischen zwei Platten befindet.

2. Drehen Sie das ganze Paket um und entfernen Sie die Platte vom Boden der Schale. So liegt der Boden frei und kann leichter trocknen. Weit gedrehte Böden neigen in dieser Position zum Einsinken. Kontrollieren Sie daher die Schale während des weiteren Trocknens. Sollte der Boden einsinken, drehen Sie die Schale erneut und drücken Sie ihn wieder flach. Dies muss erfolgen, bevor das Stück lederhart ist.

110 • Drehen an der Scheibe

Ich möchte gern große Gefäße drehen, habe jedoch Schwierigkeiten, die nötigen Tonmengen zu zentrieren und zu verdrehen. Gibt es spezielle Techniken?

Tonwulst auflegen

Sie können die Größe Ihrer Gefäße durch den Zusatz von weiterem Ton während des Drehens steigern. Drehen Sie aus einer handlichen Menge Ton einen Zylinder mit dickem Rand. Lassen Sie den Rand etwas antrocknen und setzen Sie eine Tonwulst oder einen gedrehten Ring darauf. Den zusätzlichen Ton können Sie nun zum Höherdrehen verwenden. Diese Methode ist mehrfach wiederholbar.

Gefäße montieren

Sie können zwei Gefäße drehen – jedes mit der Menge Ton, die sie noch handhaben können – und die einzeln gefertigten Gefäße anschließend zusammensetzen.

 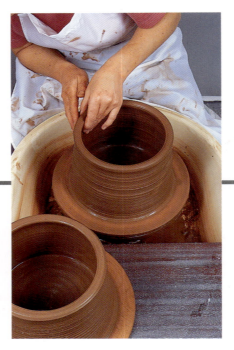 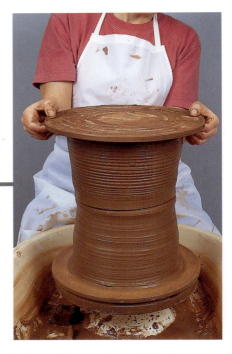

1. Drehen Sie einen Zylinder und messen Sie den Durchmesser. Sorgen Sie dafür, dass der Rand ausreichend breit ist, um eine gute Verbindung mit dem zweiten Zylinder zu gewährleisten.

2. Drehen Sie nun den zweiten Zylinder mit den gleichen Maßen wie den Ersteren. Lassen Sie beide Stücke etwas antrocknen.

3. Setzen Sie nun die zwei Zylinder aufeinander. Schneiden Sie den Boden des zweiten Zylinders ab und überarbeiten Sie die gesamte Form.

Drehen an der Scheibe • 111

🔹 *Ich habe vergeblich versucht, Kelche in einem Stück zu drehen. Gibt es eine einfache Lösung hierzu?*

In zwei Teilen herstellen
Drehen Sie die Füße und die Becher Ihrer Kelche separat und montieren Sie die Teile im lederharten Zustand. Drehen Sie den Becher ab, und noch während er umgedreht auf der Scheibe klebt, setzen Sie den Fuß an. Lassen Sie die Scheibe langsam laufen, um die mittige Position zu finden. Vergessen Sie nicht, Becherboden und Fuß zu ritzen und gut einzuschlickern. Ein Modellierholz ist hilfreich, um den Fuß innen zu versäubern.

Den Fuß andrehen
Setzen Sie den Fuß durch Andrehen eines ringförmigen Tonteils an. Solche Füße kann man so belassen, wie sie gedreht wurden, oder anschließend im lederharten Zustand abdrehen.

1. Drehen Sie alle Becher für Ihre Kelche und trocken Sie diese bis sie sich gut abdrehen lassen. Jetzt drehen Sie kleine zylinderförmige Ringe vom Stock.

2. Drehen Sie einen Becher auf der Scheibe ab und setzen Sie anschließend einen der soeben gedrehten Zylinder auf. Nachdem Sie diesen gut mit dem Boden des Bechers verbunden haben, können Sie den frischen Ton zu der gewünschten Fußform ausdrehen.

🔹 *Es ist sehr mühsam, für die Fertigung kleiner Arbeiten immer wieder geringe Mengen Ton zu zentrieren. Gibt es eine andere Möglichkeit?*

Drehen vom Stock
Es ist einfacher, kleine Arbeiten zu drehen, wenn Ihre Finger ein ganzes Stück oberhalb des Scheibenkopfes arbeiten. Benutzen Sie daher lieber eine größere Menge Ton – von der Sie die Stücke drehen – als immer wieder mit kleinen Mengen zu kämpfen. Nach dem Drehen nehmen Sie ein scharfes Werkzeug, um eine Rille einzugraben. In dieser Rille setzen Sie den Schneidedraht an. Setzen Sie das abgeschnittene Gefäß zum Trocknen ab und drehen Sie das nächste Stück aus dem noch vorhandenen Ton.

🔹 *Die Eierbecher, die ich vom Stock drehe, reißen häufig. Woran liegt das?*

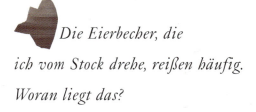

Kleine Stücke, die vom Stock gedreht werden, haben die Tendenz, im Fußbereich Risse zu entwickeln. Dies liegt entweder daran, dass der Ton im Bodenbereich während des Drehens nicht durchgearbeitet wurde oder der Fußbereich zu dick war. In beiden Fällen kann das Abdrehen oder das Bearbeiten des Fußbereichs hilfreich sein. Dennoch sollte man versuchen, die Tiefe der Arbeit genauer abzuschätzen, um sie an der richtigen Stelle abschneiden zu können.

Ist es möglich, Gefäße auf der Töpferscheibe herzustellen, die nicht rund sind?

Verformen

Runde Töpfe können leicht in ovale Formen gebracht werden. Nehmen Sie einen Topf, der nach dem Drehen so weit getrocknet ist, dass man ihn bereits gut anfassen kann, ohne dass er die Form verliert.

1. Wenn Sie ein vor kurzem gedrehtes Gefäß bearbeiten wollen, schneiden Sie in der Mitte des Bodens ein blattförmiges Teil aus. Drücken Sie die Seiten des Gefäßes vorsichtig zusammen, bis sich der Spalt geschlossen hat.

Verformte Zylinder

Drehen Sie einen Zylinder und schneiden Sie im lederharten Zustand den Boden ab. Drücken Sie die Wandung in die gewünschte Form und setzen Sie den verformten Zylinder auf eine Tonplatte, die ausgeschnitten den neuen Boden ergibt. Auf diese Weise sind die verschiedensten Formen herstellbar.

2. Drücken und schieben Sie die Teile zusammen. Arbeiten Sie von außen und innen und verwenden Sie zusätzlichen Ton zum Auffüllen von Unebenheiten. Glätten Sie die Flächen anschließend.

3. Wenn Ihr Gefäß bereits lederhart ist, legen Sie das Stück auf den Rand, ziehen durch den Mittelpunkt eine Linie und zwei Parallellinien im Abstand von ca. 2 cm. Schneiden Sie das so angezeichnete Mittelteil aus und verbinden Sie die verbleibenden Teile zu einer ovalen Schale.

Drehen und Verformen

Nachdem Sie einen Zylinder gedreht haben, können Sie diesen durch Drücken von außen oder innen auf die verschiedenste Weise verformen, bevor Sie ihn von der Scheibe abschneiden. Experimentieren Sie mit Ausbuchtungen, rechteckigen oder spiralförmigen Verformungen. Gefäße, die Sie auf solche Weise bearbeiten, müssen in der Regel in diesem Zustand fertig gestellt werden, da sie nach dem Verformen nicht mehr abgedreht werden können. Sie können Ihre Arbeiten aber auch zuerst abdrehen und den lederharten Ton wieder anfeuchten, um ihn später zu verformen.

Drehen an der Scheibe • 113

 Wenn ich den eingezogenen Hals einer Vase zu dünn drehe, verzieht sich der Ton. Wie kann ich dies vermeiden?

Tonring aufsetzen
Sie können eine flaschenförmige Vase in Teilen drehen, indem Sie einen zylinderförmigen Tonring aufsetzen. So haben Sie ausreichend Ton zur Verfügung.

1. Lassen Sie das gedrehte Stück etwas anziehen und setzen Sie dann einen separat gedrehten Tonring auf. Zentrieren Sie den Ring bei langsam laufender Scheibe und verstreichen Sie die Montagestelle gut.

2. Wenn das aufgesetzte Teil sorgfältig mit der Grundform verbunden ist, können Sie den Hals- und Abschlussbereich der Vase fertig drehen.

Frischer Ton
Am oberen Ende des gedrehten Stücks sollte ausreichend Ton verbleiben. Dieser Ring sollte nicht überarbeitet oder zu sehr mit Wasser durchsetzt sein. Möchten Sie den Halsbereich drehen, erhöhen Sie die Geschwindigkeit der Scheibe und drücken Sie den Ton zusammen, während Sie ihn gleichzeitig hochziehen.

 Wie kann ich die Form während des Drehens genau erkennen?

Wenn Sie von oben auf Ihr gedrehtes Gefäß schauen, sehen Sie es verkürzt. Während des Drehens sollten Sie sich daher seitlich lehnen und Ihre Arbeit von der Seite betrachten. Wenn Sie das Profil nicht klar erkennen können, halten Sie die Scheibe an und gehen Sie um das Stück herum, bevor Sie die Form vollenden. Mitunter ist es hilfreich, einen Spiegel so zu platzieren, dass Sie Ihre Arbeit von der Seite sehen können.

Muss ich bei dünnwandigen Porzellanstücken diese erst dicker drehen und anschließend abdrehen?

Es ist möglich, Porzellangefäße sehr dünnwandig zu drehen, ohne dass die Wände kollabieren, wenn Sie Ihrem Drehwasser etwas Sirup oder Zucker zusetzen. Die klebrige Lösung ist ein gutes Schmiermittel und ermöglicht es, mit weniger Wasser auszukommen. Das Porzellan nimmt weniger Feuchtigkeit auf, wodurch ein dünneres Ausdrehen möglich ist.

114 • *Drehen an der Scheibe*

Direkt nach dem Drehen meines Kruges habe ich versucht, eine Schnaupe zu formen, und die gesamte Form hat sich verzogen. Was mache ich falsch?

Müder Ton
Vielleicht ist der Ton am oberen Rand Ihres Gefäßes bereits überarbeitet bzw. zu stark mit Wasser durchsetzt und kann so die durch Dehnung geschaffene Schnaupenform nicht halten. Versuchen Sie, den Krug schneller und mit weniger Bearbeitung des Tons herzustellen, oder lassen Sie das Gefäß ein wenig ruhen, bevor Sie die Schnaupe auszuformen beginnen.

Verstärkte Form
Wenn Sie einen Krug drehen, sollten Sie Verstärkungen einarbeiten, wie z. B. einen dickeren Rand, einen verstärkten Halsbereich oder einen erhabenen Ring zwischen Körper und Hals, die dem frisch gedrehten Krug eine gewisse Stabilität geben und unterstützend wirken, wenn die Schnaupe geformt wird.

Mit welcher Art von Schnaupe kann ich meine Krüge nach dem Drehen versehen?

Angesetzte Schnaupe
Formen Sie eine Schnaupe durch das Ansetzen eines V-förmigen Tonstücks an die gedrehte Form. Schneiden Sie die Schnaupe aus einer ausgerollten Tonplatte oder aus einer kleinen gedrehten Schale. Dort, wo die Schnaupe anmontiert werden soll, müssen Sie ein Stück Wandung ausschneiden.

Rechts: Morgen Hall, Kleiner Krug mit angesetzter Schnaupe

Geschnittene Schnaupe
Drehen Sie eine Vasenform und drehen Sie diese im lederharten Zustand ab. Formen Sie das Abschlussteil nicht zu stark nach außen geneigt, da die Schnaupe aus diesem Bereich gebildet wird. Schneiden Sie hier eine schnaupenähnliche Form aus. Überarbeiten Sie die Schnittkanten mit einem feuchten Schwamm. Halten Sie die beiden Seiten der Schnaupe mit den Fingern der einen Hand, drücken und ziehen Sie mit der anderen Hand die im Ansatz bereits vorhandene Schnaupe weiter aus. Gestalten Sie die Spitze zum besseren Gießen etwas dünner.

Drehen an der Scheibe • 115

 Wie kann ich dichtsitzende Deckel für meine Tongefäße herstellen?

Drehzirkel verwenden
Mithilfe zweier Drehzirkel können Sie Ihre Gefäße genau vermaßen.

2. Übertragen Sie dieses Maß auf einen zweiten Zirkel, mit dem Sie nunmehr den Außendurchmesser festlegen.

3. Wenn Sie den Deckelschaft drehen, können Sie mit diesem zweiten Drehzirkel den genauen Außendurchmesser des Deckelschafts festlegen.

1. Nachdem Sie Ihr Gefäß gedreht haben, messen Sie den Durchmesser der Öffnung und fixieren Sie den Zirkel. Wichtig ist, Zirkel zu benutzen, deren Schenkel sich kreuzen lassen, um so den Innendurchmesser exakt messen zu können.

 Ich möchte gern interessante Deckelknäufe fertigen. Welche Möglichkeiten gibt es?

Rechts:
Nancy Pickard,
Strukturierter
Deckelknauf

Formenvielfalt
Sie können einen Knauf gleich beim Drehen des Deckels mitformen, wenn Sie Letzteren in Draufsicht drehen, der Schaft also nach oben zeigt. Schaft und Knauf sollten lang bzw. groß genug sein, damit sie angenehm in der Hand liegen. An viele Deckelformen können Sie den Knauf im lederharten Zustand mit weichem Ton andrehen. Knäufe kann man auch vom Stock drehen und anschließend lederhart montieren. Des Weiteren kann man Knäufe modellieren, pressen, ziehen und verdrehen oder aus gerollten Tonplatten formen (vgl. unten links).

Links: Christine McCole, Dosen mit Deckel

116 • *Drehen an der Scheibe*

Wie stelle ich einen Deckelsitz für meine Tondose her?

Aus dem Rand formen

Um einen solchen Deckelsitz zu formen, müssen Sie vor allem genügend Ton im Randbereich des gedrehten Gefäßes zur Verfügung haben. Wenn Sie beim Formen des Deckelsitzes den Eindruck bekommen, der Ton ist bereits müde und klappt nach innen, lassen Sie ihn etwas ruhen. Sie können auch erst den Deckelsitz anlegen und dann das Gefäß fertig drehen.

2. Benutzen Sie am besten ein rechtwinkeliges Holz, mit dem Sie die Hälfte des Randes nach unten drücken. Unterstützen Sie den Rand dabei mit den Fingern der anderen Hand. Dieser jetzt tiefer liegende Ring bildet den Deckelsitz. Achten Sie auf die Dimensionen des Sitzes ebensowie der verbliebenen Wandstärke – Letztere sollte nicht zu dünn und der Sitz nicht zu breit sein.

1. Beim Drehen muss bereits ein dickerer Randbereich angelegt werden. Drücken Sie auf den Rand, sodass sich eine leicht nach innen geneigte Fläche bildet. Hierbei müssen Sie die Form von innen unterstützen.

Abdrehen des Deckelsitzes

Ein kleiner Deckelsitz kann auch aus der Wandung des lederharten Gefäßes abgedreht werden, vorausgesetzt Sie haben einen ausreichend dicken Rand gelassen. Drehen Sie daher das Gefäß bereits mit einem starken Rand. Benutzen Sie zum Abdrehen eine winkelige Abdrehschlinge und glätten Sie die entstandenen Flächen und Kanten mit einem feuchten Schwamm oder dem nassen Finger.

Die Herstellung einer Teekanne erscheint mir wegen der vielen Einzelteile sehr kompliziert. In welcher Reihenfolge soll ich die Teile drehen und zusammensetzen?

Richtiger Ablauf

Es gibt beim Herstellen einer Teekanne zwei Hauptschwierigkeiten: Zum einen muss man lernen, separate Teile zu drehen, die später wie aus einem Guss wirken, und zum anderen, diese Teile im gleichen Trocknungsstadium zusammenzubauen.

1. Drehen Sie Körper und Deckel der Kanne und lassen Sie die Teile lederhart trocknen. Drehen Sie die Tülle etwas später. Wenn Sie die Tülle gleichzeitig drehen, schlagen Sie diese in Plastik ein, damit sie nicht so schnell trocknet.

Warum verdrehen sich die zugeschnittenen Enden meiner Tüllen im Brand?

„Gedächtnis" des Tons

Gedrehte Tüllen verziehen sich im Brand wegen der „Erinnerungsfähigkeit" des Tons – d. h. der Ton schwindet in der spiralförmigen Bewegung, in der er geformt wurde. Wenn Sie den Ausguss der Tülle beschneiden, müssen Sie dieses Verdrehen berücksichtigen und etwas winkelig von rechts unten nach links oben abschneiden. Wie stark dieses „Zurückdrehen" des Tons ist, hängt von der Tonsorte und der Wandungsstärke wie von der Höhe der Brenntemperatur ab.

2. Drehen Sie Körper und Deckel in lederhartem Zustand ab und schneiden Sie die Tülle zu. Halten Sie die Tülle an den Körper, um zu sehen, ob der Ansatzwinkel nachgeschnitten werden muss. Markieren Sie auf dem Körper, wo die Tülle montiert werden soll. Bohren Sie in diesem Bereich mehrere Löcher in den Kannenkörper.

3. Ritzen und schlickern Sie die Ansatzflächen der Tülle sowie der Kanne und drücken Sie beide zusammen. Schauen Sie von oben, ob die Tülle gerade montiert wurde. Ihre Spitze sollte etwas höher ragen als der Kannenrand, sodass auch bei voller Kanne kein Tee auslaufen kann.

4. Beenden Sie die Arbeit mit dem Ansetzen des Henkels. Achten Sie darauf, dass dieser genau gegenüber der Tülle montiert wird. Wenn Sie es für nötig halten, bohren Sie ein kleines Loch in den Deckel, damit Dampf entweichen kann.

118 • *Drehen an der Scheibe*

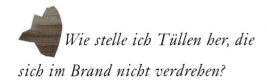

Wie stelle ich Tüllen her, die sich im Brand nicht verdrehen?

Gegossene Tüllen

Sie können sich eine Gießform einer modellierten, gedrehten, geschnittenen oder von einer gekauften Teekanne abgeformten Tülle erstellen. Am besten eignet sich hierzu eine zweiteilige Gipsform. Solche gegossenen oder ausgeformten Tüllen können an den gedrehten Gefäßkörper montiert werden, ohne dass sie sich verziehen. Stellen Sie die verschiedensten Formen und Größen her, sodass Sie stets eine Auswahl zur Verfügung haben.

Formkern für Tüllen

Sie können auch einen Formkern verwenden, über den Sie eine dünne Tonplatte legen und so eine Tülle fertigen.

Links: Peter Meanley, Teekanne mit Salzglasur und gegossener Tülle

1. Drehen oder modellieren Sie eine Reihe von Kernformen aus Ton. Höhlen Sie die Kerne aus und schrühen Sie diese.

2. Rollen Sie sich Ton aus und legen Sie die dünne Platte um den Kern. Schneiden Sie den Ton passend zu und verbinden Sie die Naht. Lassen Sie den Ton etwas anziehen.

3. Um den Kern zu entfernen, müssen Sie die Tülle partiell wieder aufschneiden. Schließen Sie die Schnittkanten, schneiden Sie die Tülle passend zu und montieren Sie diese an die Kanne.

An der Montagestelle zwischen Tülle und Teekanne entstehen immer wieder Risse. Was kann ich tun, um dies zu vermeiden?

Tüllen feucht halten

Lassen Sie Ihre Tüllen nicht zu stark trocknen, bevor Sie diese montieren. Tüllen, die man zur gleichen Zeit dreht wie die Kanne, trocknen schneller. Verpacken Sie daher die Tüllen mit Plastikfolie, damit sie weich genug für die Montage bleiben. Wenn Sie alle Teile der Teekanne montiert haben, sollten Sie diese für ein, zwei Tage in Plastikfolie einpacken, damit sich die Feuchtigkeit gleichmäßig in allen Bereichen verteilen kann und eine gemeinsame Basis für die einsetzende Trockenschwindung gegeben ist.

Gründliches Anritzen

Der Montagebereich, den die Tülle einnehmen wird, kann größer sein, als Sie anfangs angenommen haben. Ritzen Sie daher einen ausreichend großen Bereich und tragen Sie hier genügend Schlicker auf.

Weiche Tülle ansetzen

Drehen Sie die Tülle, nachdem Sie die Kanne und den Deckel abgedreht und die Löcher in den Kannenkörper gebohrt haben. Schneiden Sie die Tülle nach dem Drehen zurecht und montieren Sie diese direkt auf die Kanne. Obwohl Letztere weit trockener ist, treten selten Risse auf, da sich die Tülle in diesem Stadium gut anpassen lässt. Die Ansatzstelle an der Kanne sollten Sie dennoch gut ritzen und schlickern.

Drehen an der Scheibe • 119

 Ich möchte gern das Drehen von Serien erlernen. Was muss ich dabei beachten?

Den richtigen Rhythmus finden
Beim Drehen von Serien ist es wichtig, dass in kurzer Zeit eine bestimmte Zahl gleichförmiger Stücke entsteht. Schaffen Sie sich eine Abfolge weniger Handgriffe, die beim Drehen jedes Stückes gleich bleiben. Hören Sie auf, an einem Stück weiter zu drehen, das nicht auf Anhieb gelingt, und beginnen Sie von Neuem. An misslungen Formen zu arbeiten hält Sie nur davon ab, den richtigen Drehrhythmus zu finden. Voraussichtlich werden die ersten Exemplare der Serie nicht so gut sein wie die Späteren. Betrachten Sie diese Stücke als Übungen und nicht als Qualitätsmaßstab für die weiteren Gefäße Ihrer Serie.

Gute Vorbereitung
Wichtig ist, dass Ihre Arbeitsumgebung, die Platzierung der Werkzeuge und Ihre Arbeitsatmosphäre den Drehrhythmus nicht stören. Müssen Sie aufstehen, um Werkzeug zu holen, zu schärfen oder um Ton vorzubereiten, wird der Arbeitsrhythmus unterbrochen. Verschwenden Sie keine Zeit und bereiten Sie alles gut vor.

Notizen machen
Versuchen Sie nicht, alles im Kopf zu behalten, sondern notieren Sie sämtliche benutzten Gewichte und Abmessungen, die zum Herstellen der seriellen Arbeiten notwendig sind.

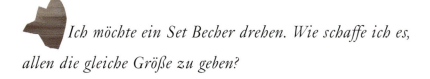 *Ich möchte ein Set Becher drehen. Wie schaffe ich es, allen die gleiche Größe zu geben?*

Ton abwiegen
Sie müssen jeden Becher mit der gleichen Menge Ton drehen. Der Ton muss auch dieselbe Konsistenz haben. Nach dem Schlagen und Kneten des Tons wiegen Sie einander entsprechende Tonkugeln im Bereich von 250–350 Gramm ab. Beim Drehen achten Sie auf einen gleichförmigen Rhythmus der Bewegungen, um die Form der Becher so ähnlich wie möglich zu gestalten.

Messstab und Zirkel
Markieren Sie sich auf einem Stab die Höhe des Bechers, den Sie in Serie drehen wollen. Schreiben Sie den Namen des Bechers auf diesen Stab und heben Sie ihn gesondert auf. Benutzen Sie diesen Messstab beim Drehen der Becherserie. Messen Sie den Durchmesser des Becherrandes mit einem Zirkel und notieren Sie auch diesen auf Ihrem Messstab.

Drehmaß
Während des Drehens können Sie ein oder zwei stabförmige Drehhilfen benutzen, die bestimmte Punkte des Gefäßes wie z. B. den Rand, eine Dekorlinie oder einen Formenwechsel markieren. Sie können solche Drehhilfen kaufen oder selbst improvisieren. Drehen Sie Ihren ersten Becher und platzieren Sie nun z. B. einen Pinselstiel, den Sie in einen Klumpen Ton fixiert haben, sodass das Stielende fast den Rand des Bechers berührt. Schneiden Sie den Becher vorsichtig ab und drehen Sie den nächsten Becher so hoch und weit, dass sich der Rand wieder in gleichem Abstand zum Stiel befindet.

120 • *Drehen an der Scheibe*

Ich finde es schwierig, Henkel zu ziehen, die bereits am Becher befestigt sind. Gibt es andere Möglichkeiten?

Bereits gezogene Henkel
Montieren Sie einen bereits gezogenen Henkel an dem Becher. So können Fehler, die Ihnen beim Ziehen evtl. passieren, den Becher nicht verformen.

1. Ziehen Sie Henkel, die lang genug sind, um an Ihren Becher zu passen. Schneiden Sie diese ab und lassen Sie den Ton etwas anziehen. Ziehen Sie einige Henkel mehr als nötig und legen Sie die Tonstränge nebeneinander, sodass Sie sich die Besten aussuchen können.

2. Wenn der Ton seine Klebrigkeit verloren hat, jedoch noch gut elastisch ist, werden die Henkel an die Becher montiert. Sie können das geschnittene Ende des Henkels direkt auf die Wandung setzen oder es mit der Wandung verstreichen. Ritzen und schlickern Sie immer die Ansatzstelle. Biegen Sie jetzt den Henkel in einer schönen Kurve und befestigen Sie das andere Ende im Fußbereich des Bechers, wie nebenstehend abgebildet.

Ich ziehe nicht gern Henkel. Gibt es eine Alternative?

Sie können Henkel auch aus Tonstreifen herstellen. Viele Töpfer rollen diese Henkel noch über eine strukturierte Oberfläche oder flachen sie ab. Sie können auch mit einer Tonschlinge oder einem Draht Henkelstreifen aus einem Tonklumpen schneiden. Nehmen Sie sich von gekauften Bechern die Henkelformen oder modellieren Sie selbst Henkel, von denen Sie sich Gipsformen fertigen. Experimentieren Sie mit unterschiedlichen Größen und Formen.

Viele meiner Henkel brechen während des Trocknens in der Mitte durch. Wie kann ich das verhindern?

Benutzen Sie weniger Wasser beim Ziehen der Henkel. Wenn der Ton zu feucht wird, ist die Schwindung des Henkels bedeutend größer als die des Bechers. Als Folge reißt der Henkel. Wenn gedrückte oder geschnittene Henkel im Brand reißen, sollten Sie weicheren Ton zur Herstellung nehmen. Die Feuchtigkeit von Henkel und Gefäß muss sich anpassen, bevor die richtige Trocknung einsetzen kann. Risse können auch dadurch auftreten, dass der Henkel zu schnell trocknet. Deshalb nach dem Ansetzen der Henkel den Becher ein, zwei Tage in Plastikfolie einschlagen.

Soll ich alle gedrehten Gefäße abdrehen, um sie leichter zu machen und um die Wandungen zu glätten?

Drehen ungewöhnlicher Formen

Wenn man mit dem Drehen beginnt, ist es sicherlich angebracht, weniger gelungene Stücke durch Abdrehen zu bearbeiten. Langfristig ist es jedoch besser, die eigene Drehtechnik zu verbessern. Abdrehen sollte man solche Formen, die nicht mit den Händen an der Drehscheibe herstellbar sind – so z. B. große Schalen, die im feuchten Zustand einen verstärkten Rand benötigen, um in Form zu bleiben, Gefäße, die einen Fußring erhalten sollen, oder Stücke, die in ihrer Form einen scharf abgesetzten Winkel enthalten. Wenn Sie hingegen alle Ihre Gefäße abdrehen, laufen Sie Gefahr, auf Kosten der lebendigen Arbeiten nur noch leblose, sterile Formen zu erzeugen. Versuchen Sie, die Innenseite einer Schale beim Drehen bereits fertig zu stellen und nicht anschließend abzudrehen. Benutzen Sie beim Drehen entsprechende Drehschienen, mit denen Sie glatte und gleichmäßige Flächen schaffen können, ohne dass diese ihre Lebendigkeit verlieren. Drehen Sie jedoch die Stücke ab, wenn Sie ganz klare Formen wünschen, z. B. bei durchscheinenden Porzellanstücken.

Oben rechts: Elsa Rady, Durch Abdrehen sehr stark bearbeitete Vasenform
Oben links: Sandy Lockwood, Teekanne aus dem Holzofen mit Salzglasur

Welche Werkzeuge benötige ich zum Abdrehen?

Auswahl

Es gibt verschiedene Arten von Abdrehwerkzeugen, so z. B. Abdreheisen, Abdrehschlingen, Abdrehbleche usw. Abdreheisen haben eine scharfe Kante, mit der Sie exakte und unterschiedliche Winkel herstellen können. Sie werden benutzt, um Fußringe oder Deckelsitze exakt auszudrehen. Mit Abdrehschlingen schneidet man Tonwülste aus der Form. Sie sind besonders geeignet, um größere Mengen Ton zu entfernen. Bei ihrer Verwendung entstehen auch selten Rattermarken. Mit scharfkantigen Abdrehblechen lässt sich gut die Gesamtform überarbeiten und glätten. Sie schaffen saubere Kurvenformen und Abschlüsse. Mit Schablonen lassen sich dekorative Oberflächenaspekte schaffen. All diese Werkzeuge sind im Fachhandel erhältlich, viele können Sie jedoch auch selbst herstellen. Schlingen sind beispielsweise aus einer alten Uhrfeder oder einem dünnen Sägeblatt zu fertigen; aus alten Küchenmessern kann man die unterschiedlichsten Formen für Abdreheisen schleifen oder Reibeisen zum Bearbeiten des lederharten Tons verwenden.

Woher weiß ich, wann meine Stücke zum Abdrehen trocken genug sind?

Sie können Ihre Gefäße abdrehen, sobald der Ton so weit getrocknet ist, dass er beim Bearbeiten nicht mehr die Form verliert. Manche Töpfer drehen Ihre Gefäße ab, wenn sie gerade lederhart zu werden beginnen. So entstehen eher weiche Abdrehformen, die in Einklang mit den gedrehten Grundformen stehen. Andere drehen ihre Stücke erst im späten, lederharten Zustand ab, wodurch klare und präzise Formen entstehen. Testen Sie unterschiedliche Feuchtigkeitsstadien, um das Ergebnis besser absehen zu können.

Wie zentriere ich zum Abdrehen meine Arbeiten auf dem Scheibenkopf?

In Position klopfen

Das Gefäß durch leichtes Klopfen in das Zentrum der Scheibe zu schieben ist der schnellste Weg zum Zentrieren. Obwohl es einige Zeit dauert, diese Technik zu erlernen, wird es mit ein bißchen Übung ein Leichtes für Sie sein, jedes Gefäß im Handumdrehen zu zentrieren.

1. Befeuchten Sie den Scheibenkopf und legen Sie die Schale mit dem Rand nach unten und so zentriert wie möglich auf die Scheibe. Lassen Sie die Scheibe anlaufen: Sobald Sie sehen, wie eine Seite des Gefäßes aus der runden Bewegung herausschwingt, klopfen Sie auf diesen Bereich. Hierdurch wird die Schale ein kleines Stück näher zum Zentrum gerückt. Sichern Sie die Schale mit der anderen Hand, damit sie nicht von der Scheibe fliegen kann.

2. Wenn Sie Ihre Arbeit mit mehreren leichten Schlägen in die Mitte der Scheibe geklopft haben, klopfen Sie außerdem mehrfach auf den Boden. Hierdurch drücken Sie den Rand fest auf die Scheibe, es entweicht etwas Luft, der elastische Boden zieht sich nach dem Klopfen wieder zurück und das Gefäß saugt sich fest. Halten Sie dennoch stets die zweite Hand zur Sicherung bereit.

Kreise aufzeichnen

Orientieren Sie sich an den auf dem Scheibenkopf bereits markierten Kreisen oder zeichnen Sie sich weitere Kreise hinzu. Platzieren Sie Ihr Gefäß so auf dem Scheibenkopf, dass allseits ein gleicher Abstand zu dem nächsten Kreis gewahrt bleibt. Das Stück sollte jetzt mittig sitzen.

 Meine Flaschenformen fallen beim Abdrehen um. Wie kann ich sie sicher befestigen?

Abdrehstütze (Donsel) herstellen

Sie können Ihre schmal auslaufenden Gefäße mithilfe einer Abdrehstütze aus weichem, lederhartem oder geschrühtem Ton, aber auch aus Gips, abdrehen. Diese Abdrehstütze sollte eine weich gerundete Öffnung haben, in der die Gefäße ohne Beschädigungsgefahr eingesetzt werden können. Abdrehstützen können eine Ringform haben, wobei die beiden Öffnungen unterschiedliche Winkel aufweisen sollten, um die verschiedensten Gefäßformen aufzunehmen. Geschrühte Abdrehstützen sollten vor Verwendung angefeuchtet werden. Zentrieren Sie zuerst die Abdrehstütze auf der Scheibe, fixieren Sie diese mit weichem Ton und stellen Sie Gefäß in die Öffnung, wo es ebenfalls mit weichem Ton zur Abdrehstütze hin fixiert werden muss.

Drehen an der Scheibe • 123

Wie kann ich meine Schalen auf der Scheibe befestigen, ohne den Rand zu beschädigen?

Weiche Tonstücke
Platzieren Sie Ihre Schale mit dem Rand nach unten auf der Scheibe, zentrieren Sie diese und fixieren sie das Stück mit drei weichen Tonstücken. Vorsicht! Hierbei darf der Schalenrand nicht verrutschen.

Mit Wasser
Mithilfe eines dünnen Wasserfilms wird der Rand auf der Scheibe festgehalten, ohne ihn zu beschädigen. Mitunter ist es jedoch nötig, den Rand der Schale nach dem Abnehmen von der Scheibe mit einem feuchten Schwamm zu überarbeiten.

Tonring auf der Scheibe
Drehen Sie eine flache Schicht Ton auf den Scheibenkopf, legen Sie Ihr Gefäß zentriert auf und markieren Sie den Rand. Jetzt nehmen Sie Ihr Gefäß wieder ab und drehen mit einer Abdrehschlinge entweder den Ton innerhalb der Markierung ab – dann sitzt das Gefäß in einem Ring – oder Sie drehen den Ton außerhalb der Markierung plus die Wandstärke ab – in diesem Falle sitzt das Gefäß über einer ins Innere ragenden Form.

Einen stumpfen Kegel drehen
Wenn Sie besonders große Schalen abdrehen wollen, ist es am günstigsten, Sie zentrieren eine größere Menge Ton in Form eines stumpfen Kegels auf Ihrer Scheibe. Achten Sie darauf, dass seine Form für Ihre Arbeiten geeignet ist. Legen Sie ein dünnes Tuch oder ein Zeitungsblatt über den frischen Ton, damit das abzudrehende Stück nicht anklebt. Platzieren und zentrieren Sie Ihre Arbeit. Sie können jetzt den Fußbereich des Stücks leicht abdrehen. Der Tonkegel kann je nach Notwendigkeit in eine andere Form gebracht werden.

Beim Abdrehen meiner Stücke drücke ich oft die Wand ein. Was mache ich falsch?

Stumpfe Werkzeuge zieht es manchmal geradezu in den Ton hinein. Halten Sie Ihre Werkzeuge scharf, sodass diese den Ton glatt und sauber schneiden. Messer mit auswechselbaren Klingen und selbstschärfende Abdrehschlingen sind ideale Abdrehwerkzeuge. Schärfen Sie Ihre Abdreheisen und -klingen an einem elektrisch betriebenen oder manuellen Schleifstein.

124 • Drehen an der Scheibe

Es ist schwierig, ein Gefäß abzudrehen, das nicht sauber von der Drehscheibe abgeschnitten wurde. Wie kann ich hier vorgehen?

Ton abschneiden

Sie müssen den überschüssigen Ton abschneiden, damit er beim Abdrehen nicht stört.

MIT EINER NADEL
Schneiden Sie den überschüssigen Ton mit einer Nadel oder einem anderen spitzen Werkzeug ab. Setzen Sie unterhalb des Bodens an und schneiden Sie den Ton im nach innen geneigten Winkel nach oben weg. So entfernen Sie den Eckbereich der Fußzone und damit den unregelmäßigen Rand.

MIT DER RASPEL
Raspeln sind ideale Werkzeuge, um Unregelmäßigkeiten zu entfernen. Halten Sie die Raspel gegen Ihre Arbeit und Sie werden sehen, wie schnell der überschüssige Ton verschwunden ist.

Manchmal schneide ich meine Stücke schief von der Scheibe ab. Wie erhalte ich einen geraden Boden?

Boden nivellieren

Sie müssen die höchsten Stellen im Boden finden und von dort bis zur tiefsten Stelle vordringen.

1. Während sich das Gefäß auf der Scheibe dreht, halten Sie ein scharfes Werkzeug an die Arbeit, um den höchsten Bereich des Bodens mit Rillen zu durchziehen.

2. Mit einem flach schneidenden Werkzeug drehen Sie nun von der Mitte nach außen gehend nur die hochstehenden Bereiche des Bodens ab. Sie wiederholen diese Schritte so lange, bis Sie einen flachen Boden vor sich haben.

3. Sie können auch eine gezahnte Drehschiene verwenden, um die Rillen in dem höheren Bereich des Bodens einzuschneiden. Anschließend überarbeiten Sie die Bodenfläche mit einer glatten Stahlschiene.

Drehen an der Scheibe • 125

Beim Abdrehen meiner Gefäße entstehen Rattermarken. Woher kommt das und wie kann ich sie beseitigen?

Glätten

Die wellenförmigen Rattermarken, die manchmal auftreten, können dadurch entstehen, dass der Ton bereits zum Abdrehen zu hart oder das Werkzeug zu stumpf ist und dass Sie das Werkzeug nicht starr und fest genug halten. Meistens entstehen diese Rattermarken bei Verwendung von Abdreheisen oder Abdrehblechen, seltener mit Abdrehschlingen.

1. Um Rattermarken zu beseitigen, schneiden Sie Rillen in den betroffenen Bereich des Gefäßes und drehen von diesen ausgehend mit einem spitzen Werkzeug über besagte Stellen.

2. Setzen Sie mit einem Dreheisen auf dem noch glatten Gefäßteil auf und arbeiten Sie sich von dort aus in den mit Rattermarken überzogenen Bereich hinein.

Ich möchte Fußringe aus dem Boden meiner Stücke herausdrehen und schneide hierbei immer wieder durch den Boden hindurch. Wie erkenne ich, wann ich nicht mehr weiter abdrehen darf?

Innenform beachten

Sie müssen versuchen, sich die Innenform des Gefäßes als Bild einzuprägen, um sich beim Anblick der Außenform daran zu erinnern. Diese Erinnerung sollte Sie davon abhalten, eine extrem andere Außenform zu schaffen als innen angelegt. Nehmen Sie die Schale mehrfach von der Scheibe, um Innen mit Außen zu vergleichen. Sie können auch Bereiche unterschiedlicher Stärke fühlen, indem Sie die Wandung zwischen den Fingern einer Hand halten und gleichzeitig über die Wandung fahren. Sie werden sehen, wann Ihre Finger bei einem dicken Wandungsteil auseinandergedrückt werden und bei dünneren Stellen wieder zusammen kommen. Auch am Gewicht kann man erkennen, wo viel Ton zu entfernen ist.

Hilfsmittel

Drücken Sie von innen in den Boden eine Reißzwecke. Sobald Sie beim Abdrehen außen die Spitze der Reißzwecke ausmachen, sind Sie auf der richtigen Bodenstärke angelangt und sollten nicht tiefer abdrehen. Eine andere Möglichkeit ist, mit einer aufgebogenen Büroklammer von außen vorsichtig durch den Boden zu stechen. Da die Büroklammer nicht spitz, sondern stumpf ist, muss beim Durchstechen ein gewisser Widerstand überwunden werden, der plötzlich aufhört, sobald der Draht den Boden durchdringt. Mit etwas Fingerspitzengefühl kann man so die Dicke des Bodens feststellen.

126 • *Drehen an der Scheibe*

 Die Fußringe, die ich abdrehe, sind immer zu groß. Wie kann ich ihre Form besser kontrollieren?

 Meine großen Pflanzenschalen sinken im Brand in der Mitte ab. Was kann ich dagegen tun?

Von außen abdrehen
Drehen Sie zuerst die Außenform des Fußrings ab. So legen Sie den Umfang fest. Sie haben eine bessere Kontrolle über die Formgebung, wenn Sie von außen nach innen arbeiten.

1. Schauen Sie sich das Profil Ihrer Schale an und nehmen Sie zuerst den Ton an der Seite des Bodenbereiches ab, sodass eine fließende Linie von Wandung zu Fußring ensteht.

2. Wenn der Außendurchmesser des Fußrings die richtige Größe hat, drehen Sie den Bodenbereich aus. Lassen Sie einen ausreichend breiten Ring stehen und arbeiten Sie sich wieder von außen nach innen vor.

Stehend abdrehen
Sie können Ihre Arbeit auch in normaler Position auf die Scheibe stellen und den Übergang von Wandung zu Fußring abdrehen. Wenn die Formen zufriedenstellend sind, drehen Sie das Gefäß um und drehen den Fußring aus.

Unterstützung des Zentrums
Große Teller oder Schalen sollten etwas trockner sein, wenn sie abgedreht werden, sodass sich der Mittelbereich des Bodens nicht schon auf der Scheibe absenkt. Beim Ausdrehen des Fußbereichs sollten Sie im Zentrum eine kleine Fläche stehen lassen, die die gleiche Höhe wie der Fußring haben muss.

Zweiter Fußring
Das Absenken des Bodens im Brand kann auch durch einen zweiten, kleineren Fußring verhindert werden. Als Lage dieses Rings kommt die Hälfte der Strecke Fußring – Zentrum in Frage. Achten Sie darauf, dass auch hier beide Fußringe die gleiche Höhe haben.

Ich möchte einen hohen Fußring gestalten. Die dicke Tonschicht im Bodenbereich reißt jedoch bereits beim Trocknen, noch bevor ich zum Abdrehen komme. Was tun?

Fußring andrehen
Sie können einen Fußring herstellen, indem Sie eine Tonwulst auflegen, aus der Sie einen Fußring andrehen.

1. Drehen Sie eine Schale, deren Fußbereich Sie anschließend rund abdrehen. Ritzen und schlickern Sie den Bereich, in dem Sie die Tonwulst auflegen wollen. Achten Sie darauf, dass beim Auflegen keine Luft eingeschlossen wird, und verstreichen Sie die Wulst gut.

2. Drehen Sie sich nun den Fußring aus dem angesetzten Ton. Wenn Sie wollen, können Sie diesen Fußring im lederharten Zustand noch abdrehen.

Teile getrennt drehen
Sie können auch einen Fußring separat drehen und diesen an die Schale montieren, wenn beide Stücke lederhart sind. So können Sie die Schale mit einer normalen Bodenstärke drehen.

1. Drehen Sie die Schale und den Fußring getrennt. Sie müssen beurteilen können, welche Dimensionen zusammenpassen. Lassen Sie beide Stücke lederhart werden.

2. Drehen Sie den Boden der Schale ab und schneiden Sie vom Fußring allen überschüssigen Ton. Ritzen und schlickern Sie beide Teile ein.

3. Platzieren und drücken Sie den Fußring auf die Schale. Eine langsam laufende Scheibe ist hilfreich beim Zentrieren. Nach dem Überarbeiten der Naht kann der Fußring noch abgedreht werden.

Es gibt unzählige Dekormöglichkeiten für Keramik – von besonders gestalteten Oberflächen bis zu deckenden, glänzenden oder matten, farblosen bzw. farbigen Glasuren und Effekten. Dekore lassen sich in ganz weichen Ton einbringen oder während der weiteren Fertigung hinzufügen. Der Zeitpunkt hierfür ist jeweils von der gewählten Technik und dem verwendeten Material abhängig. Die Entscheidung für ein bestimmtes Dekorverfahren und die individuelle Art der Anwendung verleiht einer Keramik ihren ganz persönlichen Stil und prägt sie deshalb mehr als jeder andere Fertigungsschritt.

Dekortechniken

Dekortechniken • 129

Ich möchte meine Gefäße ohne jegliche Zugabe von Farben und Glasuren dekorieren. Welche Techniken kann ich anwenden?

Oberflächeneffekte und Oberflächenbearbeitung

Es gibt unzählige Möglichkeiten, eine keramische Oberfläche interessant zu gestalten – so das Beschneiden der Form oder das Aufbringen von Applikationen.

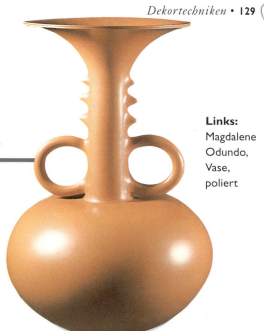

Links: Magdalene Odundo, Vase, poliert

OBERFLÄCHENBEARBEITUNG

Geben Sie Ihrer Arbeit eine gleichmäßige Oberfläche oder schaffen Sie bewegte Partien, wo raue und glatt polierte Bereiche im Wechsel miteinander kontrastieren. Dekore lassen sich durch Drücken, Ritzen oder Kratzen in regelmäßiger oder unregelmäßiger Abfolge einbringen. Unterschiedliche Werkzeuge zeigen die verschiedensten Muster und Spuren. Stempeldekore lassen sich mittels geschnittener Gipsstempel, aber auch mit improvisierten Stempeln wie Legosteinen, Flaschenverschlüssen, Hölzern usw. aufbringen. In Rollen aus Gips, Ton, Gummi oder Plastik eingeschnittene Muster ebenso wie Spitzenborten und andere Textilien werden benutzt, um Dekorbänder in den Ton zu rollen.

POLIEREN

Die natürlichen Eigenschaften eines Tons können Sie durch das Polieren gut herausarbeiten. Farbe und Struktur zeigen sich am intensivsten, wenn eine Masse ohne gröbere Bestandteile verwendet wird. Im lederharten Zustand wird mit einem glatten Stein oder einem Löffel aus Metall poliert, bis ein matter Glanz auf der Oberfläche entsteht. Fein aufbereitete Engoben lassen sich besonders gut polieren.

APPLIKATIONEN

Ab- oder eingeformte Dekore, die auf Keramiken aufgarniert werden, lassen ausgesprochen eigenwillige Arbeiten entstehen; gegossene oder ausgeformte Motive aus demselben Ton wie der Grundkörper können aufgebracht werden. Wenn sich ein bestimmtes Motiv für serielle Stücke wiederholen soll, werden solche Dekore oftmals in größerer Anzahl gefertigt.

Rechts: Kenneth Bright, Brottopf mit Applikationen

PERFORATIONEN

Filigran ausgeschnittene Zonen, meist Randbereiche, sind ein altbewährtes, äußerst ausdrucksstarkes Dekormittel. Zumeist ist es nicht notwendig, den Stil einer solchen Arbeit durch Farbigkeit oder eine Glasur zu unterstreichen. Es lassen sich regelmäßige oder rhythmisch wiederkehrende Durchbrüche schneiden oder ganze Landschaften in Schnitttechnik darstellen, ebenso können Sie Ränder von Schalen oder Tellern entsprechend zuschneiden.

Wie kann ich einfach zu reproduzierende Applikationen anfertigen?

Formgebung für Applikationen

Meist werden Applikationen in Wiederholung um ein Gefäß herum oder seriell bei mehreren Arbeiten aufgebracht. Sie benötigen also Abformungen, die exakt reproduziert werden können.

EINFACHE PRESSFORM

Mit einfachen Formen können Sie recht genaue Abdrücke für die Applikationen fertigen. Wählen Sie als Erstes eine geeignete Grundform, die man auch aus Ton vorfertigen kann – oder erstellen Sie einen direkten Abdruck des Motivs, das Sie applizieren wollen. Es gibt zwei Wege, eine einfache Form zu erhalten: Entweder wird ein Abdruck in weichem Ton erstellt und dieser dann geschrüht (vgl. Abb.) oder es wird ein Gipsabguss gefertigt, der zur Herstellung der Applikationen benutzt wird.

GESCHNITTENE GIPSFORM

Mit einem scharfen Messer, Meißel oder anderen Metallwerkzeugen können Sie Formen für Applikationen in einen Gipsblock schneiden. Am besten schneidet sich frischer, noch etwas feuchter Gips. Für den Anfang ist es leichter, einfache Formen zu fertigen, mit zunehmender Sicherheit sind komplizierte Varianten möglich. Die Formen müssen „umgekehrt" gearbeitet werden, sodass der eingelegte Ton später als Positivabdruck auf der Keramik zu sehen ist.

Meine Applikationen verziehen sich, sobald sie der Form entnommen werden. Wie kann ich das verhindern?

Die Form muss völlig frei von Tonresten sein, und es darf keine Unterschneidungen geben. Alle Stellen, an denen der Ton festhängen kann, sollten nachgeschnitten und gesäubert werden. Pudern Sie vor jedem Abdruck die Form mit feinem Talkum. Hierbei dürfen sich allerdings keine Puderhäufchen an kritischen Stellen bilden. Haben Sie den Ton in die Form gegeben und überstehende Reste entfernt, legen Sie ein Stück feuchten Ton oder eine feuchte Metall- bzw. flache Plastikscheibe auf die Rückseite der Applikation. So lässt sich das Dekor leicht aus der Form lösen.

Meine Applikationen platzen im Brand häufig ab. Wie kann ich sie besser aufbringen?

Eine gute Verbindung zwischen Oberfläche und Applikation schaffen

Die Applikationen sollten stets eine leicht konvexe Form besitzen, damit sie sich dem Gefäß besser anpassen können und sich beim Aufgarnieren keine versteckten Lufteinschlüsse bilden. Das Gefäß darf zum Aufgarnieren nicht trockener als lederhart sein. Die Applikationen sollten nicht zu weich sein und etwa die gleiche Feuchtigkeit wie das Gefäß aufweisen.

1. Ritzen und schlickern Sie die Rückseite der Applikation und die Angarnierstelle. Setzen Sie das Dekor mit einer rollenden Bewegung auf und drücken Sie es gleichmäßig an. So verhindern Sie, dass Luft unter der Ansatzstelle eingeschlossen wird.

2. Die Garnierstelle wird mit einem Modellierholz oder Ähnlichem geglättet. Die Gefahr des Abplatzens der Applikation ist kleiner, wenn eine saubere Schnittkante bleibt. Überschüssiger Ton sollte nicht verstrichen werden. Gefäße mit aufgarnierten Dekoren müssen stets langsam und vorsichtig trocknen.

Dekortechniken • 131

Wie erreiche ich, dass die Kanten meiner Dekore beim Ausschneiden und Ritzen glatter aussehen?

Cellophan verwenden
Um zu vermeiden, dass beim Ritzen von Mustern scharfe und brüchige Kanten entstehen, legen Sie ein Stück Cellophan über die Keramik. Die Dekore zeichnen sich jetzt nicht ganz so scharf ab, doch es erübrigt sich die Beseitigung der vielen Tonkrümel.

Tonkrümel entfernen
Tonkrümel, die bei Ritzdekoren entstehen, sitzen oft hartnäckig fest und lassen sich schwer entfernen, solange der Ton feucht ist. Warten Sie, bis die Stücke mehr als lederhart getrocknet sind. Jetzt können Sie die Dekorlinien mit einem Pinsel oder einem kleinen Staubsauger entfernen. Die Schnittränder glätten Sie mit einem feuchten Pinsel.

Nach dem Abwischen meiner Arbeiten mit einem feuchten Schwamm sind die Dekore verwischt.

Lassen Sie Ihre Arbeiten erst trocknen und wischen Sie sie dann mit dem feinsten Schwamm, den Sie finden können. Die meisten Schwämme sind grobporig und hinterlassen unliebsame Streifen. Gut geeignet sind weiche, angefeuchtete Pinsel, mit denen selbst feinste Ritzlinien versäubert werden können.

Wie kann ich Muster ausschneiden, ohne die Arbeiten zu zerbrechen?

Den richtigen Zeitpunkt abwarten
Beim Arbeiten in filigraner Ausschneidetechnik müssen die Stücke gut lederhart sein. Jetzt lässt sich der Ton am besten schneiden, und die Formen sind stabiler als im gänzlich trockenen Zustand. Sprühen Sie die Stücke ein, wenn sie zu schnell trocknen. Schneiden lässt es sich am besten mit einem Skalpell oder ähnlich scharfen Messer. Tauchen Sie das Messer in Speiseöl, damit es einfacher und glatter schneidet.

Wie lassen sich Schnittdekore auf den Gefäßen betonen?

Oben: Nicolette Savage, Tulpenvase

Arbeiten Sie mit Kontrasten
Bringen Sie die Farbkörper, Farboxide oder Glasuren auf die modellierte Oberfläche und reiben Sie diese mit einem feuchten Schwamm ab. Die färbenden Stoffe bleiben in den Ritzen und unterstreichen jedes Dekor.

132 • Dekortechniken

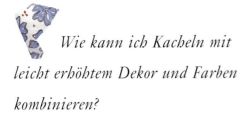

Wie kann ich Kacheln mit leicht erhöhtem Dekor und Farben kombinieren?

Wachstechnik

Wachs lässt sich für kombinierte Ausspartechniken auf Kacheln in vielerlei Art anwenden. Dabei werden ungeschrühte und geschrühte Kacheln unterschiedlich behandelt.

GETROCKNETE, NICHT GESCHRÜHTE KACHELN

Zeichnen Sie ein Muster mit geschmolzenem Wachs oder Shellack auf die getrocknete Kachel. Latex und wasserlösliche Aussparmittel sind nicht geeignet. Ist das Wachs fest geworden, wischen Sie mit einem feuchten Schwamm um die Dekorlinien herum. Der Ton wird sich dort partiell entfernen lassen und die vom Wachs geschützten Linien bleiben erhöht stehen.

GESCHRÜHTE KACHELN

Auf geschrühte Kacheln bringen Sie Umrisslinien mittels Wachs auf und setzen dann innerhalb der entstehenden Segmente Glasuren ein. Färben Sie das Wachs mit Farboxiden oder Farbkörpern stark ein, sodass ein Effekt wie bei farbigen Glasscheiben entsteht.

Schlickerdekor

Schlickerauftrag eignet sich bestens zum Dekorieren von Kacheln. Mit farbigem Schlicker lassen sich Umrisslinien, flächige Dekore, Schwämmelmuster und Malereien auftragen. Eine außergewöhnliche Technik ist die Folgende:

1. Fertigen Sie eine flache Tonkachel auf der Drehscheibe, die weder konkav noch konvex ist. Arbeiten Sie ring- oder spiralförmige Linien ein.

2. Füllen Sie einige Malhörnchen mit unterschiedlich eingefärbtem Schlicker. Lassen Sie die Scheibe schnell laufen und geben Sie Schlicker auf die Tonplatte. Durch die Zentrifugalkraft wird sich der Schlicker sofort bis an den Rand der Kachel verteilen. Nutzen Sie die farbigen Schlicker im Wechsel und ändern Sie die Drehgeschwindigkeit der Scheibe oder die Konsistenz der Schlicker, um unterschiedlichste Effekte zu erzielen.

3. Ist das Dekor gelungen, wird die Tonscheibe abgeschnitten und getrocknet. Die Kacheln lassen sich in runder Form oder im lederharten Zustand schneiden und weiterverarbeiten.

Dekortechniken • 133

Beim Arbeiten mit rotem Irdenwareton wird jedes Dekor von der Tonfarbe dominiert. Welche Techniken sind hierfür geeignet?

Oben: Morgen Hall, Eisbecher, roter Ton, blau engobiert und mit zinngetrübter Glasur überglasiert, sodass durch die blau durchscheinenden Bläschen ein gesprenkelter Effekt entsteht; darüber Farbkörperdekore

Oberflächendekore
Strukturieren Sie die Oberfläche dieses farbintensiven Tons. Schaffen Sie Kontraste mittels Ritzdekor, eingedrückter Strukturen oder polierten Bereichen, um den Eigencharakter des Materials zu unterstreichen.

Opake Engoben oder Glasuren
Nutzen Sie roten Ton mit seinen guten Verarbeitungseigenschaften zum Drehen und Aufbauen. Die Tonfarbe lässt sich mit Engoben, die im lederharten Zustand der Arbeit aufgetragen werden, überdecken. Geschrühte Stücke sind mit opaker Glasur zu versehen.

Unten: Daphne Carnegy, Majolika-Geschirr

ENGOBEDEKOR
Helle Engoben passen gut auf roten Ton. Dekorieren Sie mit Begusszonen oder verwenden Sie flächig deckende Engoben, kombiniert mit Sgraffito sowie Dekore, die mit Malhörnchen aufgetragen werden.

MAJOLIKA-TECHNIK
Die Tonfarbe einer Keramik lässt sich gänzlich mit einer Engobe oder deckenden Glasur überziehen. Auf diesen Untergrund können Sie Dekore in leuchtenden Farben malen. Irdenware, die über einer zinngetrübten weißen Glasur farbige Malereien trägt, nennt man „Majolika".

134 • Dekortechniken

Welche Pinsel sind am besten geeignet, um auf Keramik zu malen? Und wie sollte ich am besten beginnen?

Verschiedene Pinsel für unterschiedliche Dekore

Gute Pinsel nehmen genug Malfarbe für ein schwungvolles Dekor auf. Geeignet sind dementsprechend viele Pinsel – vom teuren Tuschpinsel bis zum handelsüblichen Pinsel für Wasserfarben. Die Form des Pinsels – gerade oder abgerundet, dünn oder dick – sollte nach der Art der Anwendung ausgesucht werden: feine Pinsel mit Spitze für exakte Linien, breite, weiche Pinsel für Flächen usw. Das Malen mit Glasuren nutzt Pinsel schneller ab als beim Verwenden von Ölfarbe o. Ä.

Versuche auf Papier

Versuchen Sie, Ihre Dekore zuerst mit Wasserfarbe oder Tusche auf Papier auszuführen. Testen Sie die Strichführung der unterschiedlichen Pinselformen und gehen Sie erst zum Malen auf Keramik über, wenn sich eine gewisse Sicherheit eingestellt hat. Benutzen Sie anfangs weiterhin Wasserfarben. Auf den rundlichen Formen der Gefäße und der saugenden Oberfläche des Tons gilt es, weitere Erfahrungen zu sammeln. Erst wenn Sie sich sicher fühlen, bemalen Sie Ihre Stücke endgültig mit Glasur oder Farbkörpern.

Zu welchem Zeitpunkt muss ich flächige Dekore auf meine Keramiken auftragen?

Prinzipiell können Dekore jederzeit aufgetragen werden. Der richtige Zeitpunkt hängt von den verwendeten Materialien ab. Die Farbwirkung der Dekore resultiert aus den jeweils enthaltenen Farboxiden und den verschiedenen Additiven, die wiederum die Auftragsweise bestimmen. In Wasser gelöste Farboxide lassen sich auf ungeschrühten und geschrühten Oberflächen sowie auf Rohglasuren auftragen. Es gibt spezielle Unterglasurfarbkörper sowie Farbkörper, die in Majolika-Technik in die ungebrannte Glasur gemalt werden. Farbkörper lassen sich mit einem Malmedium, mit Transparentglasuren oder nur mit Wasser mischen, um besondere Effekte zu erzielen. Mit Farboxiden wie mit Farbkörpern können Sie Engoben und farbige Schlicker einfärben. Auch glattgebrannte Glasurflächen lassen sich mittels Aufglasurfarben oder Lüster farbig bemalen. Entscheiden Sie sich für Ihre spezielle Dekortechnik auch unter finanziellen Gesichtspunkten und lassen Sie sich von guten Dekoren aus Zeitschriften, Ausstellungen und Museen inspirieren.

Wie kann ich exaktere Dekore malen als mit einem Pinsel?

Malhörnchen für Unterglasurfarben

Zu diesem Zweck gibt es kleine, nachfüllbare Malhörnchen zu kaufen, die für geschrühte wie ungeschrühte Oberflächen geeignet sind.

Unterglasurstifte und Kreiden

Auf Schrühware verwendet man auch Unterglasurstifte und dickere Kreiden, die beide aus keramischen Materialien hergestellt werden. Gespitzte Stifte ergeben klare Konturen, für Farbflächen lassen sich breitere Striche mischen und verwischen.

Dekortechniken • 135

Die Malereien auf meinen Stücken verwischen, sobald ich die Gefäße in Glasur tauche. Wie kann ich das verhindern?

Einen Schutzfilm bilden

Viele Töpfer verhindern das Verwischen der Dekore mit einem Extrabrand der Arbeiten bei nur 700° C. Diese Temperatur reicht aus, um die Farben zu fixieren. Denselben Zweck erfüllt eine dünn aufgesprühte Schicht der späteren Deckglasur, die mit einer Wassersprühflasche oder Ähnlichem aufgetragen werden kann. Der feine Glasurfilm schützt die Malereien vor Verwischen.

Wenn ich die Gefäße anfasse, um sie in den Ofen zu stellen, verwischen die Dekore oftmals. Was kann ich tun?

Glasurschicht festigen

Mit Wasser angesetzte Dekorfarben verwischen sehr leicht, wenn sie auf Glasuren aufgetragen werden. Der unterliegende Scherben saugt jede Feuchtigkeit auf, zurück bleibt eine puderige Schicht. Besprühen Sie die Oberfläche mit Fixativ- bzw. Haarspray oder setzen Sie der Malfarbe einen Kleber wie Gummi Arabicum bzw. Tapetenkleister zu. Oder sparen Sie Stellen aus, an denen die Arbeiten angefasst werden können. Dekorieren Sie Ihre Keramiken zuerst innen fertig, dann vervollständigen Sie das Dekor an der Außenseite mithilfe einer Ränderscheibe.

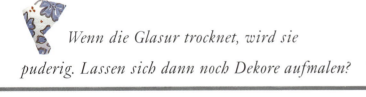

Wenn die Glasur trocknet, wird sie puderig. Lassen sich dann noch Dekore aufmalen?

Anfeuchten der Glasurschicht

Manche Glasuren trocknen schnell und werden puderig, andere werden glatt und fest. Auf pudertrockenen Glasuren sieht man jede Pinselspur. Zudem saugen sie die Feuchtigkeit aus dem Pinsel, bevor ein Strich fertig gezogen ist. Besprühen Sie solche Oberflächen vorsichtig mit Wasser. Zu viel Wasser lässt jedoch Glasurbläschen entstehen. Wiederholen Sie den Vorgang nach Bedarf. Kleinere Flächen können auch mit einem weichen Pinsel partiell befeuchtet werden. Eine Randzone auf einer Schale lässt sich z. B. besser farbig dekorieren, wenn diese vorher mit feuchtem Pinsel vorgezogen wurde. Der folgende Farbauftrag wird auf der angefeuchteten Fläche besser verlaufen. Mit Wasser angemischte keramische Farben sinken sofort in die Glasuroberfläche ein. Mit einem entsprechenden handelsüblichen Malmedium oder Glyzerin lässt es sich weicher malen.

136 • Dekortechniken

Wenn ich in die noch ungebrannte Glasur male, löst diese sich ab. Wie kann ich die Glasur festigen?

Glasurzusätze
Gummi Arabicum ist gut geeignet, um die Glasuroberfläche zu festigen. Als Zusatz reichen 0,5 % bezogen auf das Trockengewicht der Glasur. Lösen Sie diesen Kleber in warmem Wasser, bevor Sie ihn der Glasur zusetzten. Andere gute Glasurkleber sind Tapetenkleister oder CMC (Carboxymethylzellulose). Glasuren mit solch organischen Zusätzen müssen binnen Wochenfrist aufgebraucht werden, da sie sonst zu faulen beginnen. Aufgrund der im Brand austretenden Zusätze muss der Raum, in dem der Ofen steht, gut ventiliert sein.

Unten: Jenny Clarke, Dosen, blaue und grüne Engoben unter weißer Glasur

Die Konturen meiner Dekore verlaufen im Brand. Wie kann ich das verhindern?

Stabilisatoren zusetzen
Oxide wie die des Kobalts und Kupfers werden im Brand leicht angelöst, und die Dekorlinien verschwimmen. Kombinieren Sie diese Oxide mit der halben Menge an Kaolin. So sind sie weniger löslich. Durch den Zusatz von Ton zu den Farboxiden ergibt sich eine Art Engobe, und die Farbwirkung wird meist schwächer. Farbkörper sind beständiger und besser geeignet.

Passende Glasuren auswählen
Die Lösungseigenschaften und das Schmelzverhalten einer Glasur hängen von deren Zusammensetzung sowie der Brenntemperatur ab. Glänzend ausgeschmolzene Glasuren, die bei der für sie höchstmöglichen Temperatur gebrannt werden, laufen leicht und greifen Farbdekore an. Wählen Sie also eine zu Ihren Dekortechniken passende Glasur. Manchmal ist es hilfreich, eine zu leichtflüssige Glasur etwas niedriger zu brennen.

Ist die Unterglasurfarbe meines Dekors noch zu sehen, wenn ich sie weißdeckend überglasiere?

Wählen Sie entsprechende Farben
Die meisten färbenden Oxide werden durch deckende Glasuren durchscheinen, oft mit interessanten, changierenden Effekten. Allerdings sind nur die stark färbenden Schwarz- und Blautöne gut verwendbar. Das Trübungsmittel in der deckenden Glasur beeinträchtigt die unterliegende Farbe und schwächt diese stets ab. Schwarz wird dann also eher bläulich erscheinen. Um eine klare Farbwirkung durch die Glasur hindurch zu erreichen, muss ein kräftiger Farbton dick unterliegen.

Dekortechniken • 137

 Einige meiner Farboxid-Dekore zeigen nach dem Brand ein unschönes, metallisches Schwarz.

Zusammenspiel Farboxid – Glasur
Farboxide müssen erst in der Glasurschmelze gelöst werden, um ihre richtige Farbwirkung entfalten zu können. Kupfer- und Kobaltoxid bleiben metallisch schwarz, solange dies nicht der Fall ist. Kontrollieren Sie Ihre Gefäße auf dünn oder gar nicht glasierte Zonen.

Dünnerer Farbauftrag
Metallische Zonen in einer Glasur können sich auch bilden, wenn die verwendeten färbenden Oxide zu dick aufgetragen wurden und aufgekocht wirken (vgl. Abb. oben). Verringern Sie den Farboxidgehalt der Malfarbe, um angemessene Farbreaktionen zu erhalten. Die Dicke der auf der Glasur liegenden Schicht eines Pinseldekors kann nur schwer abgeschätzt werden, hier hilft nur die Erfahrung.

Gezielter Einsatz des metallischen Effektes
Glasuren mit einer Übersättigung an farbgebenden Oxiden eignen sich gut zur Verwendung auf plastischen Arbeiten. Ein Rezept für eine solche Glasur für die Brenntemperatur 1200°–1260° C lautet: 12 Teile roter Ton, 75 Teile Mangandioxid, 13 Teile Kupferoxid versetzt mit Gummi Arabicum als Glasurkleber. Solche Glasuren sind sehr leichtflüssig, schützen Sie also Ihre Einbauplatten im Ofen. Auf Gebrauchsgegenständen sollten diese Glasuren nicht verwendet werden, da sich die überreichlich vorhandenen Farboxide in Getränken oder Speisen lösen könnten.

Unten: Steve Ogden, Körbe, Bronzeglasur mit Übersättigung durch Farboxide

 Lassen sich eingetrocknete, auf Wasserbasis angesetzte Farboxid- und Farbkörperlösungen erneut nutzen?

Wiederaufbereiten
Ausschließlich mit Wasser angesetzte Malfarben lassen sich immer wieder aufweichen, auch wenn ein Zusatz von Glasur mit verwendet wurde. Am besten bewahrt man Malfarben in kleinen, fest verschließbaren Gläschen auf.

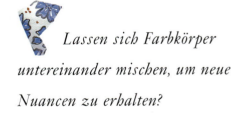 *Lassen sich Farbkörper untereinander mischen, um neue Nuancen zu erhalten?*

Glasurfarbkörper, Unterglasurfarben und Massefarbkörper lassen sich beliebig zu weiteren Farbnuancen mischen – am besten, wenn Farbkörper für denselben Brenntemperaturbereich kombiniert werden. Einige der Farbkörper besitzen stärkere Wirkung, und es kann zu unerwarteten Resultaten kommen – aufgrund der Reaktion der Oxide, die zur Herstellung eingesetzt werden. Führen Sie Versuche mit verschiedenen Mischungen durch, bevor Sie diese verwenden.

138 • Dekortechniken

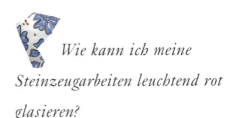
Wie kann ich meine Steinzeugarbeiten leuchtend rot glasieren?

Aufglasurfarben und Niedrigtemperaturglasuren
Benutzen Sie Aufglasurfarben (vgl. Abb. rechts außen) oder niedrig brennende Glasuren (vgl. Abb. Mitte). Für die Anwendung der niedrig brennenden Glasur brennen Sie Ihre Stücke wie gewohnt im Steinzeugtemperaturbereich, sparen aber die Stellen, die rot werden sollen, aus. Glasieren Sie danach diese Partien mit einer roten Glasur für den niedrigen Temperaturbereich und brennen Sie entsprechend. Gummi Arabicum oder kurzes Aufheizen der Keramik bewirkt, dass die Glasur beim Auftragen besser hält. Wenn Sie Aufglasurfarben verwenden und einzelne Bereiche später mattrot sein sollen, lassen Sie diese Stellen unglasiert. Glasieren Sie die Arbeit ganz mit Steinzeugglasur und tragen Sie nach dem Glattbrand Aufglasurfarbe auf, wird das Rot glänzend. Brennen Sie Ihre Arbeit bei ca. 750° C erneut.

Glasur und Massefarbkörper
In den letzten zehn Jahren haben die Hersteller keramischer Farben alle Anstrengungen unternommen, leuchtend rote Farbkörper für den schwierigen Bereich der Steinzeugtemperaturen zu entwickeln. Mittlerweile sind eine Anzahl guter Rottöne für Steinzeugtemperaturen erhältlich.

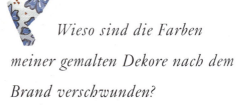
Wieso sind die Farben meiner gemalten Dekore nach dem Brand verschwunden?

Ich arbeite mit Tellern aus Pressformen, die ich farbig engobiere. Wie kann ich das Verziehen der Teller durch die Feuchtigkeitsaufnahme beim Engobieren verhindern?

Verschiedene Farbkörper und speziell Unterglasurfarben sind jeweils für einen bestimmten Temperaturbereich hergestellt und verflüchtigen sich, sobald man sie höher brennt. Wählen Sie die für Ihre Zwecke geeigneten Farben aus. Allerdings stehen nicht immer alle Glasuroxide mit den verschiedenen Farbkörpern in Einklang. Farbkörper, die Chromoxid enthalten – insbesondere Pinkfarbkörper, die Chrom- und Zinnoxid aufweisen – zeigen in Gegenwart von Zinkoxid ein schmutziges Braun oder verflüchtigen sich sogar. Grüne und schwarze Farbtöne, die mit Chromoxid erzeugt wurden, wandeln sich in Gegenwart von Zinnoxid zu einem Pink.

Teller in der Form belassen
Wenn die Teller lederhart sind, versäubern Sie Ränder und Fußbereich und legen Sie sie zurück in die Form. Engobieren Sie jetzt zuerst innen, wie hier gezeigt. So verhindern Sie das Kollabieren und das Verziehen durch zu viel Feuchtigkeit. Lassen Sie jetzt den Teller trocknen, bis der Ton hart genug ist, um auch außen engobiert zu werden.

Dekortechniken • 139

 Wie lassen sich die baumähnlichen Muster herstellen, die ich auf engobierten Stücken gesehen habe?

Mocha-Dekor

Gefäße, die ein dunkles, bäumchenartig verzweigtes Muster auf heller Engobe tragen, nennt man Mocha-Ware. Traditionell wurden diese Muster mit dem Saft von Tabak erzeugt, der in Wasser ausgekocht und abgesiebt wurde. Andere saure Medien, wie z. B. Apfelessig können ebenfalls verwendet werden. Setzen Sie einem färbenden Stoff – wie Mangandioxid – Eisenoxid oder schwarzen Farbkörper zu. Gebrannt wird bei Irdenwaretemperatur, damit die feinen Linien sich klar abzeichnen.

1. Engobieren Sie lederhart getrocknete Stücke so, dass ein Bereich Richtung Fußzone ausgespart bleibt. Die Engobe muss für die Mocha-Technik feucht bleiben und jede Arbeit daher zügig bearbeitet werden, bevor man mit der Nächsten beginnt. Es werden meist helle Engoben verwendet, testen Sie aber auch andere Farben.

2. Halten Sie Ihr Gefäß nach dem Engobieren kopfunter und tupfen Sie die Mocha-Lösung mit einem Pinsel auf die freie Fläche auf. Sie können punktuell arbeiten oder ein umlaufendes Band auftragen. Die Mocha-Lösung wird sich in die Engobe hinein verteilen. Geben Sie weitere Lösung zu, wenn sich die Strukturen weiter in die Engobeschicht ausdehnen sollen. Warten Sie, bis die Lösung getrocknet ist, bevor Sie das Gefäß umdrehen.

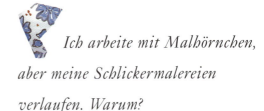 *Ich arbeite mit Malhörnchen, aber meine Schlickermalereien verlaufen. Warum?*

Prüfen Sie, ob Ihre Arbeiten nicht noch zu feucht sind. Auf zu feuchtem Ton sinkt jedes Engobedekor ein und verwischt. Auf lederhartem Ton trocknet Schlickermalerei schneller und bleibt – wie für dieses Dekor typisch – auch leicht erhaben stehen. Der Engobeschlicker für Maldekore muss etwas dicker eingestellt sein als für Begüsse ganzer Flächen. Zu wässrigen Schlicker können Sie mittels CMC (Carboxymethylzellulose) entsprechend andicken.

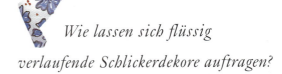 *Wie lassen sich flüssig verlaufende Schlickerdekore auftragen?*

Malhörnchen oder Malbällchen

Pinsel können nicht genug Schlicker halten und sind für Engobemalereien nur bedingt geeignet. Mit handelsüblichen Malhörnchen lassen sich gute Ergebnisse erzielen. Es gibt sie in verschiedenen Größen und mit unterschiedlichen Tüllen für variierende Strichbreiten. Der Schlickervorrat im Bällchen ermöglicht ein flüssiges Malen ohne Unterbrechung der Linie. Wenn Sie das richtige Gefühl für den erforderlichen Druck auf das Bällchen haben, stehen Ihnen mit ein bisschen Übung viele Möglichkeiten in diesem Dekorbereich offen. Mit Malbällchen lässt sich auch farbige Glasur auftragen. Statt Malbällchen können Sie ebenfalls leere Plastikflaschen verwenden.

140 • Dekortechniken

Welche Werkzeuge benutzt man für Sgraffito?

Handelsübliche und selbst gefertigte Werkzeuge
Spezialwerkzeug für Sgraffito gibt es im Fachhandel zu kaufen. Im Wesentlichen sind dies Messer mit zugeschnittenen Klingen sowie Nadeln in verschiedener Dicke, die Ritzmuster und Linien in unterschiedlicher Breite ermöglichen. Geeignet sind aber auch Werkzeuge aus dem Haushalt oder der Werkstatt, mit denen besondere Muster und Linien in den Ton geritzt werden können: Stricknadeln, Gabeln, Farb- und Gipskratzer, gezackte Messer etc.

Warum reißt das farbige Schlickerdekor beim Trocknen der Gefäße?

Konsistenz und Schwindung Ihrer Engobe (bzw. Ihres Schlickers) müssen der des Gefäßes entsprechen. Stellen Sie Ihre Engobe etwas feuchter ein und engobieren Sie Ihre Arbeiten, bevor sie zu trocken werden. Reißen die Schlickerdekore weiterhin, wechseln Sie den Ton oder ändern Sie die Kombination der Tone, aus denen die Engobe besteht. Testen Sie verschiedene Abmischungen von Ton und Kaolin oder verwenden Sie denselben Ton, aus dem auch Ihre Gefäße gefertigt sind.

Was sind Sinter-Engoben?

Sinter-Engoben schmelzen im Brand dicht und fest auf das Gefäß auf, sodass sie keinerlei Wasser mehr aufnehmen. Anders als übliche Engoben, die porös bleiben und Feuchtigkeit in den Ton des Gefäßes durchlassen, werden Sinter-Engoben meist als letzter Arbeitsschritt auf ein Gefäß aufgetragen und nicht überglasiert. Hier zwei einfache Rezepte:

Sinter-Engobe für 1000–1050° C (Irdenware)	
Porzellanmehl	100 Gewichtsteile
Boraxfritte	35 Gewichtsteile

Sinter-Engobe für 1150–1260° C (Steinzeug)	
Porzellanmehl	100 Gewichtsteile
Feldspat	50 Gewichtsteile

Wann bearbeitet man den Ton in Sgraffitotechnik am besten?

Saubere Ritzlinien
Beim Ritzen des Sgraffitodekors sollte sich der Ton sauber und gleichmäßig bearbeiten lassen. Lederhart geht dies am besten. Springen beim Ritzen kleine Ecken ab, ist der Ton zu hart. Benutzen Sie scharfes Werkzeug, das präzise Kanten hinterlässt. Der Ton ist zu weich, wenn er beim Ritzen entlang der Dekorlinie verschoben wird.

Unten: Loretta Braganza, Vasen mit strukturiertem Engobedekor

Dekortechniken • 141

Wie kann ich meine aus Platten aufgebauten Gefäße mittels farbigem Ton oder Engobe lebendiger gestalten und einen Kontrast zu einfachen Formen finden?

Tonplatten mit Schlickerdekor

Bauen Sie freie, farbige Schlickerdekore in Ihre Tonplatten ein. Schwungvolle Dekore eignen sich hier eher als kleinteilige Feinarbeit. Arbeiten Sie mit dem Malbällchen oder tragen Sie den Schlicker durch Gießen großflächig auf.

1. Bauen Sie einen Tonwall um die Kanten einer Gipsplatte. Die Wände müssen etwas höher sein, als die Tonplatte später werden soll. Dekorieren Sie die Gipsplatte mit farbigen Schlickern. Dieses Dekor trocknet auf der Gipsplatte an.

2. Gießen Sie Tonschlicker über das Muster, bis eine flache Platte entsteht. Der Tonwall hält den Schlicker auf der Gipsplatte.

3. Lassen Sie die Platte trocknen, bis sie sich gänzlich vom Gips lösen lässt. Die farbigen Muster sind auf der Unterseite der Platte zu sehen, die Sie nunmehr für Ihre Gefäße verwenden können.

Walztechnik mit Farben

Gute Ergebnisse erhalten Sie ebenfalls, wenn Sie eine mit farbigem Schlicker dekorierte Tonplatte auswalzen. Tragen Sie farbigen Schlicker auf eine Seite der Platte auf, legen Sie sie dann umgekehrt auf eine Gipsplatte und walzen Sie diese aus. Ton und Farbauftrag werden zu interessanten Effekten gedehnt und verformt.

Eingefärbte Tonmischungen

1. Legen Sie ein aus eingefärbten Tonen geschnittenes Muster auf eine Gipsplatte und walzen Sie eine Platte Ihres üblichen Tones darüber.

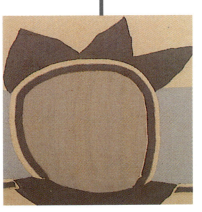

2. Sie erhalten so eine auf einer Seite gemusterte Tonplatte, aus der Sie Ihre Arbeiten fertigen können. Bei Schalen sollte das Muster innen, bei gebauten Gefäße außen liegen.

Ich möchte meine Gefäße mittels farbiger Engoben dekorieren, aber alle meine bisherigen Tauch- und Malversuche wirken recht langweilig. Gibt es interessantere Techniken?

Oberflächenstrukturen in der Engobe

Tauchen Sie eine kleine Gefäßpartie in dicke Engobe, die farbig oder aus dem Ton des Gefäßes sein kann. Pressen Sie eine harte Bürste, Bruchkanten von Steinen oder zerknitterte Alufolie in die noch weiche Engobe. Es entsteht eine stark strukturierte Oberfläche. Wichtig ist, in kleinen Segmenten zu arbeiten, damit der Ton nicht zu hart wird. Ist dieser Engobebereich getrocknet, legen Sie eine weitere Schicht andersfarbiger Engobe, Oxidlösung oder Farbkörper darüber. Wenn das Gefäß völlig getrocknet ist, schmirgeln oder kratzen Sie die oberste Schicht ab. So entsteht eine an Reptilleder erinnernde Struktur.

Maldekor

Lassen Sie sich ungewöhnliche Techniken zum Auftragen der Engoben einfallen. Benutzen Sie Schwämme unterschiedlicher Dichte und Form, um verschiedenfarbige Engoben aufzutragen, oder benützen Sie Spachtel aus dem Heimwerkerbedarf. Durch die Kombination der sich durchdringenden Farbigkeiten entstehen ausgesprochen interessante Oberflächeneffekte. Noch feuchter Schlicker lässt sich auch direkt mit Fingern oder Werkzeug bearbeiten, sodass der unterliegende Ton partiell freigelegt wird. Nutzen Sie solche Arbeitstechniken zur Gesamtgestaltung der Oberfläche oder der Betonung einzelner Gefäßpartien.

Ritzdekor

Ritzen Sie die Oberfläche der Gefäße und betonen Sie die tieferliegenden Linien mittels farbiger Engobe.

1. Ritzen Sie die Oberfläche eines lederhart getrockneten Gefäßes z. T. mit Kamm oder Gabel. Testen Sie verschiedene Ritzwerkzeuge, um interessante Strukturen zu entdecken.

2. Tragen Sie eine Schicht farbiger Engobe auf das Dekor auf und ritzen Sie erneut Muster ein, sobald die Engobe trocken ist. Wiederholen Sie dies mit mehrfach übereinander gelegten, unterschiedlichen Farbengoben. Ritzen Sie dabei Ihre Muster jedes Mal in abwechselnder Richtung, damit bereits vorhandene Farblinien nicht wieder ausgekratzt werden.

3. Trocknen Sie das Gefäß, bis alle Engobeschichten hart sind. Legen Sie das Muster aus verschlungenen Farblinien durch Schaben der Oberfläche mit einer Ziehklinge frei.

Dekortechniken • 143

Die mit Engobe eingefärbten Linien meiner Ritzdekore zeichnen sich nicht scharf ab. Was kann ich verbessern?

Arbeiten Sie auf härterem Ton
Mit Engobe eingefärbte Ritzlinien verwischen in zu weichem Ton, sobald die Oberfläche bearbeitet wird. Arbeiten Sie mit Gefäßen, die zwischen lederhart und trocken sind, und tragen Sie Engoben mit weichem Pinsel über die Ritzlinien auf. Lassen Sie Engobe und Gefäß erneut durchtrocknen, damit beim Freilegen der gewünschten Farblinien überschüssiger Engobeton nicht in die Oberfläche gepresst wird und diese verfärbt.

Das richtige Werkzeug
Benutzen Sie zum Ritzen exakter Linien ein Werkzeug, das im 90°-Winkel die Linien scharf einritzt. V-förmig angelegte Ritzlinien verwischen oder verschwinden gar, wenn Sie die überschüssige Engobe später wegkratzen. Um überschüssige Engobe zu entfernen und die Dekorlinien klar freizulegen, ist eine scharfe Ziehklinge am besten geeignet.

Welche Engobe eignet sich besonders gut zum Polieren?

Terra Sigillata
Tonschlicker, der eine äußerst feine, zum Polieren gut geeignete Oberfläche bietet, nennt man auch Terra Sigillata. Solcher Schlicker besteht nur aus den feinsten Tonpartikeln. Man erhält ihn durch Separierung bestimmter Tonbestandteile. Rühren Sie Tonpulver, einige Tropfen Natriumkarbonat und destilliertes Wasser in einem Gefäß gründlich um. Lassen Sie diese Mischung 48 Stunden stehen. Die unterschiedlichen Tonpartikel setzen sich in Schichten ab, die gröberen unten, die feinsten obenauf. Gießen Sie das Wasser vorsichtig ab und benutzen Sie von der tonigen Substanz nur das oberste Drittel, das einen sehr feinen Engobeschlicker ergibt.

Ich arbeite mit unterschiedlich eingefärbten, marmorierten Tonen, aber die Oberflächenfarbe wirkt verwischt. Wie kann ich die Farben klarer abgrenzen?

Legen Sie die Tonfarben wieder frei
Beim Bearbeiten von marmoriertem Ton verwischen die Farben durch das Anfassen und Versäubern. Die Marmorierung wird so durch eine diffuse Tonschicht überdeckt. Legen Sie die tatsächliche Tonfarbigkeit wieder frei, indem Sie jene Schicht abschaben. Bei gedrehten marmorierten Arbeiten geschieht dies am besten abschließend auf der Drehscheibe, gebaute Stücke bearbeitet man mit der Ziehklinge.

Schneidetechnik
Marmorierte Gefäße lassen sich auch in Schneidetechnik herstellen. Fertigen Sie ein Gefäß mit sehr dicker Wandstärke und schneiden Sie die Wände mit einem scharfen Messer oder einem speziellen Schneidedraht dünner, sobald das Gefäß lederhart ist. So entsteht eine sehr deutliche Marmorierung.

144 • Dekortechniken

Welche Technik eignet sich zur Herstellung wiederkehrender Dekore als Rapport?

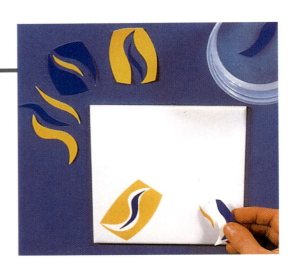

Schwämmeln
Arbeiten Sie mit in Form geschnittenen Schwämmen und farbigen Tonschlickern auf ungeschrühter Ware, mit Farbkörpern und Glasuren auf Schrühware und mit Aufglasurfarben und Lüstern auf glattgebrannten Stücken. Beim Arbeiten mit Farbengoben kann der Auftrag positiv erfolgen, indem der Schlicker direkt auf den Ton aufgetragen wird (vgl. Abb. links oben) – oder indem der trockene Dekorschwamm in frisch aufgetragene Engobeschichten gepresst wird (vgl. Abb. links unten).

Schablonen und Ausspartechnik
Schneiden Sie einfache Formen aus Papier und benutzen Sie diese Schablonen beim Auftragen farbiger Engoben. Schablonen in diversen Formen wie Sterne, Ringe usw. gibt es auch fertig zu kaufen. Mit Schablonen kann man als Negativ wiederkehrende Muster erzielen, indem die abgedeckten Stellen von Farbe ausgespart bleiben. Das Positiv ergibt sich, wenn die Umrissform eines ausgeschnittenen Dekors den Ton bedeckt und nur der ausgesparte Bereich farbig engobiert wird. Viele Schablonen aus dem Bereich der Innenarchitektur und Raumgestaltung sind hierfür geeignet.

Arbeiten mit keramischem Papier
Kaufen Sie im Fachhandel bunte Transferpapiere, die mit Aufglasurfarben beschichtet sind. Diese Transferpapiere werden auf glasierten und glattgebrannten Oberflächen, am besten auf weichen, glänzenden Glasuren angewendet. Schneiden Sie die farbigen Papiere für Ihr Rapportmuster zu und weichen Sie jedes Papierstück in Wasser ein, bis die Trägerfolie sich löst. Dekorieren Sie die Musterelemente auf dem Gefäß so, dass die ursprünglich der Trägerfolie zugewandte Seite nunmehr auf der Glasur sitzt. Glätten Sie die Farbflächen sorgfältig, sodass weder Luft noch Wasser eingeschlossen werden.

Es ist schwierig, kompliziertere Muster in einen Schwamm zu schneiden. Gibt es hierzu nützliche Tipps?

Einfrieren oder Ausbrennen
Die Elastizität eines Schwammes erschwert das Einschneiden komplizierter Muster. Zeichnen Sie Ihr Motiv mit wasserfester Farbe auf einen Schwamm auf, befeuchten Sie diesen und frieren ihn ein, damit er an Festigkeit gewinnt. Schneiden Sie mit einem sehr scharfem Messer, z. B. einem Skalpell. Kleben Sie das fertig geschnittene Schwammstück auf Kork, Linoleum oder Holz auf, um die Rückseite des Stempels zu stabilisieren. Man kann ein Muster auch mit einem heißen Draht in den Schwamm brennen. Schaumstoff, der zum Aufpolstern von Stühlen verwendet wird, ist bestens geeignet. Auch beim Ausbrennen muss vorgezeichnet werden. Achtung! Beim Ausbrennen entstehen äußerst giftige Dämpfe. Bitte diese Technik nur mit entsprechend guter Atemschutzmaske und bei ausreichender Raumbelüftung anwenden.

Dekortechniken • 145

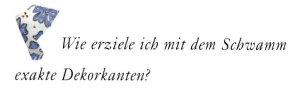

Wie erziele ich mit dem Schwamm exakte Dekorkanten?

Sparen Sie Bereiche, die keine farbigen Dekore erhalten sollen, mittels Latexbeschichtung aus. Lassen Sie den Auftrag trocknen und bringen Sie sodann farbige Engoben auf. Nach dem Abziehen der Latexschicht bleiben exakte, farbfreie Zonen, welche die ursprüngliche Tonfarbe zeigen. Das Abdecken weiterer Bereiche mit Latex sowie das Auftragen weiterer Engobefarben bietet sich an, um überlappende Partien von Farbe und Form entstehen zu lassen.

Wie kann ich meine Papierschablonen aufkleben, ohne dass sich die Ecken abheben?

Arbeiten mit Papierschablonen
Wasser reicht bei ungebrannten Stücken meistens aus, um dünne Schablonen aus Papier fest aufzukleben. Arbeiten Sie mit lederharten Stücken. Zu trockener Ton würde das Wasser allzu schnell aufsaugen. Legen Sie die Papierformen auf die Tonoberfläche und glätten Sie sie solange, bis alle Luftbläschen entfernt sind. Achten Sie besonders auf die Ecken.
Tragen Sie die farbigen Engoben mit Pinsel oder Schwamm auf, ohne die Schablonen zu verschieben. Dies kann auch durch Gießen, Tauchen oder Spritzen erfolgen, solange der Ton oder die Schablonen es aushalten. Schablonen auf geschrühten oder schon glatt gebrannten Arbeiten kleben Sie mit Kleber auf.

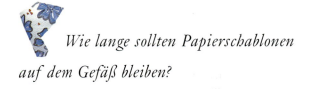

Wie lange sollten Papierschablonen auf dem Gefäß bleiben?

Ziehen Sie die Schablonen ab, sobald die Engobe, Glasur oder Farblösung den feuchten Glanz verliert. Versuchen Sie es zu früh, verwischt das Dekor. Warten Sie zu lange, brechen die Kanten der Farbschicht auf. Warten Sie mit dem Aufbringen neuer Schablonen, bis alle früheren Farbschichten trocken sind.

Welches Papier eignet sich am besten für Schablonen?

Zum Arbeiten auf ungebranntem Ton benötigen Sie saugendes, dünnes Papier. Zeitungs- oder Einpackpapier aus dem Blumengeschäft etc. eignet sich gut. Klebebänder und Klebefolien, wie z. B. Teppichklebeband, Montagefolien aus dem grafischen Bereich und selbstklebende Folie für Buchumschläge usw. bieten sich zum Bearbeiten geschrühter und glatt gebrannter Arbeiten an. Mit einem scharfen Messer kann man sie leicht zuschneiden. Fertige Formen für Basteleien oder Aufkleber können ebenfalls verwendet werden.

Gibt es ein Aussparmedium, das auch auf stark strukturierten Oberflächen haftet?

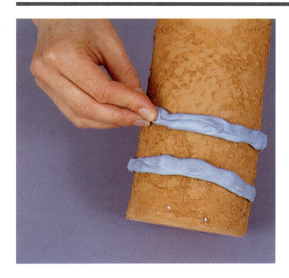

Wachshaltige Medien, Papier und Klebebänder sind für gröbere Oberflächen ungeeignet. Modelliermasse oder Knetgummi haften auf rauen Oberflächen besser. Sie werden nicht wie Ton während des Engobierens weich und lassen sich leicht entfernen. Bei beiden verbleibt allerdings oft eine fettige Schicht, welche die Haftung weiterer Glasuren oder Farblösungen beeinträchtigen kann.

146 • Dekortechniken

Wie finde ich das beste Absperrwachs für meine Keramiken?

Passendes Wachs für die jeweilige Dekortechnik
Geschmolzenes Wachs wird traditionell in der Keramik für Ausspartechniken benutzt. Aufgrund der eher mühsamen Aufbereitung und dem schwierigeren Auftragen sind jedoch viele Töpfer in letzter Zeit zu moderneren Materialien übergegangen.

GESCHMOLZENES WACHS
Auf ungebranntem Ton ist geschmolzenes Wachs sehr gut anzuwenden, da es von der Feuchtigkeit im Ton nicht beeinträchtigt wird. Wachs verläuft beim Dekorieren gut auf geschrühtem Ton und ungebrannten Glasuren. Allerdings sind Fehler beim Malen und kleine Tropfen sowie Laufspuren auf geschrühtem Scherben kaum mehr zu korrigieren.

ABDECKMEDIUM
Abdeckmedien lassen sich sehr gut für detailgenaues Arbeiten verwenden, eignen sich aber auch zum Spritzen und Auftragen mit dem Schwamm. Diese flüssigen Abdeckmedien sind nicht so belastbar wie richtiges Wachs, und es verbleibt meist eine dünne Schicht Engobe oder Glasur auf ihnen, die vorsichtig versäubert werden muss. Beim Arbeiten auf ungebranntem Ton sind sie wenig zuverlässig, da sie sich mit der Feuchtigkeit des Tons verbinden.

LATEX
Abdeckungen aus Latex können auf Rohware, geschrühten Stücken und auf ungebrannter Glasur verwendet werden. Getrocknete Latexformen kann man vom Ton abziehen und anderweitig erneut platzieren, um Überschneidungen in Form und Farbe zu erzielen. Latexemulsionen gibt es im keramischen Fachhandel und im Künstlerbedarf. Pinsel verkleben mit Latex schnell. Das Auftragen muss zügig erfolgen, damit kein bereits trockenes Material wieder abgenommen wird.

Ich möchte mit Wachsausspartechnik Pinseldekore aufbringen. Welches Wachs ist hierfür geeignet?

Für diese Technik ist ein Wachs geeignet, das nach dem Trocknen nicht zu spröde ist und das beim Aufmalen weich fließt. Sie müssen die hierfür richtige Wachsmischung in entsprechenden Versuchen testen. Eine Mischung von zwei Wachskerzen und 1/2 Teelöffel Paraffin oder dieselbe Mischung aus Kerzenwachs und Bienenwachs kann als Ausgangspunkt dienen.

Wie kann ich geschmolzenes Wachs während der Arbeit flüssig halten?

Das geschmolzene Wachs behält seine Konsistenz, wenn Sie es in den Einsatz eines Kochtopfs geben, dessen unterer Teil mit warmem Wasser gefüllt ist. Über einer Kochplatte oder einem Gaskocher können Sie es so lange flüssig halten, ohne dass es allzu heiß wird. Denn beginnt das Wachs zu rauchen, hat es eine zu hohe Temperatur erreicht und kann sich entzünden. Um bereits geschmolzenes Wachs flüssig zu halten, eignen sich auch Flaschenwärmer für Babys und Öllämpchen.

Dekortechniken • 147

Wie reinige ich die Wachsmalpinsel?

Wachsmalpinsel können zu keinem anderen Zweck mehr verwendet werden. Sie sind nicht zu reinigen, aber nach jeder Benutzung sollten die Pinselhaare in eine Richtung geglättet und gebündelt werden sowie mit dem Kopf nach unten trocknen, damit sie ihre Form behalten. Pinsel, die für das Arbeiten mit Abdecklösungen benutzt wurden, lassen sich mit heißem Wasser und Spülmittel reinigen. Vor jedem Gebrauch sollte man sie kurz in Spülmittel oder Schmierseifelösung tauchen, um ihnen einen Schutzfilm zu geben. Auch die Pinsel für Latex können Sie mit einer Seifenlösung schützen. Angesammeltes Latex sollte häufig entfernt und die Pinsel zwischendurch mit Terpentin gründlich gereinigt werden.

Meine Pinsel verkleben zu sehr, sobald ich feine Konturlinien ziehen möchte. Gibt es hierfür geeigneteres Werkzeug?

Speziallösungen
Viele Kleber, die man durch leichten Druck aus Plastikflaschen aufträgt, bieten sich zum Ziehen feiner Linien an. Schneiden Sie eine entsprechende Öffnung in die feine Auslasstülle oder setzen Sie ein Stück zugeschnittenes Elektrokabel ohne Kupferdrähte auf. Im Fachhandel gibt es auch spezielle Abdeckstifte.

Eingefärbter Wachsauftrag
Ziehen Sie Ihre Umrisslinien mit einem Tjanting, das in der Batiktechnik verwendet wird, oder benutzen Sie ein Malhörnchen. Setzen Sie dem Wachs einen dunklen Farbkörper bzw. Farboxide zu, um schwarze Umrisslinien zu erhalten. Diese traditionell für Kacheln verwendete Technik wird als „Cuerda Secca" bezeichnet.

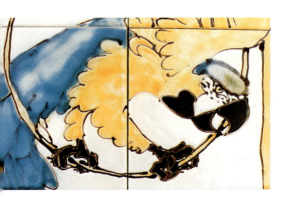

Links: Bronwyn Williams-Ellis, Kachel mit Papagei, Cuerda Secca

Kann ich auch normale Wachsmalstifte auf gebrannter Ware in Ausspartechnik verwenden?

Interessante Effekte
Normale Wachsmalstifte sind hierfür geeignet, und wenn Sie diese zum Färben statt zum Malen verwenden, erhalten Sie eine körnig betonte Oberfläche. Manche Stifte – vor allem hochwertige Wachskreiden, die einen hohen Anteil an Farbpigmenten besitzen – färben den Ton zudem auch nach dem Brand leicht ein. Häufig ist der färbende Stoff der gleiche, der auch in Farbkörpern für die Keramik benutzt wird. Unterschiedlich sind die bindenden Zusatzstoffe und der Herstellungsprozess. Selbst die kräftigeren Töne mancher Wasserfarben sind nach dem Brand auf dem Scherben leicht zu sehen.

Wie kann ich Laufspuren aus geschmolzenem Wachs wieder entfernen, ohne mein Gefäß dadurch endgültig zu beschädigen?

Freikratzen oder freibrennen
Geschmolzenes Wachs lässt sich einfach von ungebranntem Ton und mit etwas Vorsicht auch von ungebrannter Glasur abschaben. Schwieriger ist es, Wachs von geschrühtem Ton zu entfernen. Versuchen Sie, zuerst das ganze Wachs mit einem scharfen Messer abzukratzen, und rubbeln Sie die Stelle sodann mit einem in Paraffin getauchten Lappen. Vielleicht lässt sich das Wachs mit einer Heißluftpistole wegbrennen. Sicherer aber ist es, das Stück im nächsten Schrühbrand sauber zu brennen.

148 • *Dekortechniken*

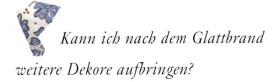
Kann ich nach dem Glattbrand weitere Dekore aufbringen?

Glasur entfernen
Sandstrahlen Sie Ihre Glasuroberfläche, um deren Aussehen zu ändern, oder nehmen Sie ganze Partien weg. Beim Sandstrahlen wird Sand so stark gegen die Glasurschicht geblasen, dass die Oberfläche rau wird. Hierfür benötigen Sie eine spezielle Kammer und ein Gebläse. Der auf der Glasur erzeugte Effekt hängt von der Größe der Sandkörner, der Härte der Glasur und der Dauer des Sandstrahlens ab. Latexdekore oder Klebefolien können bestimmte Bereiche schützen und mit den sandgestrahlten Partien kontrastieren. Sie können auch glasierte Bereiche, die Ihnen nicht gefallen, auf diese Weise entfernen.

Links: Russell Coates, Teller mit blauem Aufglasurdekor

Der Glasur zufügen
Einige Dekormaterialien sind eigens für das Auftragen auf glatt gebrannten Glasuren konzipiert. In erster Linie sind dies Aufglasurfarben und Lüster. Es wird aber auch häufig überglasiert, um aus der Wechselwirkung im Glattbrand andere Farben oder Oberflächeneffekte zu erzielen. Versetzen Sie die zweite Glasur zur besseren Haftung mit Kleber oder wärmen Sie das Gefäß an.

Welches Arbeitsstadium eignet sich am besten zum Sandstrahlen?

Testen Sie Sandstrahlergebnisse in jedem Stadium – vom ungebrannten Stück bis zur fertig ausgeschmolzenen Glasur. Bei Arbeiten unterschiedlicher mechanischer Festigkeit müssen Sie Körnung und Druck variieren. Noch weicher Ton wird am stärksten angegriffen. Bei getrockneter und geschrühter Ware werden größere Teile abgetragen als bei glatt gebrannten Glasuroberflächen. Beurteilen Sie selbst und sieben Sie den Sand regelmäßig.

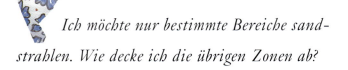
Ich möchte nur bestimmte Bereiche sandstrahlen. Wie decke ich die übrigen Zonen ab?

Klebefolie, mit Klebeband aufgeklebte Papierfelder und selbstklebende Folien sind gleichermaßen geeignet. Ecken und Kanten der Abdeckung werden stark angegriffen, und es entstehen weiche Konturen. Latex ist ebenfalls geeignet, von dessen weichen Kanten die Sandkörner leicht abprallen. Der Abrieb fällt dementsprechend geringer aus, und die Konturen sind klarer.

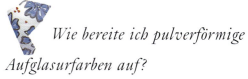
Wie bereite ich pulverförmige Aufglasurfarben auf?

Anreiben mit Malmedium
Mischen Sie Aufglasurfarben mit einem entsprechenden Malmedium aus dem Fachhandel. Geben Sie ein wenig Pulver auf eine Glasplatte und fügen Sie Medium hinzu. Mischen Sie alles mit einem Palettmesser (Spachtel) durch. Fügen Sie, wenn notwendig, nach und nach Malmedium hinzu bis zur richtigen Konsistenz. Aufglasurfarben müssen dick genug sein, um auf der glatten Glasuroberfläche zu haften, und gleichzeitig fließfähig genug, um sie auftragen zu können. Zum Verdünnen fügen Sie gegebenenfalls ein wenig Terpentin zu.

Dekortechniken • 149

Wie werden Aufglasurfarben aufgetragen?

Breiter Anwendungsbereich
Die meisten Dekortechniken eignen sich auch für Aufglasurfarben. Schwieriger ist es allerdings, die Dekore auf der glatten Glasuroberfläche gut haften zu lassen. Einzelheiten des Dekors und fließende Linien können mit dem Pinsel sowie Malstiften aufgetragen werden. Mit dem Pinsel lassen sich auch größere Flächen bearbeiten, zumeist müssen aber entstandene Pinselspuren mit dem Schwamm nachträglich geglättet werden, bis der Farbauftrag eben erscheint. Spritzpistole oder Airbrush-Ausrüstung ergeben bei größeren Flächen den gleichmäßigsten Farbauftrag. Auch schattierte Effekte sind hiermit möglich.

Meine Aufglasur- und Schmelzfarben zeigen nach dem Brand kleine freie Stellen. Wie lässt sich das vermeiden?

Arbeitsplatz sauber halten
Perfekte Glasuroberflächen lassen sich nur in sauberer Umgebung erzielen. Decken Sie Ihre Arbeiten, die zum Glasieren fertig versäubert sind, mit Plastikfolie ab, sodass sich nicht erneut Staub ablagern kann. Tragen Sie dünne Baumwoll- oder Einweghandschuhe, damit nicht die leiseste Spur an Hautfett auf die Arbeiten gelangt. Wenn nötig, reiben Sie Ihre Gefäße mit Terpentin oder Spiritus ab. Lassen Sie den Ton vor dem Auftragen der Aufglasurfarben gut trocknen.

Wie kann ich erreichen, dass Aufglasur- und Schmelzfarben weniger glänzen?

Mischen Sie Ihre Aufglasurfarben mit einer Spur Unterglasurfarbe, um eine leicht mattierte Oberfläche zu erhalten. Testen Sie die Zusatzmengen, die zu dem von Ihnen gewünschten Ergebnis führen. Mischen Sie beide Glasuren mit einem Spachtel auf der Glasplatte gut durch. Aufglasur- und Schmelzfarben, die auf matten Glasuren oder unglasiertem Ton aufgetragen werden, sehen seidenmatt bis matt aus. Glasieren Sie Partien Ihrer Gefäße mit Mattglasuren oder sparen Sie diese aus, sodass später aufgetragene Aufglasurdekore nicht allzu sehr glänzen.

Warum sind meine Aufglasurdekore nach dem Brand schwarz verfärbt?

Werden Aufglasurfarben schwarz, sind sie überbrannt. Jede Art Aufglasurfarbe hat eine bestimmte Brenntemperatur. Rottöne und Goldfarben müssen niedriger als andere Farbtöne gebrannt werden. Richten Sie sich nach den Angaben der Hersteller.

Komplizierte Dekore mit mehreren Farben brennt man oben beginnend zuerst bei der höchsten Temperatur bis zur empfindlichsten Farbe.

150 • Dekortechniken

Einige nicht so interessante Gefäße würde ich gerne mit Lüsterdekor aufwerten. Welche Technik ist hierfür geeignet?

Lüstereffekte

Legen Sie an Halszone oder am Rand Ihres Gefäßes Lüster streifenweise auf oder vertiefen Sie die Wirkung bestimmter Glasurzonen perlartig mit Lüster. Malen Sie komplizierte Muster auf Ihre Glasuren. Experimentieren Sie mit hellen Lüstern auf dunklen Glasuren, um dezente Effekte, bzw. mit kräftigen Pink-, Blau- und Metalllüstern auf weißem Untergrund, um eine dynamische Wirkung zu erreichen.

Ausspartechnik

Lüstertinkturen ziehen sich inselförmig auf Oberflächen zusammen, die vorher mit Spülmittel oder Terpentin behandelt wurden.

1. Malen Sie verschiedenfarbige Lüsterbänder auf eine glasierte Arbeit. Experimentieren Sie mit Farbkombinationen und Bandbreiten. Lassen Sie den Lüsterauftrag trocknen.

2. Tragen Sie mittels feinem Pinsel kleine Spülmitteltropfen auf die Lüstertinktur auf. Es bilden sich winzige Poren und effektvolle Laufspuren in diversen Farbkombinationen. Diese Dekortechnik ist nicht völlig kontrolliert durchzuführen, mit etwas Erfahrung kann sie aber zur Gestaltung komplizierter Muster und verschlungener Farbgirlanden angewendet werden.

Gestempelte Muster

Benutzen Sie Stoffreste, um Lüstertinkturen teilweise oder ganzflächig auf Ihre Gefäße aufzutragen. Geben Sie etwas Lüstertinktur in eine flache Schale und dippen Sie Schwammstempel, interessante Blätter oder Spitze ein. Übertragen Sie dieses Muster mit festem Druck auf das Gefäß.

Marmorierung

Lüster schwimmt auf der Oberfläche von Wasser ebenso wie Tinte bei der Gestaltung marmorierten Papiers. So lässt sich ein feines Farbmuster aus Lüster auf ein Gefäß übertragen.

1. Geben Sie in eine mit kaltem Wasser gefüllte Schale einige Tropfen Essig, damit die Lüsterfarben sich leichter mischen. Fügen Sie einige Tropfen verschiedenfarbiger Lüster hinzu und rühren Sie vorsichtig um, bis ein marmorierter Effekt entsteht.

2. Tauchen Sie ein Gefäß in die Flüssigkeit und ziehen Sie es vorsichtig durch die Marmorschicht wieder heraus. Die Marmorierung haftet jetzt am Gefäß.

Dekortechniken • 151

Manche meiner Lüstertinkturen sind dick und klebrig, andere neigen zum Ablaufen. Wie kann ich das ändern?

Die Konsistenz fertig aufbereiteter Lüstertinkturen variiert bereits beim Verkauf je nach Lagerzeit, Lagerbedingungen und dem Gehalt an Malmedien. Je nach Auftragstechnik benötigen Sie Lüstertinkturen mit passender Konsistenz. Verdünnen Sie also zu dicke Lüster mit dem entsprechenden Verdünner und heizen Sie Gefäße, die mit einem eher dünnflüssigen Lüster dekoriert werden sollen, kurz auf. Die Lüstertinktur trocknet dann rascher, als sie ablaufen kann.

Meine aufgebrannten Lüster lassen sich abreiben. Warum?

Überprüfen Sie, ob Sie die vorgeschriebene Brenntemperatur eingehalten haben. Zu niedrig gebrannte Lüster verschmelzen nicht intensiv genug mit der unterliegenden Glasur und lassen sich abreiben. Stimmt die Brenntemperatur, könnte es an der Basisglasur liegen, da nicht alle Glasuren für Lüster gleichermaßen geeignet sind. Die Glasur muss bei der Lüstereinbrenntemperatur gerade wieder zu erweichen beginnen. Reagiert die Glasur bei der Brenntemperatur noch nicht, findet keine feste Bindung statt. Wird die Glasur zu weich, zeigt sie nach dem Brand nicht die gewohnte Oberfläche.

Die Lüsterlinien, die ich mit dem Pinsel male, sind mir zu dick. Wie erhalte ich feinere Linien?

Feine Lüsterzeichnungen
Die feucht aufgetragenen Lüsterlinien verlaufen immer ein wenig auf der glatten Glasuroberfläche. So wirkt ein dünner Pinselstrich oft zu dick. Versuchen Sie, feine Lüsterlinien mit einem Tuschefederhalter zu malen – dessen Feder zudem nicht verkleben kann.

Meine Lüsterdekore kommen alle pinkfarben aus dem Ofen. Wie lassen sich diese Verfärbungen erklären?

Pink ist dominant
Halten Sie beim Arbeiten mit Lüstertinkturen alle Farben strikt getrennt und verwenden Sie für jede einen eigenen Pinsel. Pink und Rot sind die dominanten Lüstertöne, und alle anderen Farben können durch gemeinsam verwendete Pinsel verunreinigt werden. Vielleicht ist Ihr Lüster aber auch überbrannt. Die meisten Lüsterfarben tendieren nach Pink, wenn die Temperatur zu hoch ist und Verflüchtigung einsetzt. Brennen Sie Lüster nicht höher als 750° C bzw. nach Anleitung.

152 • Dekortechniken

Wie sehen Lüster auf nicht glänzenden Glasuren aus?

Schimmernder Glanz
Auf seidenmatten oder matten Glasuren zeigen Lüster eher einen schimmernden Glanz statt der gleißenden, metallischen Wirkung auf glänzenden Glasuren. Dick aufgetragene Lüsterdekore erscheinen dann eher düster, wohingegen dünn aufgetragene Lüsterschichten durch schimmernde Effekte ausgesprochen schön werden. Liegen farbige Tone oder Engoben unter der Glasur, bekommt das Dekor zusätzlich Tiefe.

Rechts: Judy Trim, Schale, mexikanischer Stil mit lilafarbenem Lüster

Was sind keramische Abziehbilder und wie verwendet man sie?

Druckmotive
Unter keramischen Abziehbildern versteht man auf ein Spezialpapier aufgetragene und mit einem deckenden Gel überzogene Abbildungen oder Texte, die direkt auf Keramik übertragbar sind. Sie können eine Reihe fertiger Motive wie Blumen, Tiere, geometrische Figuren oder Verse etc. kaufen bzw. sich bei spezialisierten Firmen Motive eigener Wahl anfertigen lassen. Abziehbilder lassen sich auch selbst herstellen.

Unten: Philomena Pretsell, Teeservice, Lüster mit Karo und Veilchen

Arbeiten mit Abziehbildern
Die meisten Abziehbilder sind Aufglasurdekore zur Verwendung auf glatt gebrannten Arbeiten. Es gibt aber auch Sonderfertigungen für Schrühscherben und Rohware. Mit Abziehbildern lassen sich schnell komplizierte Dekore, auch in Serie, aufbringen.

1. Schneiden Sie die einzelnen Motive aus und weichen Sie diese in Wasser ein. Das Muster wird sich vom Papier lösen. Legen Sie das Dekor jetzt auf eine Kachel oder ein Gefäß so auf, dass die zuvor dem Papier zugewandte Seite auf der Keramik haftet.

2. Glätten Sie das Dekor vorsichtig mit Schwamm oder Finger, damit Luft und Wasser entfernt werden. Nach dem Trocknen brennen Sie die Arbeit bei 700°–800° C.

Dekortechniken • 153

Welche Techniken kann ich zum Drucken meiner Motive auf Keramik benutzen?

Einfache Druckverfahren

Traditionell gibt es bestimmte Drucktechniken auf Keramik, so z. B. das Drucken mit Schwamm oder Rollmuster. Bei den folgenden Arten kommen Sie mit einem Minimum an Spezialwerkzeug aus.

GUMMISTEMPEL

Schneiden Sie mit scharfem Messer ein Motiv in Gummi oder einen Radiergummi. Es gibt auch fertige Stempel mit Stempelkissen im Fachhandel zu kaufen. Tragen Sie Farbkörperlösung mit einem Schwamm auf Ihren Stempel auf oder benutzen Sie ein gekauftes Stempelkissen. Übertragen Sie das Stempeldekor mit festem Druck auf geschrühten oder trockenen Ton.

LINOLDRUCK

Zeichnen Sie Ihr Motiv auf Linoleum und schneiden Sie dieses mit einem Linol- oder einem anderen scharfen Messer entlang der Linien vorsichtig aus. Wärmen Sie das Linoleum an, sollte das Schneiden schwer fallen. Walzen Sie eine Tonplatte über die entstandenen Strukturen, um diese abzuformen. Sie können anschließend die Oberfläche des Druckstempels anfärben – und diese Farbe auf die bereits aufgedrückte Tonplatte übertragen.

Ausgereiftere Drucktechniken

Alle üblichen Drucktechniken sind technisch auf Keramik übertragbar. Die Motive werden auf Trägerpapier gedruckt und dann auf Gefäße, Kacheln oder Skulpturen aufgelegt. Wenn Sie die Möglichkeit haben, mit Siebdruck, Fotodruckverfahren, Lithodruck oder Ätztechniken zu arbeiten, sind genaue Detailwiedergabe sowie Text möglich. In der keramischen Industrie ist die Nutzung drucktechnischer Verfahren üblich. Bei flachen Kacheln oder Platten ist auch ein direktes Bedrucken mittels Siebdruck, Ätztechnik oder Fototransfer möglich.

Ich möchte Farben für meine plastischen Arbeiten einsetzen. Welche Verfahren eignen sich?

Einheitliche Farbgestaltung

Wenn es wie bei plastischen Arbeiten in erster Linie um die Form geht, können zusätzliche Farbeffekte oder Strukturen eher irritierend wirken. Viele Bildhauer bleiben deshalb bei der Farbe und Oberfläche des Materials, um die formale Aussage nicht zu beeinträchtigen. Möglich ist, die Originalfarbe des Tones durch Polieren und Wachsen zu nuancieren oder andersfarbige Sinter-Engobe aufzutragen. Glasieren Sie eine plastische Arbeit ganz, z. B. in Seladon oder mit metallisch glänzenden Glasuren, entsteht rasch der Eindruck, es handele sich um ein anderes Material – etwa Jade oder Bronze. In letzter Zeit werden immer häufiger Kaltbemalungen verwendet, die nicht aus keramischen Materialien bestehen. Hierzu gehören Acrylfarben, Email, Autolack, Beizen und Polituren.

Akzente setzen

Waschen Sie stark farbige Oxide oder Farbkörper in Poren und Risse einer plastischen Arbeit ein, betonen Sie partiell deren Form. So werden farbige Bereiche durch die dunkleren Linien wie bei Tuschezeichnungen oder Drucken optisch hervorgehoben (vgl. nebenstehende Abbildung). Akzentuierungen bestimmter Stellen lassen sich sehr gut auch mittels farblicher Abstufung erreichen.

Rechts: Wendy Kershaw, Uhr aus Keramik

RICHTIGES ODER FALSCHES GLASIEREN entscheidet letztlich darüber, ob ein Gefäß rundum gelingt oder nicht. Es ist also sehr wichtig zu lernen, worauf man bei diesem letzten Arbeitsschritt achten sollte. Zahlreiche zufrieden stellende Fertigglasuren sind im Fachhandel erhältlich. Eigene Glasuren bieten jedoch bedeutend größere Variationsmöglichkeiten – auch, um ungewöhnliche Oberflächeneffekte zu erzielen. Gut gewählte Glasuren neben einem sicheren Umgang mit Brennprozessen lassen Arbeiten entstehen, die verlässlich und wiederholbar all Ihre Vorstellungen erfüllen.

Glasieren und Brennen

Glasieren und Brennen • **155**

Kann ich fertig aufbereitete Glasuren kaufen?

Breites Glasurangebot

Es gibt eine Vielzahl von Fertigglasuren im Fachhandel zu kaufen, die sich in Farbigkeit, Oberflächenbeschaffenheit, Brenntemperatur und Einsatzmöglichkeiten unterscheiden. Die Glasuren sind in Pulverform zum Ansetzen mit Wasser erhältlich (vgl. Abb. rechts außen), bereits angesetzt mit Wasser zum Spritzen, Tauchen oder Gießen (vgl. Abb. links) oder pastös angesetzt zum Auftragen mit dem Pinsel (vgl. Abb. Mitte).

Wie wähle ich die für meine Gefäße richtige Glasur und Brenntemperatur?

Niedriger Schrühbrand

In der Keramik ist es meist üblich, vor dem Glasieren einen niedriger liegenden Schrühbrand durchzuführen. Die Gefäße sind dann noch porös genug zum Auftragen des wasserhaltigen Glasurbreis. Danach wird bei einer der Glasur entsprechenden Glattbrandtemperatur gebrannt, und Scherben und Glasur versintern miteinander. Als Erstes ist also mit dem Rohstoffhändler zu klären, welchen Ton Sie am besten benutzen und wie hoch dieser gebrannt werden sollte. Hiernach suchen Sie entsprechende Glasuren aus. Generell wird unterschieden zwischen Irdenwarebereich (1040–1150° C), dem mittleren Temperaturbereich (1150–1220° C) und dem Steinzeugbereich (1220–1300° C).

Höherer Schrühbrand

Es ist auch möglich, den Schrühbrand bei der höchsten und den Glattbrand bei niedrigerer Temperatur durchzuführen. Auf diese Weise kann man Irdenwareglasuren auf hoch gebranntem Steinzeugscherben verwenden und dessen physikalische Belastbarkeit mit der breiten Farbpalette niedrigerer Temperaturbereiche kombinieren. Der hoch gebrannte Scherben ist allerdings nicht mehr porös und deshalb schwieriger zu glasieren. Das Spritzen der Glasuren und die Verwendung von Klebern in sämig angesetzten Glasuren können hier Abhilfe schaffen. In der Industrie ist dieses Verfahren die Regel.

Wie finde ich heraus, welche Glasuren sich am besten für meine Arbeiten eignen?

Wenn Sie sich für einen Temperaturbereich entschieden haben, in dem Sie Ihre Glasuren brennen möchten, heißt es über eine Reihe weiterer Faktoren nachzudenken. Glasuren können transparent, halbtransparent oder glänzend sein. Transparente und halbtransparente Glasuren lassen die Farben von Scherben, Engobe oder jeglichem anderen Farbauftrag mehr oder weniger durchscheinen. Eine ganz farblose Transparentglasur bildet eine gute Basis für eigene Einfärbungen mit Farboxiden, Farbkörpern oder diversen Trübungsmitteln, sodass Sie individuelle Effekte erzielen. Opake Glasuren überdecken den Scherben und tragen farbige Dekore in der Regel oben auf. Weiß deckende Glasuren bieten aber auch ausgezeichnete Möglichkeiten zur Einfärbung mit Farbkörpern bzw. Farboxiden.

Glasuren unterschiedlicher Oberflächenbeschaffenheit können Sie von hoch glänzend über seidenmatt bis zu steinmatt oder strukturiert kaufen. Glatte, glänzende Glasuren sind am besten geeignet, will man Gebrauchsgegenstände herstellen. Einige seidenmatte Glasuren sind auch verwendbar, solange sie sich nicht allzu sehr durch Nahrungsmittel verfärben oder durch die Ritzspuren des Bestecks markiert werden. Steinmatte Glasuren und solche mit Strukturen bleiben dekorativen Stücken und plastischen Arbeiten vorbehalten. Manche Glasuren sind speziell für die unterschiedlichen Bedingungen bei Raku-, Reduktions- oder Oxidationsbränden zusammengesetzt.

Welche Ausrüstung benötige ich, wenn ich eigene Glasurversuche durchführen möchte?

Grundausstattung

Für den Anfang benötigen Sie einige Plastikeimer oder Schüsseln, die sich leicht säubern lassen. Eimer mit Deckel oder Glasbehälter eignen sich zur Aufbewahrung der Glasuren. Ein Sieb und eine Bürste plus Farbrührer zum Mischen sind ebenfalls erforderlich. Einige Töpfer sieben ihre Glasuren, um jegliche Klumpenbildung zu vermeiden, andere verquirlen den angesetzten Glasurschlicker nur mit dem Farbrührer, um bestimmte Charakteristika der Glasur zu erhalten.

Ferner brauchen Sie Löffel, Wiegeschaufeln oder Tassenmaße, mit denen Sie große und kleine Rohstoffmengen, Glasurbestandteile oder Farboxide zum Wiegen und Messen aufnehmen können. Benutzen Sie eine genaue Waage, die auch für das Abwiegen kleinerer Mengen verlässlich ist. Eine Küchenwaage reicht nicht aus. Verwenden Sie eine Balkenwaage mit Gewichten oder eine Waage aus dem Fachhandel.

Welche Rohstoffe verwende ich für meine Glasuren?

Es gibt viele Glasurrezepte in Büchern und Fachzeitschriften sowie im Internet. Die Angaben beziehen sich auf die Rohstoffmengen, die für eine Glasur mit bestimmten Eigenschaften notwendig sind. Bei vielen Rezepten erläutern Beschreibungen zusätzlich die Besonderheiten der Glasur oder deren Variationsmöglichkeiten bzgl. Farbe und Struktur. Bedenken Sie, dass Ihre Ergebnisse nicht unbedingt identisch sein müssen, da Sie mit anderen Tonsorten oder Brennbedingungen operieren. Setzen Sie daher anfangs kleine Testmengen an.

Muss ich Glasuren abwiegen oder kann ich sie auch nach Volumen, z. B. tassenweise, abmessen?

In Glasurrezepten sind die Mengen als Gewichte angegeben. Wenn Sie Ihre Abmessungen mittels Tassen oder Löffeln vornehmen, arbeiten Sie mit Volumen. Beide Methoden sind möglich, dürfen aber nicht gleichzeitig angewendet werden. Wiegen Sie z. B. 50 g Kalkspat und 50 g Kaolin ab. Vergleichen Sie die Mengen und Sie werden sehen, dass vom Volumen wesentlich mehr Kaolin als Kalkspat vorhanden ist. Wenn Sie beginnen, eine Glasurprobe nach Volumen zu entwickeln und sich dabei nicht an ein bereits vorgegebenes Rezept halten, können Sie teelöffelweise abmischen. Solche Rezepte sind jedoch niemals ganz genau, und das Verhalten dieser Glasuren lässt sich nur schwerlich voraussehen.

Wie viel Wasser muss ich meiner pulverig abgewogenen Glasur zusetzen?

Konsistenz bestimmen

Der Ton, den Sie verwenden, dessen Porosität, die Art Ihrer Glasur und deren geplante Auftragsweise bestimmen die Konsistenz des Glasurschlickers. Versuchen Sie, mit einem Anfangswert von 1–1,4 l Wasser auf jeweils 1 kg Trockensubstanz auszukommen. Irdenwareglasuren sind meist so dünn wie Milch, Steinzeugglasuren wesentlich dicker, eher wie Sahne angesetzt. Glasuren, die mit der Spritzpistole aufgetragen werden (vgl. Abb. links oben), sind dünner als solche zum Tauchen. Glasuren zum Aufpinseln sind sehr dick (vgl. Abb. links unten). Dünne Glasuren können Sie gut auf feinem Scherben verwenden, während grobkörnige Scherben eine dickere Schicht brauchen. Trotz dieser allgemeinen Richtlinien ist es notwendig, Glasuren zu testen und entsprechend anzusetzen.

Glasieren und Brennen • 157

Meine gekauften Fertigglasuren sehen immer anders aus als auf den Abbildungen im Katalog. Woher kommt das?

Individuelle Bedingungen
Die in Katalogen abgebildeten gebrannten Glasuren können jeweils nur als Beispiel für Struktur und Farbe angesehen werden. Zu erkennen ist, wie eine Glasur unter den speziellen Brennbedingungen reagierte, denen sie unterlag. Der Ton, den Sie verwenden, Ihre Brennbedingungen und sogar die Größe Ihrer Gefäße werden letztlich das Ergebnis beeinflussen. Wenn Sie die gleichen Glasurergebnisse erhalten wollen wie im Katalog, müssen Sie so viel wie möglich über deren ursprüngliche Brennbedingungen in Erfahrung bringen und eigene Teststücke brennen.

Wie kann ich mehreren Gefäßen einen gleichmäßigen Glasurauftrag verleihen?

Ständiges Rühren
Glasurbestandteile setzen sich in der Schlämme im Eimer ab. Um einen gleichmäßigen Glasurauftrag zu erhalten, müssen Sie ständig umrühren. Die hier abgebildete Glasur wurde nicht gerührt, weswegen der Krug dünner als die Schale glasiert ist. Sie können auch ein Stellmittel zusetzen, das Glasurbestandteile in der Schwebe hält.

Sortieren Sie Ihre Gefäße
Gefäße aus grobem Ton brauchen oft einen dickeren Glasurauftrag als solche aus feinem Ton. Ihr Arbeitsablauf muss so organisiert sein, dass zuerst die Stücke aus gröberem Ton mit dickerer Glasur glasiert werden und diese zum Glasieren von Stücken aus feinerer Masse zunehmend verdünnt werden kann. Auch die Wandstärke der Gefäße beeinflusst deren Fähigkeit, Glasur aufzunehmen. Dünnere Gefäßzonen sind weniger aufnahmefähig als dickere Wandungen.

Meine Glasur ist bei jedem Versatz anders. Wie lässt sich eine Kontinuität erreichen?

Viskosität einstellen
Rechnen Sie pro kg Ihrer Glasurtrockensubstanz immer denselben Anteil an Wasser im Rezept mit ein, sodass sich eine bei jedem Abwiegen gleich bleibende Konsistenz des Glasurschlickers ergibt (1–1,4 l je kg). Nach einigen Wochen Standzeit wird etwas Wasser verdunstet sein, und Sie können mithilfe eines Viskosimeters, welches das spezifische Gewicht des Glasurschlickers misst, die gewünschte Konsistenz durch Wasserzugabe wieder erreichen.

Schrühbrandtemperatur konstant halten
Versuchen Sie, die Temperaturkurve Ihrer Schrühbrände stets gleich zu halten. Unterschiedlich hohe Schrühbrandtemperaturen oder wechselnde Haltezeiten wirken sich auf die Porosität Ihrer Gefäße aus, beeinflussen dadurch die Glasurauftragsstärke und letztlich das Brennergebnis.

Rohmaterialien konstant halten
Rohmaterialien kann man als Töpfer meist nicht kontrollieren. Die Gewinnung der Rohstoffe aus unterschiedlichen Minen und Schichten führt zu Schwankungen in der Zusammensetzung und so zu leicht unterschiedlichen Ergebnissen. Wenn nötig, müssen solche Materialschwankungen aufgefangen werden – dies ist allerdings recht selten notwendig.

158 • *Glasieren und Brennen*

 Wie kann ich vermeiden, dass sich eine Glasur steinhart am Boden ihres Behälters absetzt?

Bentonit zusetzen
Durch den Zusatz von 1–2 % Bentonit, kann man die Glasurbestandteile in Schwebe halten, ohne das gebrannte Ergebnis zu verändern. Bentonit wird nicht als Pulver zur Glasurflüssigkeit zugesetzt, da er dort schwer lösliche, gallertartige Klumpen bilden würde. Entweder vermischen Sie Bentonit bereits mit den noch trockenen Glasurrohstoffen gründlich, oder Sie setzen eine pastöse Lösung aus Bentonit und Wasser an. In kleinen Portionen geben Sie sodann weitere Glasur zu, bis eine sämige Flüssigkeit entsteht, die Sie schließlich in die Glasurschlämme einrühren.

Das Absetzen von Glasuren verhindern
Geben Sie den Glasuren einige Tropfen Kalziumchlorid oder Magnesiumsulfat zu. Dies verhindert zumindest das steinharte Absetzen der Glasuren, die sich nunmehr leichter wieder aufrühren lassen.

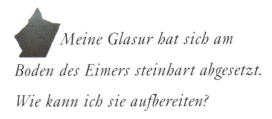 *Meine Glasur hat sich am Boden des Eimers steinhart abgesetzt. Wie kann ich sie aufbereiten?*

Stück für Stück aufbereiten
Steinhart abgesetzte Glasuren lassen sich nur mühsam wieder aufbereiten und in Wasser einrühren. Schütten Sie lieber alles überstehende Wasser ab und zerkrümeln Sie den harten Glasurkuchen. Die feinen Krümel lassen sich jetzt nacheinander wieder in das Glasurwasser einrühren. Sie sollten alles gut mischen und Stellmittel zugeben!

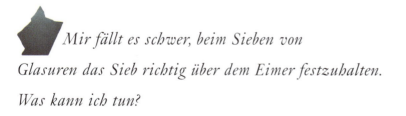 *Mir fällt es schwer, beim Sieben von Glasuren das Sieb richtig über dem Eimer festzuhalten. Was kann ich tun?*

Sieb auflegen
Es ist schwierig, ein Sieb voller Glasur mit einer Hand über dem Eimer zu halten, während die andere Hand mit Bürste oder Schaber Glasur durchstreicht. Legen Sie zwei Leisten über den Eimer, damit Ihre Hand zum Sieben frei bleibt. Oder spannen Sie Drähte über den Eimer, auf denen Ihr Sieb aufliegen kann. Diese sollten so locker gespannt sein, dass das Sieb etwas vertieft im Eimer sitzt – die gesiebte Glasur fällt direkt in den Eimer und nicht auf die Arbeitsfläche. Im Fachhandel erhalten Sie auch Siebe, die genau über die Eimeröffnung passen oder entsprechende Untersätze haben.

Glasieren und Brennen • 159

◆ *Ich möchte Glasurversuche durchführen und weiß nicht, welche Art Testplättchen ich anfertigen soll.*

Gedrehte Probekörper

Gedrehte Probekörper eignen sich sehr gut, weil sie zusätzlich zeigen, wie sich gebrannte Glasuren auf gewölbten Oberflächen verhalten. Legen Sie Rillen an, um weitere Informationen zu erhalten.

MINIATURGEFÄSSE

Drehen Sie vom Stock kleine Schalen und Vasen. Das geht schnell, und Sie erkennen gut, wie sich Ihre Glasuren nach dem Testbrand innen und außen auf den Gefäßen zeigen.

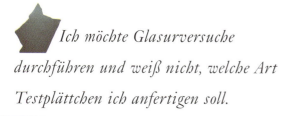

RINGABSCHNITTE

Drehen Sie einen großen Ring aus Ton mit dickem unteren Rand. Lederhart wird dieser Ring in Segmente zerschnitten, die sich stehend einräumen lassen. So sehen Sie, wie sich Ihre Glasuren auf vertikalen Oberflächen verhalten.

Testplättchen

Kleine, aus Tonplatten ausgeschnittene Testplättchen eignen sich für die Anfangsversuche mit Glasuren und Farbwirkungen. Sie erlauben allerdings keine so präzisen

Rückschlüsse auf das gebrannte Ergebnis bei gewölbten bzw. geraden Flächen oder das Fließverhalten. Biegen Sie Ihre Testplättchen, um die Reaktion Ihrer Glasuren besser kennen zu lernen.

◆ *Meine Versuchsergebnisse sehen anders als die Testplättchen aus. Wie kann ich die Versuche verlässlicher anlegen?*

Exaktes Wiegen

Beim Ansetzen der Versuchsmengen muss so genau wie möglich abgewogen werden. Obwohl es mühsam ist, mit kleinen Mengen präzise vorzugehen, ist es notwendig. Die kleinste Abweichung beim Verhältnis der verschiedenen Rohstoffe könnte ansonsten die Farbwirkung oder die Oberfläche Ihrer Glasur verändern. Arbeiten Sie mit einer exakten Feinwaage.

Aussagekräftige Testplättchen glasieren

Glasieren Sie Ihre Testplättchen genauso wie Ihre Arbeiten. Verwenden Sie Testplättchen, die Ihnen präzise Informationen über die Glasur, deren Verhalten auf gewölbten Oberflächen im Brand oder auf Senkrechten sowie deren Fließverhalten auf Flächen und in Rillen geben. Testen Sie verschiedene Glasurauftragsstärken durch Tauchen, Auftragen mit dem Pinsel oder Spritzen. Versuchen Sie

auch das Zusammenwirken Ihrer Glasuren mit farbigen Engoben, Farbkörpern oder Oxiden auszuloten. Kleine Probeöfen liefern rasch Ergebnisse, doch haben sie andere Brennbedingungen als Ihr normaler Ofen. Brennen Sie deshalb Ihre Probeglasuren möglichst in Ihrem großen Ofen samt der anderen Keramiken.

160 • *Glasieren und Brennen*

Wie trage ich kleine Glasurmengen am effektivsten auf?

Auftragen mit dem Pinsel
Meist werden kleinere Glasurmengen mit dem Pinsel aufgetragen. So kann auch der letzte Tropfen noch benutzt werden. Für den Pinselauftrag sind die Glasuren meist etwas dicker eingestellt. Setzen Sie 2–3 % CMC (Carboxylmethylzellulose) hinzu, damit die Glasurflüssigkeit glatter verläuft.

Spritzen
Für das Spritzen von Glasuren müssen Sie nur die benötigte Menge an Glasurschlicker ansetzen. Allerdings geht eine ganze Menge Glasur bei dieser Technik verloren.

Gießen und Tauchen
Zum Glasieren der Gefäße mittels Tauchen und Begießen brauchen Sie eine größere Glasurmenge. Dennoch lassen sich diese Techniken mit kleinen Kniffen effektiv einsetzen. Gießen Sie Glasur nur halbhoch in ein Gefäß. Beim Ausgießen drehen und rollen Sie dieses so, dass die Glasurflüssigkeit innen einen deckenden Belag ergibt. Für die Außenseite stellen Sie das Gefäß umgedreht auf Leisten über eine Schüssel und begießen es von oben rundum mit Glasur. Während diese abläuft, setzt sich eine gänzlich deckende Glasurschicht auf der Oberfläche ab. Glasieren Sie die

Außenseite mittels Tauchen, erhalten Sie den gleichmäßigsten Auftrag, benötigen aber auch die größte Glasurmenge. Diese können Sie reduzieren, indem Sie entsprechende Behälterformen benutzen: schlanke, hohe Gefäße taucht man in röhrenförmige, flache, weite Teller in entsprechend flache Behältnisse.

Wie glasiere ich Vasen, Becher und Krüge von innen?

Glasur ein- und ausgießen
Meist glasiert man die Innenseite höherer Gefäße zuerst. Gießen Sie Glasur in das Gefäß und dann umgehend mit ruhiger Bewegung drehend über den Rand hinweg und in einem Arbeitsgang wieder aus. Außen glasieren Sie durch Gießen, Tauchen, Aufmalen oder Spritzen.

1. Gießen Sie ein Gefäß halb voll mit Glasur. Dies sollte zügig geschehen, damit nicht allzu viel Feuchtigkeit in den Scherben am Boden des Gefäßes eindringt.

2. Drehen Sie das Gefäß in beiden Händen so, dass währenddessen stetig Glasur ausfließen kann. Die Glasur bildet in dieser rollenden Bewegung eine gleichmäßige Beschichtung an der Innenfläche. Versuchen Sie, genauso viel Glasur auslaufen zu lassen, dass Sie am Ende der Drehbewegung mit der Glasur dort ankommen, wo Sie mit dem Ausgießen begonnen haben.

Meine Gefäße sind innen dick genug, außen jedoch zu dünn glasiert. Wie kann ich das verbessern?

Beim Glasieren der Innenseite nimmt der Scherben Wasser auf. Glasieren Sie unmittelbar im Anschluss die Außenseite, ist der Scherben noch so feucht, dass er außen keine hinreichend dicke Glasurschicht aufnehmen kann. Sie sollten daher innen glasierte Stücke über Nacht trocknen lassen.

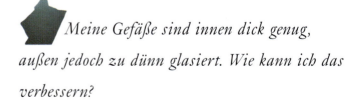

Glasieren und Brennen • 161

Beim Eintauchen der Gefäße in Glasur hinterlassen meine Finger stets Spuren auf der Außenseite. Wie lässt sich das korrigieren?

Die dickere Überschneidungszone der beiden Tauchvorgänge stört mich an meinen Gefäßen. Wie kann ich das ändern?

Fingerspuren ausflicken

Wenn Sie ein Gefäß ganz in Glasur tauchen, bleiben immer Fingerspuren und freie Stellen auf dem Scherben. Halten Sie das Gefäß so weit wie möglich unten am Bodenbereich und setzen Sie nur so wenig Finger ein, wie dies für ein sicheres Festhalten erforderlich ist. Überdecken Sie Freistellen mit einem Pinselstrich Glasur und schaben Sie dicker liegende Ränder mit einem Messer plan, sobald die Oberfläche trocken ist. Reiben Sie alles vorsichtig glatt.

Trockene Glasurzone überarbeiten

Lassen Sie Ihre Gefäße nach dem Tauchen beider Hälften trocknen und schaben Sie mit einem scharfem Messer oder einer Metallklinge den erhöhten Bereich gleichmäßig flach. Trockene Glasur lässt sich leichter abarbeiten als feuchte.

Fingerspuren vermeiden

Tauchen Sie den oberen Bereich Ihres Gefäßes gleich nach dem Innenglasieren ein. Wenn dieser Bereich angetrocknet ist, halten Sie das Gefäß am Randbereich fest und tauchen es mit dem Boden zuerst ein.

Überschneidungen vermeiden

Arbeiten Sie mit Abdeckmedien, um Überschneidungen beim zweiten Eintauchen in die Glasur zu vermeiden.

1. Tragen Sie knapp über dem Rand der ersten, bereits aufgetragenen Glasurzone eine Linie aus flüssigem Wachs oder Latex auf. Ein Rand von etwa 1 mm sollte noch gerade hervorschauen, um sicherzugehen, dass der zweite Glasurauftrag deckend auf den Ersten trifft.

Wie kann ich fehlerhafte Stellen in einer Glasuroberfläche ausbessern?

2. Tauchen Sie das Gefäß jetzt zum zweiten Mal, im unteren Bereich ein und ziehen Sie den Latexstreifen ab bzw. wischen Sie den Wachsauftrag sauber, um überschüssige Glasurreste zu entfernen.

Überdecken Sie dünne bzw. frei gebliebene Stellen mit einem Pinselstrich oder einem Fingertupfer Glasur – am besten, solange die glasierte Schicht noch feucht ist. Warten Sie mit dem Versäubern von Unebenheiten und dickeren Stellen, bis die Glasur pulvertrocken ist und schaben Sie sodann überschüssige Reste ab. Benutzen Sie ein sehr scharfes Messer oder eine Ziehklinge aus Metall und verwischen Sie die letzten Spuren mit dem Finger. Leichtflüssige Glasuren ebnen Fehlerstellen beim Glattfließen im Brand am besten aus. Wenn dies bei viskosen Glasuren nicht ausreichend der Fall ist, sollten Sie diese oder das Glasierverfahren wechseln.

162 • *Glasieren und Brennen*

 Wie kann ich Schalen am besten in Glasur eintauchen?

Schalen mit Fußring
Schalen mit griffigen Fußringen taucht man in einem Arbeitsgang. Fassen Sie die Schale mit einer Hand fest am Fußring und versuchen Sie, die eintauchende und herausholende Bewegung in einem drehenden Schwung zu vollziehen. Ihr Handgelenk wird hierbei einmal bis an seine äußerste Drehbewegung belastet, damit die Schale rundum glasiert ist. Ziehen Sie die Schale immer mit dem Rand nach unten aus der Glasur und schütteln Sie mit einem kräftigen Schlenker alle überschüssigen Tropfen vom Rand ab.

Große Schalen und Schalen ohne Fußring
Große Schalen und Schalen ohne Fußring kann man beim Glasieren am Rand festhalten. Soll der Randbereich unversehrt bleiben, tauchen Sie in zwei Arbeitsgängen mit einer mittig überlappenden Zone, die später überarbeitet wird.

1. Halten Sie die Schale mit je zwei Fingern Ihrer Hände am Rand fest und schwenken Sie die Schale durch die Glasur, bis alle Stellen bedeckt sind. Tauchen Sie dann wie auf den Bildern gezeigt die Außenzone, bis alles glasiert ist. Schwenken Sie die Schale stetig in der Glasur, um eine gleichmäßige Auftragsstärke zu erhalten.

2. Tupfen Sie alle Freistellen Ihrer Finger mit Glasur aus. Versäubern Sie nach dem Trocknen mit einem scharfen Messer die dickeren Stellen und verreiben Sie die puderige Glasur.

Wie glasiere ich am besten dünnhalsige Flaschenformen?

Trichter als Fixierung
Hohe Vasen, die man nicht mehr in Glasureimer tauchen kann, glasieren Sie aufgeständert durch Begießen. Behandeln Sie zuerst die Innenseite und lassen Sie das Gefäß trocknen. Stecken Sie einen Trichter in den Flaschenhals, bevor Sie diese umgedreht auf zwei Latten über einer Glasurauffangschüssel aufständern. Der Trichter stabilisiert die Flasche. Am besten arbeitet es sich, wenn der gesamte Aufbau auf einer Ränderscheibe steht, sodass Sie beim Begießen gleichförmig drehen können und ein ebenmäßiger Glasurauftrag zustande kommt.

Ich habe beim Glasieren eines Gefäßes alles falsch gemacht. Wie kann ich diese Arbeit noch retten?

Wenn Sie mit dem Glasurauftrag auf einem geschrühten Stück überhaupt nicht glücklich sind, sollten Sie diesen komplett abwaschen und von Neuem anfangen. Trocknen Sie solche Gefäße gründlich, bevor Sie nochmals mit dem Glasieren beginnen.

Glasieren und Brennen • 163

 Gibt es spezielle Werkzeuge, mit denen ich Gefäße zum Glasieren gut halten kann?

Glasurzangen
Mit Glasurzangen aus dem Fachhandel können Sie Gefäße punktuell gut festhalten, ohne dass hierbei Abdrücke entstehen. Allerdings bedarf es einiger Übung, die Keramiken während des Glasierens sicher zu halten. Man kann sich Glasurzangen auch aus zurechtgebogenem Draht selbst herstellen oder Nägel in Holzzangen einklopfen.

 Ich versuche, Glasuren mit dem Pinsel aufzutragen, die Glasur wird aber zu schnell aufgesaugt. Was kann ich ändern?

Glasur einstellen
Eine Glasur, die zu dick eingestellt ist, wird zu schnell in den Scherben eingesaugt. Geben Sie etwas mehr Wasser zu Ihrem Glasurschlicker hinzu und versuchen Sie, in mehreren Schichten zu glasieren, bis die gewünschte Auftragsstärke erreicht ist. Die Zugabe von etwas CMC (Carboxymethylzellulose) verbessert die Konsistenz zusätzlich. Befeuchten Sie das Gefäß, sodass sich ein flüssiger Pinselstrich führen lässt, bevor der Scherben zu saugen beginnt.

Das richtige Werkzeug
Tragen Sie Glasuren mit einem breiten, weichen Pinsel auf, der eine größere Menge an Glasurschlicker aufnehmen kann. Stellen Sie Ihr Gefäß auf eine Ränderscheibe, sodass Sie es während des Aufpinselns drehen können und ein gleichmäßiger Arbeitsrhythmus entsteht.

 Kann ich zum Spritzen und Tauchen dieselben Glasuren verwenden?

Spritzglasuren müssen fein aufbereitet und vermahlen sein, da ansonsten kleine Partikel die Düse der Spritzpistole verstopfen. Sieben Sie Ihre Spritzglasuren durch ein sehr feines Sieb und mahlen Sie die Rückstände im Mörser auf. Setzen Sie der für das Tauchen und Gießen üblicherweise verwendeten Glasur etwas Wasser zu, da die Spritzglasuren in der Regel dünner sein müssen.

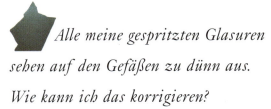

 Alle meine gespritzten Glasuren sehen auf den Gefäßen zu dünn aus. Wie kann ich das korrigieren?

Beim Spritzen genügend Zeit lassen
Spritzglasuren enthalten einen höheren Anteil an Wasser, der den Scherben schnell durchnässt. Spritzen Sie in kleinen Intervallen, sodass der Ton Zeit genug hat, die Glasur aufzunehmen. Wenn ein Gefäß an einer Stelle dünner ist oder sich bereits voll gesaugt hat, heizen Sie das Gefäß auf. Es wird dann leichter Glasur in entsprechender Schichtdicke aufnehmen.

Schichtdicke testen
Gespritzte Glasuroberflächen lassen sich nicht gut auf ihre Dicke hin beurteilen. Während der Anfangsphase kann es hilfreich sein, die Schichtdicke gelegentlich mit einer dünnen Nadel zu ermitteln. Testen Sie mehrere Stellen eines Gefäßes, um zu sehen, ob die Glasurschicht gleichmäßig aufgetragen wurde.

164 • *Glasieren und Brennen*

Wie kann ich Glasuren spritzen, ohne die teuren Anschaffungskosten für eine Ausrüstung in Kauf nehmen zu müssen?

Spritzausrüstung in allen Preislagen
Spritzausrüstungen, die Kompressor, Tank und Pistole enthalten, sind teuer. Mit ihnen können Sie jedoch gleichmäßige Oberflächen erzeugen. Die im Folgenden gezeigten Beispiele stellen Alternativen zu teuren Anlagen dar. Es sind jedoch damit nicht immer gleichmäßige Spritzaufträge zu erreichen. Beim Spritzen gelangen kleine und kleinste Glasurpartikel in die Atemluft. Tragen Sie deshalb eine Atemschutzmaske und lüften Sie die Werkstatt gut.

Airbrush Ausrüstung
Kleinere Spritzausrüstungen, die mit Druckbehältern arbeiten, sind besonders für Detailarbeiten zu empfehlen. Erhältlich sind sie im Fachhandel. Besorgen Sie sich am besten Kanister, die kein umweltschädliches Treibgas enthalten.

Fleckiges Spritzen
Spritzen Sie mithilfe einer Zahnbürste Glasur auf Ihre Gefäße. Tauchen Sie die Zahnbürste in Glasur, halten Sie diese nahe vor das Gefäß und ziehen Sie die Borsten mit dem Finger oder einem Stöckchen zurück. Eine Wolke von Glasurspritzern setzt sich auf der Keramik ab.

Pflanzenbefeuchter und Fixativspritzen
Die Spritzbehälter, mit denen man Pflanzen besprüht, sind ebenfalls für das Glasieren von Keramik verwendbar. Fixativspritzen, durch die in der Malerei mit dem Mund Fixativ oder Farbe gepustet werden, sind auch für den keramische Bereich tauglich. Doppelte Vorsicht ist hierbei allerdings geboten, da Ihr Mund selbst Teil der ausführenden Maschinerie wird.

Welche besonderen Effekte lassen sich durch Spritzen erreichen?

Links: Peter Lane, Vase „Berg und Himmel"

Unten: Gary Bish, Schale, gepresst, Wachsaussparentechnik und Farbstifte ergeben ein klares Bild

Glasurqualität
Beim Aufspritzen von Glasuren ergibt sich eine viel gleichmäßigere Oberfläche als beim Aufmalen, Tauchen oder Gießen. Das gewinnt an Bedeutung, wenn es sich um Keramiken mit feinsten Details handelt, die von einer zu dicken Glasur verdeckt würden. Mit der Spritzpistole lassen sich auch Farbübergänge fein abstufen und bestimmte Partien betonen (vgl. abgebildete Beispiele).

Aussparentechnik
Um scharf abgegrenzte Bereiche zu betonen, können Sie Wachs, Abdeckmedien, Klebestreifen oder Papierschablonen benutzen. Wachs kann auch auf die Tonoberfläche aufgespritzt werden. Spritzen Sie Wachs oder Abdeckmedien partiell auf das unglasierte Gefäß und glasieren Sie dann – oder legen Sie einzelne Wachszonen zwischen Glasurschichten, um besondere Oberflächeneffekte zu erhalten.

Glasieren und Brennen • 165

Einige meiner Arbeiten kleben an der Einbauplatte des Ofens fest. Wie kann ich das verhindern?

Standfläche säubern
Alle Zonen des Gefäßes, die mit den Einbauplatten des Ofens in Kontakt kommen, müssen völlig frei von Glasur sein. Jegliche Überreste zwischen Standfläche und Platte bewirken ein Zusammenschmelzen im Brand und ruinieren sowohl Gefäß als auch Platte.

1. Bestreichen Sie die Fußzone Ihrer Gefäße vor dem Glasieren mit Wachs. Die Glasur wird dann diesen Bereich nicht bedecken. Dennoch sollten Sie nach dem Glasieren auch die gewachste Fläche mit einem feuchten Schwamm kurz abwischen.

2. Eine andere Möglichkeit ist, die Standflächen nach dem Glasieren mit einem feuchten Schwamm gründlich zu reinigen. Wechseln Sie das Wischwasser häufig, damit keinerlei auch noch so geringen Glasurreste haften bleiben.

Aufständern
Irdenware, die ganzflächig glasiert wird, stellen Sie auf Dreifüße oder Dreikantleisten. Die spitzen Zacken dieser Einbauhilfen kleben zwar in der Glasur fest, lassen sich jedoch nach dem Brand leicht herausbrechen. Die verbleibenden rauen Stellen schmirgeln Sie glatt. Dieses Verfahren ist nur bei niedrigeren Glattbränden anwendbar, im Steinzeugbereich würden die Gefäße erweichen und die Dreifüße einsinken.

Verwenden Sie sehr leichtflüssige Glasuren, stellen Sie Ihre Gefäße auf unglasierte Tonplatten. So schützen Sie Ihre Ofeneinbauplatten vor ablaufender Glasur. Versuchen Sie, leichtflüssige Glasuren mit freien Dekorrillen im unteren Bereich des Gefäßes aufzufangen.

Bei meinem Schrühbrand war die Temperatur zu hoch. Wie kann ich jetzt noch glasieren?

Ihre Glasuren müssen durch Zusatzstoffe etwas dicker eingestellt werden, damit sie noch gut haften. Setzen Sie eine Lösung aus Gummi Arabicum oder CMC mit Wasser pastös an und geben diese der Glasur nach und nach zu. Acryllösungen aus dem Bereich der Malerei erfüllen denselben Zweck und können der Glasur direkt zugegeben werden. Denken Sie daran, dass all diese Zusatzstoffe in den Anfangsphasen des Brandes gesundheitsschädliche Dämpfe entwickeln. Gefäße, die zu hoch geschrüht wurden, sind weniger porös. Sie nehmen Glasuren besser auf, wenn sie zuvor erhitzt wurden.

Manche meiner Gefäße zeigen Glasurabroller. Wie kann ich diesen Fehler vermeiden?

Sorgfältig arbeiten
Nach dem Schrühbrand sollten Sie Ihre Gefäße rigoros vor Staub und fettigen Fingerabdrücken schützen. Fassen Sie die Arbeiten so wenig wie möglich und wenn nur mit sauberen Fingern an. Vor dem Glasieren muss aller Staub abgewischt werden.

Manche Glasuren haben Inhaltsstoffe, die Abroller produzieren, Colemanit ist z. B. bekannt für seine Absprenger im Brand. Es empfiehlt sich, solche Rohstoffe ganz oder z. T. durch andere Flussmittel zu ersetzen bzw. eine Fritte zu verwenden. Fetten Ton kann man gegen Kaolin austauschen oder tonige Rohstoffe teilweise kalzinieren, bevor sie in den Versatz gegeben werden.

166 • Glasieren und Brennen

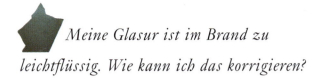

Meine Glasur ist im Brand zu leichtflüssig. Wie kann ich das korrigieren?

Ersetzen Sie einen Teil des Quarzes durch Kaolin, und die Glasur wird zähflüssiger. Oder brennen Sie um etwa 10–20° C, also einen Kegel niedriger als normalerweise.

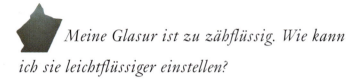

Meine Glasur ist zu zähflüssig. Wie kann ich sie leichtflüssiger einstellen?

Ersetzen Sie einen Teil der tonigen Bestandteile durch Quarz. Oder setzen Sie etwas Fritte bzw. ein anderes Flussmittel, wie z. B. Zinkoxid zu. Oder brennen Sie 10–20° C, also einen Kegel höher als üblicherweise, um Ihre Glasur glatter ausschmelzen zu lassen.

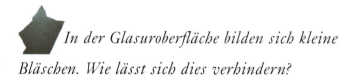

In der Glasuroberfläche bilden sich kleine Bläschen. Wie lässt sich dies verhindern?

Alle Glasuren bilden Bläschen während der chemischen Reaktionen im Schmelzprozess. Meistens fließt die Glasur aber im Verlauf des Brandes wieder glatt darüber aus. Richten Sie eine Haltezeit von etwa 30 Minuten bei der Spitzentemperatur Ihres Brandes ein, damit dieses Ausfließen stattfinden kann. Bilden sich beim Einhalten einer solchen Temperzeit noch mehr Bläschen, gehen diese vermutlich auf Überfeuerung zurück. Brennen Sie dann niedriger. Auch Glasuren, die frisch aufgerührt sind, enthalten manchmal Luftbläschen, die nach dem Tauchen als kleine freie Stellen in der ungebrannten Schicht verbleiben. Reiben Sie vorsichtig mit dem Finger über die trockene Glasur, und diese Luftbläschen werden sich in der gebrannten Arbeit nicht mehr zeigen.

Wie kann ich meine transparente Glasur trüben?

Trübungsmittel zusetzen

Es gibt verschiedene Trübungsmittel, die Sie Ihrer Glasur in variierenden Mengen zusetzen können, um die gewünschte opake Trübung zu erreichen. Starten Sie Versuche mit 8 % Zinnoxid oder 5 % Zirkonsillikat, um eine weißmatte Glasur zu erhalten. Zinn ist teurer als Zirkon, ergibt aber eine zartere Trübung. Zusätze von Zinkoxid oder Titandioxid ergeben kremfarbene, gefleckte, deckende Glasuren. Alle diese zugesetzten Oxide beeinflussen Ihre Glasur und ändern deren Farbverhalten. Testen Sie solche Veränderungen, bevor Sie Arbeiten mit neuen Glasuren versehen. Die oben abgebildeten Probeplättchen zeigen, wie sehr die verschiedenen Effekte einer Glasur auf unterschiedlichen Tonen und mit Zusatz eines grünen Farbkörpers variieren können. Links oben ist die Transparentglasur zu sehen, rechts dieselbe Glasur mit 8 % Zinnoxid versetzt.

Meine transparente Glasur bildet stellenweise wolkige Trübungen aus. Warum?

Transparentglasuren sehen milchig trüb aus und nehmen manchmal einen Schimmer Pink an, wenn sie zu dick glasiert werden. In Mulden von Schalen, in denen sich Glasur gesammelt hat, ist dies häufig der Fall. Um dies zu vermeiden, lassen Sie Ihre Gefäße beim Tauchen nicht zu lange im Glasurschlicker und schaben Sie alle dickeren Zonen plan. Wenn Glasuren zu niedrig gebrannt werden, kommt es ebenfalls zu weißlichen Trübungen. Brennen Sie die Glasur deshalb etwas höher oder halten Sie die Spitzentemperatur einige Zeit.

Glasieren und Brennen • 167

Kann ich die Glattbrandtemperatur meiner Glasur verringern, ohne dass Letztere sich verändert?

Wenn Sie die Glattbrandtemperatur Ihrer Glasur niedriger setzen, ändern sich wahrscheinlich entscheidende Eigenschaften. Setzen Sie deshalb kleine Mengen einer Fritte, Lithiumcarbonat, Petalit oder Zinkoxid zu. Wenn Sie Feldspat durch Nephelinsyenit ersetzen, wird die erforderliche Glattbrandtemperatur meist um einen Kegel niedriger liegen. Denken Sie daran, dass die Auswirkungen ausgetauschter Rohstoffe von der Interaktion aller Komponenten im Schmelzprozess abhängen. Sie müssen Proben machen und diese auswerten.

Ich musste meinen Ofen vor dem Erreichen der eigentlichen Endtemperatur ausschalten. Kann ich ihn jetzt noch einmal hochheizen?

Wenn der Ofen weit unter der Glattbrandtemperatur abgeschaltet wurde, war die Temperatureinwirkung noch nicht maßgeblich, und Sie können den Ofen wie üblich hochbrennen. Wurde der Ofen knapp unter der üblichen Endtemperatur ausgeschaltet und noch einige Zeit getempert, sind manche Schmelzprozesse innerhalb der Glasuren bereits abgelaufen. Wenn ein Brennkegel im Ofen stand, gibt er Ihnen den exakten Wert der Temperatureinwirkung, die bereits stattgefunden hat. Sie können ihn dann im zweiten Brand bis zur selben Neigung brennen. Heizen Sie hingegen wie üblich hoch, ohne die Neigung des Kegels zu beachten, kann es zum Überbrennen der Glasur kommen. Niedriger zu brennen heißt aber andererseits, sich auf einen Schätzwert zu verlassen. Wenn kein Kegel im Ofen war, sollte die Temperatur um etwa 20–40° C reduziert werden.

Einige Glasuren haben ein enges Schmelzintervall, d. h. sie vertragen kein Über- oder Unterbrennen.

Meine farbigen Glasuren wirken langweilig. Wie könnte ich sie aufwerten?

Farbwirkung
Glasuren, die mit Farbkörpern eingefärbt sind, sehen gleichförmig und monochrom aus. Setzen Sie färbende Oxide wie Kupfer- oder Kobaltoxid zu, die sich in der Glasur mit Farbpünktchen oder Farbschlieren bemerkbar machen. Oder geben Sie Rutil, Titandioxid oder Zinkoxid zu,

Oben: John Calver, Steinzeuggeschirr

wodurch sich die Glasuroberfläche ändert. Testen Sie in Oxidationsbränden Rohstoffmischungen wie Nephelinsyenit, Dolomit oder Bariumkarbonat, um interessante Farbeffekte zu erhalten. Wenn Sie reduzierend brennen, können Sie weitere Farbeffekte erzielen.

Nach dem Zugeben eines färbenden Oxids ist meine Glasur im Glattbrand zu leichtflüssig und läuft ab. Wie kann ich solche Nebenwirkungen vermeiden?

Glasuren und Brenntemperatur
Das färbende Oxid, das Sie zugesetzt haben, wirkt als Flussmittel, d. h. es veranlasst die Glasur, bei niedrigerer Temperatur zu schmelzen. Glasuren, die so reagieren, neigen auch zu Haarrissigkeit. Geben Sie neben dem Farboxid die halbe Menge Kaolin zu. Sie können auch versuchen, die Brenntemperatur etwa 10–20° C (einen Kegel) niedriger zu setzen, sodass die Glasur nicht abläuft.

168 • *Glasieren und Brennen*

Lassen sich rosafarbene Glasuren auch ohne Farbkörper herstellen?

Rohstoffmischungen
Mischen Sie bestimmte Rohstoffe, um solche Pinktöne zu erhalten. Chromoxid färbt z. B. eine Glasur pinkfarben, sobald Zinn vorhanden ist. Bestimmte Kombinationen von Dolomit und Rutil färben zartrosa, Nickel und Barium kräftig lila. Solche Kombinationsversuche liefern Ihnen eine Vielzahl von Nuancen, ohne auf die flach und kühl wirkenden Pinkfarbköper zurückgreifen zu müssen.

Die schwarze Glasur, die ich mit Farbkörpern einfärbe, wirkt leblos. Wie kann ich sie lebendiger gestalten?

Farbenspiel schaffen
Ersetzen Sie einen Teil des schwarzen Farbkörpers durch färbende Oxide, um die gleichförmige Färbung durch Farbnuancen und -flecken aufzulockern. Eine Mischung von jeweils dreien der folgenden Farboxide wird Schwarz ergeben: Kobalt-, Kupfer-, Chrom-, Mangan- und Eisenoxid. Nutzen Sie die färbenden Eigenschaften einzelner Oxide, um Farbeffekte zu initiieren, also Kobalt für Blau, Kupfer für Grün und Mangan für Violett. Setzen Sie andere Rohstoffe wie Bariumkarbonat, Nephelinsyenit, Dolomit, Rutil oder Titandioxid zu, um die Oberfläche der Glasur aufzulockern.

Meine Glasur zeigt viele kleine Flecken und Pünktchen. Wie erreiche ich eine gleichmäßigere Farbgebung?

In Ihrer Glasur führt die Reaktion zwischen färbenden und strukturierenden Oxiden zu ungleichmäßigen Oberflächeneffekten. Benutzen Sie lieber glatt ausschmelzende Glasuren, die mit Farbkörpern statt mit Farboxiden eingefärbt sind und gleichmäßig gefärbte Oberflächen ausbilden.

Meine kobalthaltigen Glasuren haben ein allzu intensives Blau. Wie kann ich die Farbe dämpfen?

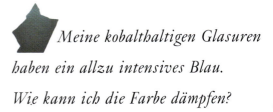

Weitere Farboxide zusetzen
Kobaltoxid für sich allein verwendet, färbt stark blau. Mit Kobaltkarbonat sind schon zartere Graublautöne möglich. Oxidmischungen von Kobalt mit Eisen, Rutil oder Mangan ergeben graublaue bis blauviolette Farbtöne. Typische Einfärbungsmengen sind: 0,5 % Kobaltoxid plus 2 % Eisenoxid oder 0,5 % Kobaltoxid plus 6 % Manganoxid oder Rutil.

Wechselwirkung in der Glasur
Einige der Glasurrohstoffe reagieren in der Schmelze farbverändernd auf Kobaltoxid und wirken sich auch auf die Oberfläche aus. Gehen Sie bei Ihren Versuchen von einer Glasur aus, die Nephelinsyenit bzw. Bariumkarbonat enthält, oder setzen Sie Ihrer Glasur Zinnoxid bzw. Titandioxid zu. Die Farben und Oberflächen Ihrer Glasuren gestalten sich so abwechslungsreicher.

Glasieren und Brennen • 169

Meine weißen Glasuren sind durch Farbflecken verunreinigt. Was kann ich tun?

Kontrollieren Sie alle Ausrüstungsgegenstände, die mit Ihren weißen Glasuren in Kontakt kommen auf gründliche Sauberkeit. Alle Rückstände von früheren Arbeiten mit farbgebenden Oxiden verfärben Ihre neu angesetzte Glasur. Eine gute Lösung ist das Nutzen von zweierlei Wiege-, Sieb- und Rührausrüstungen für die weißen bzw. die farbigen Ansätze. Auch beim Tauchen oder Begießen können weiße Glasuren durch sich lösende Unterglasurdekorfarben verunreinigt werden. Brennen Sie Unterglasurdekore in einem Schrühbrand vor, bevor Sie überglasieren. Bringen Sie Farbdekore erst auf die bereits aufgetragene Glasur auf oder spritzen Sie die Glasuren über die Dekore. Manche Tone besitzen Eisenpartikel, die groß genug sind, um während des Brandes durch eine Glasur hindurchzubrechen und braune Flecken zu hinterlassen. Benutzen Sie dann einen helleren Ton oder tragen Sie vor dem Glasieren eine weiße Engobe auf.

Einige meiner weiß glasierten Gefäße kommen mit grünlichen Schatten aus dem Ofen. Woran liegt das?

Verunreinigung mit Kupfer
Sicherlich standen Gefäße mit kupferhaltiger Glasur nahe bei Ihren weiß glasierten Arbeiten. Kupfer wird oberhalb von 1200° C flüchtig und färbt auf umliegende Gefäße ab. Selbst durch dünne Wandungen hindurch ist dieses Verfärben umliegender Gefäße im Ofen feststellbar. Wenn Ihre Gefäße weiß bleiben sollen, halten Sie ausreichenden Abstand beim Einbau ein oder brennen Sie die weiß glasierten Stücke auf einer extra Brennebene.

Die Glasur, die ich mit Chromoxid eingefärbt habe, kommt immer rosafarben aus dem Ofen. Warum?

Wechselwirkungen der Glasurbestandteile
Ihre Glasur enthält Zinnoxid, und Chromoxid in Verbindung mit Zinnoxid färbt nicht wie üblich grün, sondern rosafarben. Es kann auch vorkommen, dass chromoxidgefärbte Glasuren, die kein Zinn enthalten, wie üblich grün färben, die Gefäße in ihrer näheren Umgebung dennoch rosafarben erscheinen, weil sie zinnweiße Glasuren tragen. Dieses außergewöhnliche Verhalten können Sie auch gezielt einsetzen und dekorative rosafarbene Schattierungen hervorrufen. Schwarze Farbkörper, die auf Chrom basieren, nehmen manchmal unter einer zinnweißen Glasur eine rosa Farbe an. Möchten Sie dies ausschließen, verwenden Sie Zirkonsilikat als Trübungsmittel oder verzichten Sie auf Chromoxid.

Kann ich einen Feldspat einfach durch einen anderen ersetzen?

Kalium-, Natrium-, Kalziumfeldspat oder Nephelinsyenit sind als Hauptflussmittel in einer Glasur weitestgehend austauschbar. Dennoch besitzt jeder Feldspattyp seine besonderen Charakteristika. Nephelinsyenit senkt z. B. die Schmelztemperaturen der Glasuren und führt zu weicheren, besser ausgeschmolzenen Oberflächen. Der Schmelzpunkt von Kalziumfeldspat liegt deutlich höher als der anderer Feldspattypen. Er neigt jedoch nicht so sehr zur Haarrissigkeit. Natronfeldspäte reagieren auf Kupferoxid mit ganz anderer Farbwirkung als Kalifeldspäte. Tauschen Sie also einen Feldspat Ihrer Glasur aus, werden sich geringe Änderungen in Brenntemperatur, Oberflächenbeschaffenheit und Farbwirkung ergeben.

170 • *Glasieren und Brennen*

Was ist beim Rohglasieren zu beachten?

Als Rohglasieren bezeichnet man das Glasieren getrockneten, ungeschrühten Tons. Glasuren, die für dieses Verfahren geeignet sind, weisen eine hohe Schwindung auf und enthalten in der Regel mehr als 25 % Ton im Versatz. Ein Wechsel des Kaolinanteils gegen fetten Ton ist ebenfalls ratsam. Beim Brennen von rohglasierten Stücken sollten Sie nicht vergessen, dass Schrüh- und Glattbrand in einem vollzogen werden. Der Brand muss also in der Anfangsphase entsprechend behutsam geführt werden, bis sämtliche Feuchtigkeit und Verunreinigungen ausgebrannt sind. Beim Rohbrand wird somit die Ausschussrate leicht höher, der Energieaufwand dafür umso niedriger liegen.

Wie trage ich Rohglasuren auf?

Trocknungsstadium
Glasieren Sie Ihre Arbeiten versuchsweise in unterschiedlichen Trocknungsphasen, um den günstigsten Zeitpunkt zu finden. Manche Tone lassen sich am besten glasieren, wenn sie knochentrocken sind, andere im lederharten Zustand, da sie nur dann die Feuchtigkeit des Glasurschlickers aufnehmen können, ohne Blasen zu bilden. Lassen Sie die Stücke nach dem Innenglasieren trocknen, bevor Sie sich die Außenseite vornehmen. Durch die große Feuchtigkeitsaufnahme bilden sich weniger Blasen. Kontrollieren Sie, ob alle Arbeiten wirklich trocken sind, bevor Sie diese zum Brennen in den Ofen stellen.

Glasurkonsistenz
Rohglasuren sind generell etwas dicker einzustellen als Glasuren für Schrühware. Glasuren mit Zusatz von CMC sind gut geeignet für trockene Arbeiten. Wenn Ihr Ton die Wasseraufnahme durch das Tauchen und Gießen trotz allem nicht verträgt, tragen Sie die Glasuren mit dem Pinsel auf oder bestäuben Sie die noch feuchten Gefäße mit einer dünnen Glasurpuderschicht durch ein Sieb.

Wie kann ich wasserdichte Vasen aus Irdenwareton herstellen?

Irdenware ist nicht dicht gebrannt und deshalb immer porös. Glasieren Sie Irdenware ganzflächig, um sie wasserdicht werden zu lassen, und verwenden Sie keine Glasuren, die Haarrissigkeit aufweisen. Wasser würde über diese Risse in den Scherben einsickern.

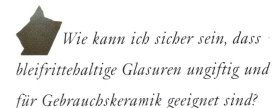

Wie kann ich sicher sein, dass bleifritthaltige Glasuren ungiftig und für Gebrauchskeramik geeignet sind?

Handelsübliche bleifritthaltige Glasuren werden industriell unter bestimmten Sicherheitsauflagen hergestellt. Wenn Sie eigene Glasuren mischen, geben Sie nicht zu viel Bleifritte zu und verwenden Sie niemals Kupfer oder kadmiumhaltige Rohstoffe zum Einfärben. Diese Oxide fördern die Löslichkeit des Bleioxids, sodass es in die Nahrung wandern kann. Hier ein Test: Lassen Sie eine zur Hälfte mit Essig gefüllte Schale 24 Stunden stehen und untersuchen Sie dann die Glasuroberfläche mit dem Vergrößerungsglas. Beständige Glasuren zeigen sich unverändert, bleilässige Glasuren weisen eine mattierte Oberfläche auf. Töpfer, die auf Geschirre spezialisiert sind, sollten nur Glasuren mit unerheblicher Bleiabgabe (DIN 51031, Bleigesetz) oder besser bleifreie Glasuren verwenden.

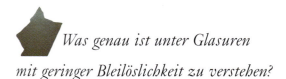

Was genau ist unter Glasuren mit geringer Bleilöslichkeit zu verstehen?

Im Niedrigtemperaturbereich unterscheidet man zwischen bleihaltigen und bleifreien Glasuren. Glasuren mit geringer Bleilöslichkeit sind bleihaltige Glasuren, deren Bleigehalt in gefritteter Form vorliegt. Solche Bleifritten werden unter Beachtung von Sicherheitsauflagen industriell hergestellt und dürfen daher auf Geschirr verwendet werden, sofern ihre Bleilöslichkeit unter einem bestimmten Wert liegt.

Glasieren und Brennen • 171

Wie kann ich Haarrissen entgegenwirken?

Haarrisse entstehen, wenn die Glasur stärker schwindet als der sie tragende Ton. Um dieses Problem am einfachsten zu lösen, sollten Sie sich für ein zum Ton passendes Glasurrezept entscheiden. Möchten bzw. müssen Sie jedoch bei einer bestimmten Glasur bleiben, sollten sie Folgendes beachten: Brennen Sie bei einer anderen Temperatur. Sowohl Überbrennen wie Unterbrennen kann Haarrissigkeit fördern. Öffnen Sie den Ofen nicht zu früh, weil Zugluft auch gut sitzende Glasuren zum Krakelieren bringen kann. Glasieren Sie dünner. Dicker aufliegende Glasurschichten neigen eher zu Haarrissen, vor allem bei feinen Tonen oder bei Porzellan. Sie können auch die Glasurzusammensetzung ändern und Rohstoffe mit geringerer Wärmedehnung aufnehmen. Verwenden Sie etwas mehr Ton und Quarz oder geben Sie Zink, Borfritte, Talkum, Magnesiumkarbonat bzw. Lithiumkarbonat zu. Ersetzen Sie Kalifeldspat durch Kalziumfeldspat. Sie können auch einen Ton mit höherem Quarzanteil einsetzen oder Quarz, Flint bzw. Kristobalit zur Masse zugeben.

Die verwendete Glasur sitzt nach dem Brand rissfrei auf dem Scherben. Wie kann ich sicherstellen, dass sich auch in Zukunft keine Risse bilden?

Manche Glasuren, die nach dem Brand rissfrei auf dem Scherben sitzen, bilden Monate später Risse aus. Für Geschirr stellt dies ein großes Problem dar. Testen Sie Ihre Arbeiten auf Schockresistenz, indem Sie diese nach dem Brand in kaltem Wasser abschrecken. Die Temperaturspanne sollte 120°–160° C betragen. Glasuren, die noch bei 160° C Unterschied rissfrei bleiben, haben einen guten Glasursitz. Glasuren, die bereits bei 120° C Unterschied krakelieren, würden voraussichtlich auch unter normalen Bedingungen einige Wochen später Risse ausbilden.

Eigentlich sind Haarrisse und Krakelee Glasurfehler. Wie kann ich diese auch für ästhetische Effekte einsetzen?

Oben: Gill Bliss, Weiblicher Torso

Kontrastierende Linien

Heben Sie das Netzwerk einer Krakeleeglasur durch Einfärben der Linien hervor. Tragen Sie Oxide, Farbkörper oder Lüstertinkturen auf und brennen Sie diese bei niedrigeren Temperaturen ein. Die Farbe von Permanentmarkern eignet sich ebenfalls gut und muss nicht nochmals eingebrannt werden. Reiben Sie Tinte in die gesamte Glasuroberfläche und legen Sie beim Sauberwischen das feine Netzwerk der Farben frei.

Kriechglasuren oder Schlangenhautglasuren

Glasuren nennt man Kriechglasuren, wenn sie nicht glatt ausschmelzen, sondern sich inselförmig oder punktuell auf dem Ton zusammenziehen. Staubige bzw. fettige Scherben neigen zu dieser Art Glasurabroller, ebenso einige Unterglasurfarben. Glasurrohstoffe wie Zinkoxid, Colemanit und die Trübungsmittel tendieren vor allem bei dickem Glasurauftrag zum Abrollen. Gezielt eingesetzt kann man mit solchen Abrollern äußerst interessante Kontrastbereiche zwischen Ton und Glasur setzen oder stark strukturierte Oberfächen schaffen.

Rechts: Gary Bish, Sphären '88

Welche Rohstoffe verwende ich für die Entwicklung von Sonderglasuren?

Glasuren für strukturierte Oberflächen
Glasuren für dekorative Arbeiten müssen nicht den gleichen Anforderungen genügen wie für Gebrauchskeramik. Daher können Sie mit den verschiedensten Formen und Oberflächen experimentieren, um die gewünschte Aussage zu erzielen.

Steinmatte und matte Glasuren
Glasuren mit einem hohen Tonanteil im Versatz sind von ihrer Struktur zwischen Engobe und Glasur anzusiedeln und weisen eine steinmatte Oberfläche auf. Roter, brauner und beigefarbener Ton bildet das Grundmaterial für farbige Glasuren – die wiederum durch Zusätze von Farboxiden oder Farbkörpern variiert werden können. Weißer oder hellbeiger Ton führt zu hellen, pastelligen Tönen. Große Mengen an Bariumkarbonat erzeugen eine matte und strukturierte Oberfläche. Kupfer- und Kobaltoxid eignen sich besonders gut als färbende Stoffe in Bariumglasuren.

Rechts: Emanuel Cooper, Krug mit Barium-Matt-Glasur

Kraterglasuren
Verschiedene Rohstoffmischungen bringen die Glasur im Brand so sehr zum Kochen, dass die aufplatzenden Blasen keine Zeit mehr zum Glattfließen haben. Es bleiben Krater in der ausgeschmolzenen Glasur zurück. Setzen Sie mehr als 0,5 % Siliziumkarbid zu, um eine solche Wirkung zu erzeugen. Übereinander aufgetragene Glasuren führen häufig zu sehr interessanten Oberflächeneffekten.

Links: Lucie Rie, Schale mit Kraterglasur

Ich habe Gefäße mit großen Kristallen gesehen. Wie werden solche Kristalle erzeugt?

Kristallglasuren
Solche Glasuren werden als Kristallglasuren bezeichnet. Die Kristalle wachsen aus einzelnen Rohstoffen, insbesondere Zinkoxid. Eine spezielle und genau kontrollierte Brennweise ist notwendig, um solche Glasuren herzustellen. Nach dem Erreichen der Spitzentemperatur wird der Ofen auf 1100–1000° C abgekühlt. Hier ist die Temperatur zu halten, damit die Kristalle wachsen können. Erst mit viel Erfahrung ist es möglich, den Brennzyklus so zu manipulieren, dass bestimmte Muster entstehen.

Oben: Elsie Blumer, Vase

Wieso kleben meine mit Kristallglasuren dekorierten Gefäße auf der Einsetzplatte fest?

Ständer benutzen
Alle kristallinen Glasuren sind leichtflüssig und fließen von der Gefäßwandung ab.

1. Stellen Sie daher für jede Arbeit, für die Sie eine Kristallglasur gewählt haben, einen Ständer mit Auffangbereich her.

2. Die geschmolzene Glasur wird in den meisten Fällen Gefäß und Ständer miteinander verbinden. Trennen Sie diese wieder, indem Sie mit einem Glasschneider einritzen, um sodann Gefäß und Ständer mit einem leichten Schlag zu lösen.

Glasieren und Brennen • 173

Warum bilden sich am oberen Rand meiner Gefäße keine Kristalle?

Kristallglasuren entwickeln eine so starke Schmelze, dass sie während des Brandes zum Teil vom Gefäß abfließen. Um dem entgegenzuwirken, glasieren Sie den oberen Bereich dicker als den unteren. Während des Brandes fließen die unterschiedlich starken Aufträge aus und bilden eine gleichmäßige Glasurschicht.

Kann ich für Gefäße aus Porzellan Steinzeugglasuren verwenden?

Glasuren bilden auf Porzellan eher als auf Steinzeugtonen Haarrisse aus. Testen Sie die vorhandenen Glasuren auf Ihrer Masse und beobachten Sie, ob und wie sie ausschmelzen. Tragen Sie die Glasuren auf Porzellan etwas dünner als auf Steinzeug auf. Seladonglasuren und Glasuren mit seidenmatten Oberflächen passen häufig sehr gut zu Porzellan. Arbeiten Sie zuerst immer mit Probeplättchen, da die Ergebnisse auf jedem Porzellanscherben unterschiedlich ausfallen können.

Kann ich die im Elektroofen oxidierend gebrannten Glasuren auch in einem Gasofen für einen Reduktionsbrand benutzen?

Unterschiedliche Resultate

Sie können dieselbe Glasur in reduzierender und oxidierender Atmosphäre brennen – das Ergebnis wird allerdings ein anderes sein. In der Reduktion kommt es vor, dass die Glasur schneller ausschmilzt. Die Glattbrandtemperatur muss dann niedriger angesetzt werden – es sei denn, die veränderte Glasuroberfläche gefällt Ihnen. Viele Farboxide zeigen in reduzierender Atmosphäre Farbveränderungen, z. B. wird Kupferoxid rot anstatt grün färben.

Ich habe von Glasuren gehört, die Reduktionseffekte im oxidierenden Brand zeigen. Wie kann ich solche Glasuren herstellen?

Selbstreduzierende Glasuren

Sie können dem Glasurversatz Materialien zugeben, die eine Selbstreduktion der Glasur erzeugen, selbst wenn diese in oxidierender Atmosphäre gebrannt wird. Diese Glasuren werden als selbstreduzierend bezeichnet. Setzen Sie 10 % kohlenstoffhaltiges Material wie pulverige Holzkohle, Graphit oder Asche zu kupferoxid- oder eisenoxidhaltigen Glasuren, um kupferrote Töne und Seladonfarben in Ihrem Elektroofen zu erzeugen. Sie können zur Selbstreduktion auch 0,3 % Siliziumkarbid zu einer Glasur geben. Bei den oben abgebildeten Beispielen wurde zur grünen Glasur 1,5 % Eisenoxid und 2 % Knochenasche, zur roten Glasur 0,5 % Kupferoxid und 1 % Zinnoxid zugesetzt.

Meine reduzierten Glasuren haben alle einen grauen Farbstich. Woher kommt das?

In der reduzierenden Atmosphäre eines Ofens können die Gefäße von Rauch umgeben sein. Wenn mit der Reduktion zu früh begonnen wurde, kommt es mitunter zu Kohlenstoffeinlagerungen, die grau und schattenartig in der gebrannten Glasur erscheinen. Manche Töpfer sehen darin einen dekorativen Effekt. Möchten Sie jedoch solche Einschlüsse vermeiden, sollten Sie mit der Reduktion nicht unter 1000° C beginnen.

Wie erziele ich verlässlichere Ergebnisse mit Kupferrot-Glasuren?

Erfahrungen sammeln

Kupfer ist ein sehr flüchtiger Stoff im Reduktionsbrand und verteilt sich daher leicht in der Ofenatmosphäre. So ist nicht davon auszugehen, dass Kupfer genau an dem Ort reagiert, an dem es eingesetzt wurde: Manchmal bleiben aus nur schwerlich nachzuvollziehenden Gründen Bereiche eines Gefäßes farbfrei, ein anderes Mal zeigt sich ein klares und wunderschönes Rot. Sie können lediglich Erfahrungen sammeln, wie sich die Glasuren an bestimmten Stellen im Ofen entwickeln, wie das Setzen der Ware die Glasurqualität bestimmt und welches die Vor- und Nachteile der verschiedensten Brennweisen sind.

Links: Steven Hill, Vase, reduzierend gebrannt

Wie kann ich Salzglasuren einfärben?

Salzglasuren sind transparent. Farbige Effekte können Sie erzielen, indem Sie die Arbeiten aus farbigem Ton fertigen, mit einer farbigen Engobe überziehen oder Farboxide zusammen mit dem Salz in den Ofen geben. Die Masse bzw. die Engobe einzufärben ist der übliche Weg, und durch die transparente Salzglasur kommen die meisten Farben gut zur Wirkung. Engoben, die 15–35 % Flint oder Quarz enthalten, eignen sich besonders gut im Salzbrand, da der hohe Siliziumdioxidanteil die Bildung der Salzglasur unterstützt. Als weitere Komponenten der Engobe sollten Sie Kaolin, Ton, Nephelinsyenith oder Feldspat benutzen. Porzellanengoben ergeben ebenfalls intensive Farben.

Sie können auch sich verflüchtigende Farbgeber mit dem Salz mischen und in den Ofen einbringen. Mangandioxid und Manganchlorid erzeugen ein violettes Purpur und Rot in der Glasur. Kupfersulfat ergibt Türkis und Kupferkarbonat in reduzierender Atmosphäre Kupferrot. Der Nachteil dieser Methode ist, dass sich mit dem Salz auch die farbgebenden Stoffe im Ofen niederschlagen und im nächsten Brand erneut aktiv werden.

Im Salzbrand bildet sich im Innern meiner Gefäße keine Glasur. Was ist passiert?

Der Innenraum von zylindrischen und enghalsigen Gefäßen ist von den flüchtigen Natriumdämpfen des Salzes nur schwer zu erreichen. Es ist daher zu empfehlen, solche Arbeiten vor dem Salzbrand innen mit einer Steinzeugglasur zu versehen.

Wie stelle ich Raku-Glasuren her?

Niedrigtemperaturglasuren

Die besondere Qualität der Raku-Glasuren wird durch die Art des Brennprozesses bestimmt. Bei den Glasuren selbst handelt es sich um niedrig schmelzende Irdenwareglasuren, die zwischen 850° C und 1050° C ausschmelzen. Raku-Glasuren setzen sich in der Regel aus wenigen Rohstoffen zusammen: als charakteristisch gelten Alkali-, Blei- oder Borfritten mit ca. 10 % Kalkspat und 10 % Ball Clay (fettem Ton). Ein Zusatz von ca. 5–10 % Zinnoxid erzeugt weiß-opake Glasuren, die gut mit dem Schwarz des abgeräucherten Tons kontrastieren. Experimentieren Sie und geben Sie Ihren Grundglasuren die verschiedensten Farboxide oder Farbkörper zu. 2–3 % Kupferoxid erzielen z. B. ein Türkis, das in starker Reduktion zum Kupferrot tendiert; Kombinationen von Nickel- und Eisenoxid bewirken einen silbernen Film auf den Glasuren. Raku-Glasuren krakelieren, und ein Netzwerk aus schwarzen Linien ist für sie typisch. Tragen Sie Ihre Raku-Glasuren dick auf und sorgen Sie dafür, dass sie gut trocknen, bevor Sie die Gefäße in den Ofen stellen. Jede noch feuchte Stelle wird sonst unter dem Einfluss der plötzlichen Hitze abplatzen.

Rechts: David Jones, Raku-Schalen

Glasieren und Brennen • 175

 Darf ich meine Gefäße im Schrühbrand so dicht stellen, dass sie sich berühren?

Ofenraum gut ausnutzen

Gefäße, die nicht dekoriert oder nur mit einer Engobe überzogen sind, können im Schrühbrand ineinander und übereinander gestellt werden, sodass der Brennraum am effektivsten ausgenutzt wird. Dennoch sollten Sie darauf achten, dass die Arbeiten mit dem Boden aufstehen (vgl. Abb. unten links) und nicht mit ihrem gesamten Gewicht auf dem Rand des unteren Stücks lasten (vgl. Abb. unten rechts) – dies führt mitunter zu Rissen und Verziehen. Achtung! Farbdekore können bei Berührung auf andere Arbeiten abfärben oder beschädigt werden.

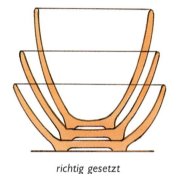 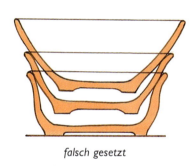

richtig gesetzt   *falsch gesetzt*

 Sollen Schrüh- und Glasurbrand in gleicher Weise durchgeführt werden?

Wird der Ton das erste Mal gebrannt, muss die Temperatur langsam ansteigen, damit Wasser aus den Wandungen entweichen und später die nötigen chemischen Umwandlungen stattfinden können. Töpfer starten ihren Elektroofen für den Schrühbrand daher in der Regel langsam und schalten in den ersten Stunden von 25 % auf 50 % Leistung. Wenn die Temperatur 500–600° C erreicht hat, werden die Schaulöcher geschlossen und die volle Leistung eingeschaltet.

Gefäße, die bereits geschrüht wurden, müssen nicht so langsam aufgeheizt werden. Glasurbrände verlaufen daher in der Regel anders. Viele Töpfer verlangsamen den Temperaturanstieg erst später oder halten die Spitzentemperatur für eine gewisse Zeit (tempern), um die Glasuren völlig auszuschmelzen.

Beim Einbrandverfahren – wenn also rohglasierte Stücke gebrannt werden – müssen Sie beide Brandverläufe kombinieren und sowohl langsam anfahren als auch nach Erreichen der Spitzentemperatur tempern.

 Ich benutze einen Toplader. Wie kann ich beim Einbau die richtige Lage der nächsten Einsetzplatte beurteilen?

Einbauhöhe kontrollieren

Wenn alle Arbeiten einer Lage im Ofen stehen und auch die Stützen platziert sind, nehmen Sie ein Lineal o. Ä. und legen Sie es über die Stützen. Sie erkennen nunmehr, ob diese hoch genug sind oder ob eines der Stücke die nächste Einsetzplatte berühren wird. Noch einfacher ist es, eine Stütze neben die größte Arbeit zu stellen, noch bevor Sie sie in den Ofen setzen – so können Sie feststellen, wie viel Abstand zur nächsten Setzplatte verbleiben wird.

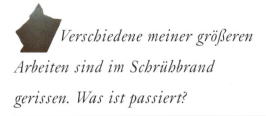 *Verschiedene meiner größeren Arbeiten sind im Schrühbrand gerissen. Was ist passiert?*

Wenn Ton gebrannt wird, dehnt er sich erst ein wenig aus, bevor er zu schwinden beginnt. Wurde die nächste Einsetzplatte knapp über einem größeren Stück platziert, kann dieses sich nicht ausdehnen und verzieht sich bzw. reißt gar. Bauen Sie deshalb stets ausreichend Abstand ein.

Was sind die wichtigsten Regeln beim Setzen eines Glasurbrandes?

Glasuren schmelzen im Brand und kleben an allem, was sie berühren. Sorgen Sie also dafür, dass die Standflächen der glasierten Gefäße immer sauber sind. Lassen Sie ausreichend Platz zwischen den Stücken, damit sie nicht aneinander kleben. Das sich wiederholende Aufheizen bis zur Steinzeugtemperatur belastet die Brennhilfsmittel. Überprüfen Sie daher die Platten und Stützen regelmäßig auf Schäden. Bauen Sie die Brennhilfsmittel so ein, dass keine Gefahr des Zusammensturzes besteht. Setzen Sie Ihre Arbeiten so, dass sich die Temperatur während des Brandes gleichmäßig verteilen kann.

Wie kann ich meine Einsetzplatten gleichmäßig engobieren?

Dünne Mischung benutzen
Obwohl die Platten dick engobiert sein sollten, tragen Sie die Engobe nicht auf einmal auf. Die porösen Platten saugen sonst das Wasser sofort auf, wodurch sich eine unebene Schicht bildet.

1. Setzen Sie Ihre Plattenengobe in dünner, milchähnlicher Konsistenz an und tragen Sie diese mit einem breiten Farbpinsel mehrfach übereinander auf.

2. Reinigen Sie die Plattenkanten mit einem feuchten Schwamm von herabgelaufener Engobe. Vergessen Sie dies, können Reste beim Ofensetzen abplatzen und auf darunter stehende Stücke fallen.

Meine neuen Einsetzplatten werden durch Glasursprenkel und gesinterten Ton beschädigt. Wie kann ich sie schützen?

Schutzschicht auftragen
Bevor Sie neue Platten im Ofen benutzen, sollten Sie eine Plattenengobe aufziehen. Von einer solchen Schutzschicht lassen sich Glasurtropfen oder Spuren von gesintertem Ton leichter ablösen als von ungeschützten Platten. Reinigen und reparieren Sie diese Schicht regelmäßig, sodass Ihre Gefäße auf einer sauberen und ebenen Unterlage stehen. Als Trennschicht können Sie auch eine dünne Lage Quarzsand benutzen. Diese lose Schicht müssen Sie jedoch beim Ausnehmen des Ofens wieder vorsichtig von jeder abgeräumten Platte entfernen. Andernfalls besteht die Gefahr, dass der Sand sich im ganzen Ofen und auf später eingebaute Stücke verteilt.

Stücke aufständern
Wenn Sie sehr leichtflüssige Glasuren verwenden, die auf die Platten laufen könnten, stellen Sie Ihre Gefäße auf Stützen. Bei diesen handelt es sich um unglasierte, feuerfeste Brennhilfsmittel, die spitz ausgeformt die Arbeiten tragen. Wenn die Glasuren darüber laufen, können die Stützen dennoch leicht herausgebrochen werden – nicht zuletzt sind sie bedeutend billiger als eine neue Einsetzplatte. Komplett glasierte Irdenwaregefäße stellen Sie auf Dreifüße. Die Spitzen schmelzen in die Glasur ein, werden nach dem Brand aber leicht herausgebrochen und die Berührungspunkte mit Sandpapier überschliffen. Wenn die Gefahr besteht, dass sich das Gefäß auf nur drei kleinen Spitzen im Brand verzieht, müssen Sie Stützen mit mehreren Spitzen verwenden (vgl. Abb. unten).

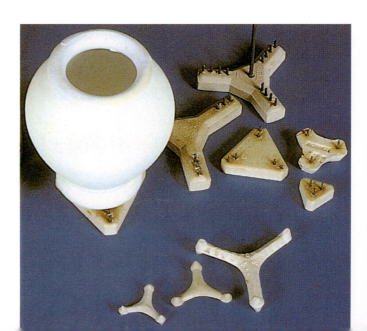

Glasieren und Brennen • 177

 Obwohl ich die rauen Böden meiner Gefäße mit dem Schwamm versäubert habe, verkratzen sie alle Möbel. Wie kann ich Abhilfe schaffen?

 Mein Ofen schaltet sich automatisch ab, aber meine Glasuren sind unterbrannt. Woran liegt das und wie kann ich meine Glasuren richtig brennen?

Schleifstein

Wenn man den Bodenbereich während der Herstellung mit einem Schwamm bearbeitet, kann das Sand- oder Schamottekörner freilegen. Raue Böden müssen daher nach dem letzten Brand beschliffen werden. Bei Steinzeug benötigen Sie dazu sehr hartes Material. Schwarze Siliziumkarbid-Schleifsteine sind gut geeignet, um selbst die härteste Keramik zu schleifen. Sie sind über den Fachhandel zu beziehen.

Schleifsteine selber fertigen

Sie können die Böden zweier Arbeiten gegeneinander reiben und so beschleifen. Hierbei besteht jedoch die Gefahr, dass Stücke des Fußrings ausbrechen. Besser ist es, sich selbst einen Schleifstein zu fertigen.

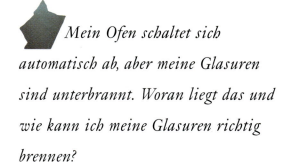

Brennkegel verwenden

Nicht die Temperatur allein, sondern das Zusammenspiel von Temperatur und Zeit bestimmt in entscheidendem Maße jeden Brand. So können in einem Ofen, der innerhalb von 10 Stunden auf eine bestimmte Temperatur gebrannt wird, thermisch bedingte Prozesse länger ablaufen als in einem Ofen, der nur 7 Stunden bis zur gleichen Temperatur aufgeheizt wird. Durch die Verwendung von Brennkegeln bekommen Sie den besten Eindruck vom Geschehen im Ofen. Diese Kegel sind aus denselben Rohstoffen wie die Glasuren gefertigt und zeigen entsprechende Eigenschaften im Brand.

1. Kneten Sie Sand oder Schamotte in ein kleines Stück Ton, sodass eine grobkörnige Struktur entsteht. Formen Sie sich mehrere Tonbälle mit unterschiedlichen Mengen an Zusätzen.

2. Rollen Sie die Tonbälle zu Platten aus und schneiden Sie sich handliche Stücke. Wischen Sie mit einem feuchten Schwamm über die Oberfläche, sodass die Sand- und Schamottekörner frei liegen. Trocknen Sie die Teile und brennen Sie diese mit Ihren Gefäßen zusammen in einem möglichst hohen Glattbrand.

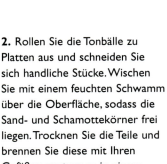

3. Benutzen Sie nun diese selbst hergestellten Schleifsteine, um die Böden Ihrer Gefäße oder anderer rauer Oberflächen zu glätten.

Glasur mit breitem Schmelzintervall

Es gibt Glasuren, die nur bei einer ganz bestimmten Brenntemperatur ein gutes Ergebnis zeigen, und andere, die in einem breiten Temperaturbereich ausschmelzen und daher verlässlicher sind. Wenn Sie sich nicht zu viel Gedanken über die Einhaltung exakter Brennkurven machen wollen, sollten Sie letztere Glasuren benutzen.

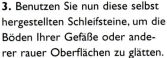

178 • *Glasieren und Brennen*

 Ich habe meinen Ofen von Hand abgeschaltet, dennoch waren die Glasuren überbrannt. Warum?

Wenn eine Spirale durchbrennt, läuft der Ofen eventuell weiter, ohne die Endtemperatur erreicht zu haben. Oder er benötigt sehr viel mehr Zeit, um auf die Endtemperatur zu kommen. Die Temperatureinwirkung auf die Glasuren dauert also bedeutend länger an, was zum Überbrennen führen kann. Daher ist es sinnvoll, Brennkegel mit in den Ofen zu stellen, anhand derer Sie erkennen können, ob die erforderliche Temperatureinwirkung stattgefunden hat – selbst wenn die Endtemperatur noch nicht erreicht wurde. Verschiedene Regelinstrumente sind sowohl mit einer Spitzentemperatur wie einer maximalen Brennzeit zu programmieren. Dies ist von Vorteil, wenn das Abschalten des Ofens nicht kontrolliert werden kann.

 Wie stelle ich einen Brennkegel sicher auf?

Passende Halterung
Im Fachhandel erhältliche Halter fixieren den Kegel in der korrekten Position – vor allem bei der Verwendung mehrerer Kegel sind diese recht nützlich. Die einfachste Methode ist jedoch eine Tonwulst, die um den Fußbereich des Kegels geknetet wird.

1. Stellen Sie den Kegel entsprechend seiner abgeschrägten Standfläche auf die Ebene des Arbeitstisches. Der Kegel steht somit nicht aufrecht, sondern ist in einem gewissen Winkel geneigt.

2. Rollen Sie eine dünne Tonwulst und wickeln Sie diese eng um den Fuß des Kegels, den Sie weiterhin in der oben beschriebenen geneigten Position festhalten. Verwenden Sie nur so viel Ton, dass der Kegel sicher steht. So können Sie ihn in den Ofen stellen.

 Wie viele Kegel soll ich benutzen? Und wie ist eine Kegelgruppe aufzustellen?

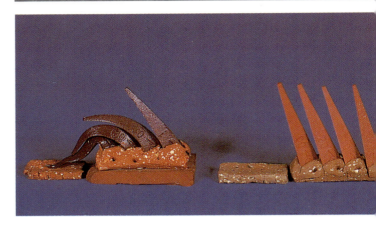

Kegelstellung
Es empfiehlt sich, in jeden Brand drei Kegel zu stellen: einen unterhalb der Schmelztemperatur Ihrer Glasuren; einen, welcher der Schmelztemperatur entspricht und einen Dritten, der eine höhere Nenntemperatur hat. So erkennen Sie anhand des ersten Kegels, dass der Schmelzbereich Ihrer Glasuren alsbald erreicht sein wird; der Zweite zeigt, dass die gewünschte Temperatur erreicht wurde, und der Dritte gibt die Sicherheit, dass nicht überbrannt wurde. Platzieren Sie die Kegel so, dass Sie ihr Neigen gut beobachten können und sie sich nicht gegenseitig behindern

 Soll ich den Ofen abstellen, wenn die Kegel sich zu neigen beginnen oder erst wenn sie ganz geschmolzen sind?

Maßgeblich ist, dass Sie Ihren Ofen immer zum selben Zeitpunkt ausschalten, um vergleichbare Ergebnisse zu erreichen. Manche Töpfer schalten ihren Ofen ab, wenn die Spitze des entsprechenden Kegels die Bodenebene erreicht hat. Dies ist die sicherste Position, um ein Ergebnis zu wiederholen. Nichtsdestoweniger können Sie den Ofen bei derjenigen Kegelstellung abschalten, die Ihnen der Erfahrung nach die besten Ergebnisse geliefert hat.

Glasieren und Brennen • 179

▸ *Nach dem Schließen der Tür ist es im Inneren des Ofens so dunkel, dass ich die Kegel nicht mehr sehen kann. Woher weiß ich, dass sie an der richtigen Stelle stehen?*

Beleuchten Sie die Kegel. Stellen Sie für eine kurze Zeit eine brennende Kerze neben die Kegel, legen Sie eine Taschenlampe daneben oder leuchten Sie mit einer kleinen Taschenlampe von außen durch das Schauloch.

▸ *Sehe ich während des Brandes durch das Schauloch, erkenne ich die Kegel in der Glut des Ofens kaum. Was kann ich tun?*

Farbiges Schutzglas
Bei höheren Temperaturen durch das Schauloch in einen Ofen zu sehen kann schädlich für Ihre Augen sein. Außerdem ist es meist nicht möglich, die Kegel in der Glut der Ofenatmosphäre zu erkennen. Benutzen Sie daher ein grün gefärbtes Schutzglas oder besser noch eine Schutzbrille mit farbigen Gläsern. Beide sind im Fachhandel erhältlich.

▸ *Warum kann ich die Schaulöcher nicht früher verschließen, um einen schnelleren Temperaturanstieg zu erreichen?*

Mit steigender Temperatur wird das physikalisch gebundene Wasser aus dem Ton getrieben. Wenn dieser Wasserdampf nicht durch die Schaulöcher abziehen kann, treten eventuell Schäden an den Heizelementen und an Ihren Arbeiten auf. Bei weiter steigender Temperatur können Bestandteile aus dem Ton ausbrennen. Diese im Ofen einzuschließen würde den Sauerstoffgehalt der Atmosphäre verringern und zu Problemen im Scherben führen.

▸ *Wann sollte ich die Schaulochstöpsel einsetzen und wann kann ich diese wieder herausnehmen?*

Einsetzen der Stöpsel
Bei einer Temperatur von 600° C können Sie sicher sein, dass alle Feuchtigkeit entwichen und die meisten Verunreinigungen aus dem Ton gebrannt sind. Manche Töpfer schließen die Schaulöcher schon früher, bei 500° C, das heißt bei dunkler Rotglut. Letztlich ist dies abhängig von der Zusammensetzung der verwendeten Tonsorte.

Öffnen der Schaulöcher
Beim Erreichen der Spitzentemperatur die Schaulochstöpsel herauszunehmen ist nicht zu empfehlen, da durch den Zutritt von kalter Luft die Temperatur rapide absinkt. Eventuelle Schäden an Ware und Ofen sind die Folge. Bei ca. 225° C findet die letzte Modifikation des Siliziumdioxids in der Masse statt. Sie sollten bis unterhalb dieser Temperatur warten und können dann durch Öffnen der Schaulöcher schneller abkühlen. Manche Spezialglasuren, wie z. B. Kristallglasuren, benötigen eine spezielle Abkühlkurve.

Beim Abkühlen höre ich ein leises Klirren aus dem Ofen. Woher kommt dies?

Durch die unterschiedlichen Kontraktionsraten zwischen Scherben und Glasur ebenso wie durch plötzliches Abkühlen entstehen Spannungen, die zum Krakelieren führen können. Wenn Sie den Ofen zu früh öffnen und die kalte Luft der Umgebungsatmosphäre hineinströmt, wird die Kontraktion der Glasur beschleunigt, und es bilden sich Risse, die jene Geräusche hervorrufen. Am besten Sie öffnen den Ofen erst, wenn die Arbeiten handwarm herausgenommen werden können.

 Viele meiner Arbeiten haben sich im Brand verzogen. Wie kann ich das verhindern?

Vorsichtig behandeln
Ton zeigt manchmal eine Art „Erinnerungsvermögen": Gefäße, die während des Entstehungsprozesses einmal umgestoßen und deren Form sodann wieder gerichtet wurde, verwinden sich in einem hohen Brand zurück in die ehemalige Schieflage. Dies betrifft insbesondere Porzellan und hoch gebranntes Steinzeug. Durch Zugabe von Schamotte, Sand oder Molochit können Sie solche Massen unempfindlicher machen, Sie ändern dann jedoch auch die Oberflächenstruktur Ihrer Gefäße.

Setzen der Ware
Beim Setzen der Ware sollten Sie mindestens einen Abstand von 5 cm zwischen den Arbeiten und Heizspiralen einhalten. Dies ist besonders bei hohen Stücken notwendig, da der Ton in der Nähe der Heizquelle am meisten schwindet. Stellen Sie im Schrühbrand Becher und Schüsseln Rand auf Rand, um die runde Form zu unterstützen. Dies ist im Glattbrand nur möglich, wenn die Ränder nicht glasiert wurden.

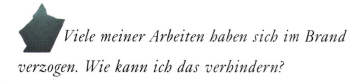

 Arbeiten mit großen Bodenflächen reißen im Brand. Was habe ich falsch gemacht?

Auf ein Sandbett stellen
Die Risse können dadurch entstehen, dass die Böden fest auf der Setzplatte sitzen. Streuen Sie etwas Sand oder Aluminiumoxid auf die Platte und stellen Sie Ihre Schalen und Teller in dieses Bett. Der Boden kann sich nun beim Schwinden etwas bewegen.

Länger abkühlen lassen
Obwohl Ihnen das Thermoelement vielleicht anzeigt, dass die Temperatur im Ofen bereits unter 200° C liegt, speichern die Brennhilfsmittel noch viel Wärme. Arbeiten mit großen Bodenflächen nehmen dieselbe Temperatur an wie die Platte, auf der sie stehen. Wenn der Ofen jetzt plötzlich geöffnet wird, kühlt der Rand hingegen schnell ab – aufgrund dieses Temperaturunterschieds können Risse entstehen. Lassen Sie deswegen den Ofen bis auf Raumtemperatur abkühlen, bevor Sie ihn öffnen.

 Manchmal zeigen meine Arbeiten nach dem Brand unschöne Bläschen. Was kann ich dagegen tun?

Als Erstes sollten Sie überprüfen, ob Sie den Ton überbrennen. Fragen Sie Ihren Lieferanten nach der maximalen Brenntemperatur. Manche Tone blähen im höheren Temperaturbereich, wenn Kohlenstoff und andere Verunreinigungen im früheren Brandstadium nicht ausbrennen konnten. In diesem Falle muss der Schrühbrand geändert werden, damit die Begleitstoffe hinreichend oxidieren. Schrühen Sie Ihre Arbeiten etwas höher oder halten Sie die Temperatur am Ende des Brandes für eine halbe Stunde. Vielleicht hilft es, die Stücke im Ofen nicht zu dicht zu stellen, um eine bessere Zirkulation zu ermöglichen.

Glasieren und Brennen • 181

Ein paar meiner Gefäße missraten immer im Brand. Werde ich jemals mit allen Arbeiten zufrieden sein, die ich aus dem Ofen hole?

Es ist nicht möglich, alle Geschehnisse vor und während eines Brandes zu kontrollieren. Ein Töpfer lernt damit zu leben, und selbst die Erfahreneren unter uns werden immer wieder Stücke im Brand verlieren. Sie können jedoch Ihre Verlustrate senken, indem Sie alle Arbeitsschritte mit Bedacht durchführen, Ihre Fehler analysieren und aus ihnen lernen. Mit steigender Erfahrung werden Sie mehr und mehr feststellen, bis zu welchem Grad die einzelnen Prozesse kontrollierbar sind.

Die Henkel meiner Becher haben sich im Brand verzogen. Was kann ich dagegen tun?

Becher untersuchen

Das Verziehen der Henkel kann auf die Herstellung zurückgehen. Der Wandungsbereich, an dem der Henkel montiert wurde, ist eventuell zu dünn bzw. der Henkel zu schwer für die Wandungsstärke. Oder die Brenntemperatur war vielleicht für den verwendeten Ton zu hoch. Mischen Sie Sand, Schamotte bzw. Molochit unter, um die Standfestigkeit im Brand zu erhöhen.

Korrektes Setzen des Ofens

Becher sollten im Ofen immer so gesetzt werden, dass die Henkel nach innen und nicht zu den Heizspiralen zeigen. So wird verhindert, dass sie der direkten Hitzeeinwirkung ausgesetzt werden, wodurch sie sich leicht verziehen können.

Obwohl ich die Glasur von Deckel und Deckelsitz abwische, kleben sie im Brand zusammen. Soll ich die Deckel separat brennen?

Deckel auf der Dose brennen

Es ist immer ein Risiko, Deckel und Dose getrennt zu brennen, denn schon das kleinste Verziehen kann dazu führen, dass sie nach dem Brand nicht mehr zusammenpassen. Brennen Sie hingegen beide zugleich, verformen sich die Stücke in Abstimmung zueinander. Außerdem verhindert der Deckel ein stärkeres Verziehen des Dosenrandes. Um zu verhindern, dass Dose und Deckel im Brand aneinander kleben, gibt es verschiedene Methoden.

ABDECKMEDIUM VOR DEM GLASIEREN

Vor dem Glasieren werden die Kontaktflächen mit einem Abdeckmedium eingestrichen. Versetzen Sie das Abdeckmittel mit etwas Plattenengobe und streichen Sie diese Mischung auf die sich später berührenden Flächen. Lassen Sie den Auftrag trocknen. Glasieren Sie anschließend und wischen Sie Reste der Glasur von den abgedeckten Flächen. Setzen Sie den Deckel auf die Dose und brennen Sie beide gemeinsam. Reste der Plattenengobe können nach dem Brand mit Sandpapier entfernt werden.

REINIGEN NACH DEM GLASIEREN

Wischen Sie die Kontaktflächen nach dem Glasieren wieder sauber und bestreichen Sie diese anschließend mit einer Mischung aus Aluminiumoxid und Kaolin. Diese Kombination wirkt als Trennmittel, und Sie können die Dose mit aufgesetztem Deckel brennen. Oder Sie formen Kügelchen aus Kaolin, legen sie zwischen Dosenrand und Deckel, den Sie vorsichtig andrücken. Leicht festgebackene Reste werden nach dem Brand mit Sandpapier entfernt.

Was ist der Unterschied zwischen einem Reduktions- und einem Oxidationsbrand?

Änderung der Atmosphäre
In einer oxidierenden Atmosphäre ist ausreichend Sauerstoff vorhanden, sodass sich sämtliche chemischen Verbindungen bilden können, die O_2 benötigen. Dies betrifft v. a. Kohlenstoff, der sich zu Kohlendioxid wandelt. In Elektroöfen herrscht i. d. R. eine oxidierende Atmosphäre. In reduzierender Atmosphäre hingegen ist nicht genügend Sauerstoff vorhanden, sodass aus chemischen Verbindungen Sauerstoffatome gelöst werden. Dies führt zu Farbwechseln. In reduzierender Atmosphäre bildet sich Kohlenmonoxid – deshalb müssen diese Öfen einen Abzug haben. Das linke Plättchen wurde oxidierend und das rechte reduzierend gebrannt.

Wie kann ich feststellen, ob mein Ofen reduzierend brennt?

Öffnen Sie ein Schauloch in der Mitte des Ofens. Züngelt eine kleine Flamme heraus, herrscht im Innern eine reduzierende Atmosphäre. Weitere Merkmale sind Flammen, die aus aus der Feuerung schlagen bzw. am Schornstein zu sehen sind. Die Stärke der herrschenden Reduktion anhand der Flammen zu beurteilen ist nur durch Erfahrung möglich. Es gibt auch Geräte zur Messung des CO-Gehalts, diese sind jedoch relativ teuer.

Wie kann ich die Temperatur während der Reduktion steigen lassen?

Es ist nicht einfach, die Stärke der Reduktion so zu kontrollieren, dass im Ofen eine ausreichend reduzierende Atmosphäre herrscht und die Temperatur dennoch steigt. Denn zumeist fällt die Temperatur während der Reduktion. Ist der Ofen nicht besser zu regeln, sollten Sie abwechselnd Phasen der Reduktion und der Oxidation einlegen. Steigt die Temperatur jedoch auch während der Oxidation nicht, müssen Sie mehr Brennstoff zuführen.

Kann ich in meinem Elektroofen reduzierend brennen?

Einbringen von Reduktionsmaterial
Sie können durch Einbringen von kohlenstoffhaltigem Material, das den vorhandenen Sauerstoff bindet, in Ihrem Elektroofen eine reduzierende Atmosphäre erzeugen. Hierzu eignen sich Tannenzapfen, Gras, Blätter, ölgetränkte Lappen oder die Zufuhr von Gas. Diese Materialien sollten jedoch nur oberhalb der Rotglutgrenze in den Ofen eingebracht werden, vorzugsweise in dem Temperaturbereich, in dem die Glasuren reagieren. Bei den meisten Elektroöfen ist es notwendig, eine verschließbare Öffnung anzubringen, durch die Sie das Material einwerfen können. Reduzierendes Brennen im Elektroofen hat jedoch auch Nachteile. Sie müssen für Abzug der entweichenden und sehr giftigen Kohlenmonoxidgase sorgen. Darüber hinaus werden die Heizelemente in Mitleidenschaft gezogen und altern bedeutend schneller. Es empfiehlt sich, zwischendurch wieder oxidierend zu brennen, um den Verschleißerscheinungen entgegenzuwirken.

Oben: Pauline Monkcom, Krug mit Lüsterglasuren

Selbstreduzierende Glasuren
Sie können die Charakteristik von Reduktionsglasuren auch durch Zugabe von reduzierenden Stoffen erzeugen. Eine Glasur, die Kupferoxid enthält, wird sich rötlich verfärben und eine mit Eisenoxid gefärbte grünlich. Typische reduzierende Materialien sind Siliziumkarbid, Holzkohle, Sägemehl und Kohle.

Glasieren und Brennen • 183

Wie kann ich den weichen Glanz auf meinen polierten Gefäßen erhalten? Er scheint durch den Brand zu verschwinden.

Die meisten Tone verlieren den durch Polieren erzeugten Glanz bei Temperaturen oberhalb von 950°–1000° C. Brennen Sie bei niedrigeren Temperaturen, wenn Sie diesen Glanz bewahren wollen. Doch gleichgültig, wie hoch Sie brennen, die Glätte der Oberfläche Ihrer polierten Gefäße wird stets erhalten bleiben. Mithilfe von Wachs können Sie den dazugehörigen Glanz erneut beleben. Wärmen Sie Ihre Gefäße an, reiben Sie Wachs in die Oberfläche und lassen Sie es einschmelzen. Nach dem Abkühlen können Sie nun die Oberfläche abermals mit einer Bürste oder einem Tuch polieren. Es eignen sich Holz-, Stein- und Schuhwachs. Klares Wachs fördert die natürliche Farbe des Tons, gefärbtes Wachs vermag bestimmte Farbnuancen hervorzuheben.

Wie brenne ich meinen Ofen am besten, wenn ich fertig aufbereitete, flüssige Lüsterpräparate verwenden möchte?

Ein Aufglasur- oder Lüsterbrand kann sehr schnell durchgeführt und in wenigen Stunden auf 750°–800° C hochgeheizt werden. Ratsam ist, die erste halbe Stunde langsam zu heizen, damit keine Risse in den Stücken entstehen, und sodann den Ofen rasch auf die angestrebte Temperatur zu fahren. Lassen Sie alle Schaulöcher offen, sodass die Gase entweichen können und die Lüster nicht mattieren. Diese Dämpfe sind giftig. Der Ofen sollte daher gut ventiliert stehen.

Was kann ich als Behälter für einen Schmauchbrand benutzen?

Brennkammern bauen
Sie benötigen ein Behältnis, das die Temperatur aushält.

1. Mögliche Behälter sind Blecheimer, aus Steinen geschichtete Kammern oder Gruben in der Erde. Umgeben Sie die Gefäße mit einer dicken Schicht Sägespäne und legen Sie obenauf Zeitung, mit der die Sägespäne entzündet werden.

2. Jede Brennkammer muss eine Abdeckung erhalten. Denn durch zu viel Luft verbrennt das Material allzu schnell und der gewünschte Schmaucheffekt bleibt aus. Eine Ofen-Einsetzplatte ist hierfür bestens geeignet.

Benutzen Sie Ihren Ofen Sie können Gefäße in Ihrem Ofen schmauchen, indem Sie diese in eine Kapsel stellen, die Sie kaufen oder selbst fertigen. Eine solche Kapsel kann rund oder rechteckig sein und muss aus stark mit Sand bzw. Schamotte versetztem Ton bestehen. Stellen Sie Ihre Gefäße in dieser Kapsel auf eine Lage Sägespäne und packen Sie reichlich Späne um die Stücke herum. Decken Sie die Kapsel gut ab und brennen Sie den Ofen wie üblich bis auf 1000° C. Das Brennmaterial wird die Stücke in der Kapsel schmauchen.

Noch einfacher geht es mit Aluminiumfolie: Packen Sie die Gefäße zusammen mit Zeitungspapier in die Folie, lassen Sie dabei etwas Platz, damit die Gase zirkulieren können, und verschließen Sie das Paket gut. Brennen Sie auch diesen Versuch bis 1000° C.

184 • *Glasieren und Brennen*

Welches ist der richtige Zeitpunkt für einen Schmauchbrand?

Schmauchen in verschiedenen Phasen
Es ist möglich, Gefäße in allen Phasen der Herstellung zu schmauchen – von ungebrannt, über geschrüht bis zu glasiert. Das Ergebnis wird jedoch immer unterschiedlich ausfallen. Ungebrannter Ton ist sehr porös und nimmt eine große Menge Kohlenstoff auf, sodass ungeschrühte Arbeiten im Schmauchbrand eine schwarze, dichte Oberfläche bekommen. Sie müssen hierbei jedoch damit rechnen, dass nur wenige Stücke den Brand heil überstehen – diese wiederum werden nur sehr niedrig gebrannt sein. Glasierte Stücke können im Schmauchbrand interessante Oberflächeneffekte entwickeln, aber auch hier werden viele Stücke reißen. Geschrühte Arbeiten eignen sich am besten für den Schmauchbrand. Sie sind ausreichend stabil und entwickeln aufgrund ihrer noch vorhandenen Porosität sehr schöne Farbvariationen.

Links: Peter Cosentino, Teilungen, glasiert und in Sägespänen geschmaucht

Unten: Jane Perryman, Vase, aufgebaut und geschmaucht

Welches Material soll ich beim Schmauchbrand verwenden?

Brennbares Material
Am häufigsten werden entweder Säge- oder Hobelspäne verwendet, die Sie bei Schreinereien, Sägewerken oder anderen Holz verarbeitenden Betrieben erhalten können. Je feiner das Material, umso langsamer verbrennt es und umso intensiver entwickelt sich die Farbe. Vermeiden Sie Abfälle von verleimten Hölzern – hier können giftige Dämpfe austreten. Experimentieren Sie auch mit Blättern, Papier, Stroh, eventuell kombiniert mit Sägespänen, um die unterschiedlichsten Schmauchspuren auf Ihren Gefäßen zu erzielen.

Ich möchte, dass meine geschmauchten Gefäße an Stelle einer tiefschwarzen eine hellgraue Färbung bekommen. Wie kann ich das erreichen?

Die Stärke des Rauchs kontrollieren
Sie können die Stärke der Rauchentwicklung vermindern. Füllen Sie Ihre Brennkammer mit nur locker verteiltem Brennmaterial wie z. B. Hobelspänen, Zweigen oder Papier, das schneller verbrennt und weniger Rauch als Sägespäne erzeugt.

Höhere Schrühbrandtemperatur
Eine andere Methode besteht darin, die Stücke höher zu schrühen, sodass eine geringere Porosität vorliegt. Es kann sich somit nicht so viel Ruß einlagern und die Verfärbung fällt heller aus. Ein Schrühbrand bei 1100° C führt zu einer helleren Farbe als ein Schrühbrand bei 900° C – wie an den nebenstehenden Beispielen zu erkennen. Wählen Sie eine noch höhere Temperatur, wird sich der Schmaucheffekt weiter verringern.

Glasieren und Brennen • 185

Wie erhalten meine Gefäße nach dem Schmauchbrand den letzten Schliff?

Oberflächenqualität steigern

Wenn Sie Ihre Arbeiten einem Schmauchbrand entnehmen, sind die Oberflächen – selbst nach dem Reinigen – stumpf. Es erweist sich daher als notwendig, die Stücke zu behandeln.

1. Spülen Sie Ihre Arbeiten mit Wasser und reiben Sie sie mit einem rauen Haushaltsschwamm ab, um alle Aschereste, Teer und Harze zu beseitigen.

2. Sind Ihre Stücke getrocknet, heizen Sie diese leicht auf und reiben Sie Wachs auf die Oberfläche, sodass es einschmilzt. Lassen Sie die Arbeiten abkühlen und polieren Sie die Oberfläche, wodurch die zarten Farben erst richtig zur Geltung kommen.

Wie kann ich im Schmauchbrand die Entwicklung interessanter Oberflächen fördern?

Abdeckungen benutzen

Schaffen Sie besondere Effekte, indem Sie einzelne Bereiche mit Tonschlicker, Tonwülsten, Draht oder anderem temperaturbeständigem Material abdecken.

1. Mischen Sie einen Schlicker aus Ton, der viel Schamotte, Sand oder Papierbrei enthält. Malen Sie mit diesem Schlicker Muster auf bzw. decken Sie ganze Partien damit ab.

2. Stellen Sie eine Reihe von Teststücken zusammen, die z. B. in Drahtgeflecht eingepackt, mit Drähten umwickelt oder bemalt sind. Jede Abdeckungsform erzeugt andere Ergebnisse.

3. Der Rauch kriecht um die Abdeckungen und erzeugt verschwommene Übergänge und weniger klar abgegrenzte Bereiche. Reinigen und polieren Sie die Arbeiten nach dem Schmauchen.

Farbigkeit fördern

Sie können auf die unterschiedlichste Weise farbgebende Stoffe auftragen. Träufeln Sie eine Lösung aus Kupferoxid und etwas Salz in das Sägemehl um die Gefäße, reiben Sie Kupfer- oder Eisensulfat in die Oberfläche bzw. besprühen Sie Arbeiten damit oder wickeln Sie die Gefäße in Stroh, das Sie vorher in einer Lösung aus Kupfersulfat und Salz getränkt haben. Sulfate eignen sich besser als Oxide, da ihre Farbwirkung geringer ist und weichere Farbübergänge schafft. Sie können auch farbige Tone oder eingefärbte Engoben für die Gefäße verwenden.

Welche Werkzeuge benötige ich für die Raku-Technik?

Spezielle Ausrüstung
Das Besondere an einem Raku-Brand ist, dass die in der Regel bereits geschrühten Gefäße in den Ofen gestellt werden, wenn dieser bereits mehr als 850° C erreicht hat. Nachdem die Glasuren ausgeschmolzen sind, werden die Arbeiten sofort wieder aus dem Ofen genommen. Dementsprechend benötigen Sie für das Raku-Brennen Ausrüstungsgegenstände, die es Ihnen erlauben, effizient und sicher direkt an einem rot glühenden Ofen zu arbeiten.

Raku-Öfen werden zumeist mit Gas beheizt und sind häufig aus losen Steinen oder Fasermaterial gebaut. Sie sollten rasch die notwendige Temperatur erreichen und eine Öffnung haben, durch die Sie die Arbeiten leicht hineinstellen bzw. herausholen können.

Manche Raku-Öfen sind so gebaut, dass die äußere Hülle entfernt wird, während die Stücke stehen bleiben. Sie können Raku-Öfen über den Fachhandel beziehen oder Einzelteile für Ihre eigene Konstruktion kaufen.

Es ist sehr wichtig, die richtigen Werkzeuge wie lange Zangen (vgl. Abb. unten links), lange und Hitze resistente Handschuhe sowie Sicherheitsbrille, eventuell auch Atemmaske zu verwenden, um sich beim Arbeiten im sicheren Abstand zu den rot glühenden Stücken bewegen zu können. Nach dem Herausnehmen aus dem Ofen werden die Raku-Arbeiten zumeist in Sägemehl oder anderen reduzierenden Materialien abgeräuchert bzw. in Wasser getaucht. Hierzu benötigen Sie entsprechende Behälter.

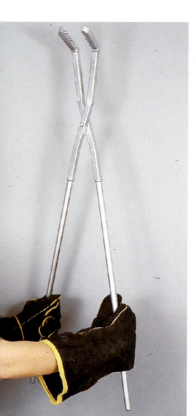

 Stelle ich meine Arbeiten in den Raku-Ofen, platzen Glasurteile ab. Wie kann ich das verhindern?

Die Glasur muss absolut trocken sein, bevor Sie Ihre Arbeiten der großen Hitze im Ofen aussetzen können. Andernfalls platzen Glasur- oder Tonpartien ab. Am besten trocknen Sie glasierte Stücke beim Aufheizen auf dem Ofen. Dabei sollte die Arbeit, die als Nächstes eingesetzt werden soll, für eine Weile in unmittelbarer Nähe vom Ofenabzug stehen.

 Die Glasur auf meinen Raku-Arbeiten ist nicht ganz ausgeschmolzen. Wie kann ich erkennen, dass das Ausschmelzen abgeschlossen ist?

Den Ofen beobachten
Wenn die richtige Brenntemperatur erreicht ist, herrscht eine starke Rotglut im Ofen, ohne Trübung in der Atmosphäre. Die Glasuren glänzen nunmehr rundum – ein Indikator dafür, dass sie gut ausgeschmolzen sind. Mit etwas Erfahrung entwickelt sich der Blick für den Zustand der Glasuren.

Mit Anzeigegerät und Teststücken
Sie können die Temperatur mit einem Pyrometer überprüfen. Dies wird Ihnen jedoch nicht den Ausschmelzgrad der Glasuren anzeigen. Daher ist es angeraten, kleine Tonringe zu formen, diese zu schrühen, zu glasieren und sie in der Nähe der Raku-Arbeiten so zu platzieren, dass sie während des Brandes leicht aus dem Ofen genommen werden können. Wenn Sie meinen, dass die Glasuren auf Ihren Arbeiten ausgeschmolzen sind, können Sie diese Teststücke herausnehmen und Rückschlüsse auf den tatsächlichen Zustand der glasierten Gefäße ziehen.

Kann ich meinen Elektroofen für Raku-Brände benutzen?

Es ist grundsätzlich möglich, kleinere Elektroöfen zum Raku-Brennen zu benutzen. Dies ist jedoch in vielerlei Hinsicht problematisch und auch nicht ungefährlich. Zum einen werden die glühenden Raku-Stücke, nachdem sie aus dem Ofen kommen, in der Regel abgeräuchert. Dies sollte wegen der starken Rauchentwicklung im Freien erfolgen – wo Elektroöfen normalerweise nicht stehen.

Während des Raku-Brandes müssen Sie in der Lage sein, auf einfache und problemlose Weise rot glühende Stücke zu handhaben. Die Berührung einer unter Strom stehenden Heizspirale mit der Rakuzange könnte jedoch schlimme Folgen haben. Das bedeutet, Sie müssen jedes Mal den Ofen ein- und ausschalten (und sicherheitshalber den Stecker ziehen), wenn Sie etwas entnehmen oder einsetzen wollen. Hier könnte eine Art Muffel helfen, die in den Ofen gebaut werden müsste, um die Elemente vor Berührung zu schützen.

Nicht zuletzt ist der normale Elektroofen nicht für diese Technik gebaut und Sie riskieren, dass die Heizelemente und die Mauerung bei häufigem Rakugebrauch zerstört werden.

Ich habe gehört, Salzdämpfe seien sehr giftig. Gibt es ein unschädliches Verfahren?

Sie können das Kochsalz beim Salzbrand bedingt durch Soda oder Natriumkarbonat ersetzen, die weniger giftige Dämpfe erzeugen. Der glasartige Überzug auf der Oberfläche der Stücke, der durch diese Stoffe entsteht, ist jedoch nicht mit der richtigen Salzglasur zu vergleichen.

Die Kegel in meinem Salzbrand sind nicht richtig umgeschmolzen. Woran liegt dies?

Wie auf allen anderen Produkten in einem Salzbrand bildet sich auch auf den Kegeln eine Salzglasur. Daher reagieren sie nicht wie unter normalen Bedingungen. Besser ist es, Proben zu ziehen, das heißt Tonringe so in dem Ofen zu platzieren, dass sie während der Phase des Salzens herausgezogen werden können. An ihnen ist erkennbar, ob die gewünschte Glasurstärke erreicht ist.

Kann es meinen Gasofen beschädigen, wenn ich Salzglasurversuche durchführe?

Speziellen Ofen bauen

Die Salzdämpfe schlagen sich auf allen Bestandteilen des Ofens, einschließlich Brennhilfsmittel und Mauerwerk nieder. Sie können eine Schutzschicht aus Kaolin und Aluminiumoxid aufziehen, aber jeder folgende Brand wird von den niedergeschlagenen Salzdämpfen, die erneut flüchtig werden, beeinflusst. Für den Salzbrand müssen Sie einen eigenen Ofen bauen.

Oben: Jane Hamlyn, Gebaute Schale mit Salzglasur

Glossar

Brand, Brandverlauf
Durch das Brennen wird aus Ton haltbare Keramik. Dieser Brand folgt einem bestimmten Ablauf, der durch Aufheizzeiten, Endtemperatur mit diversen Haltezeiten, oxidierende, neutrale oder reduzierende Atmosphäre sowie die jeweilige Abkühlzeit bestimmt wird.

Donsel
Hohlform aus Gips oder geschrühtem Ton, welche die Gefäße während des Abdrehens auf der Drehscheibe stabil hält.

Engobe (vgl. Schlicker)

Flussmittel
Glasur- oder Massezusatz, der die Sinterprozesse und dadurch die Glasbildung der Silikate fördert.

Fritte
Mischung von Glasurrohstoffen, die bereits einmal miteinander verschmolzen und wieder pulverig aufgemahlen worden sind. Fritten werden oft hergestellt, um gesundheitsschädliche oder wasserlösliche Rohstoffe wie z. B. Blei in Glasuren einsetzen zu können.

Fußring
Als Fußring bezeichnet man die erhöhte Standfläche eines Gefäßes, die dieses formal von der Stellfläche abhebt. Fußringe werden oft angesetzt oder bei gedrehten Gefäßen durch Abdrehen der Fußzone geschaffen.

Grünware, Grüne Ware
Aus Ton hergestellte, fertig bearbeitete und getrocknete Arbeiten, die aber noch nicht gebrannt wurden.

Kegel, Brennkegel
Kegelförmige, aus keramischen Materialien für definierte Temperaturen zusammengesetzte Teststücke, die stehend in den Ofen mit eingesetzt werden und die bei der angegebenen Brenntemperatur abhängig von deren Höhe und der Dauer dieser Temperatureinwirkung erweichen. Kegel reagieren wie die Ware und geben so durch das Schauloch Informationen über die Reaktion von Glasur und Scherben im Ofeninneren.

Keramikscherben
Als Scherben bezeichnet man Tonware, die oberhalb von mindestens 600° C gebrannt wurde und sich dadurch nicht mehr in plastischen Ton zurückverwandeln lässt.

Lederhart
Als lederhart bezeichnet man einen Ton, der nicht mehr plastisch verformbar, aber auch noch nicht trocken und brüchig ist. Der Ton fasst sich ähnlich wie festes Leder oder Hartkäse an und lässt sich in diesem Zustand sehr gut montieren bzw. bearbeiten.

Marmorierte Ware
Keramik, die aus unterschiedlich eingefärbten und sich in der Verarbeitung marmorartig miteinander mischenden Massen hergestellt wird, bezeichnet man als marmorierte Ware.

Masse, Tonmasse
Tonmischungen, die aus Ton und weiteren Rohstoffen zusammengesetzt sind, wie z. B. spezielle Steinzeugmassen, Irdenwaremassen oder Porzellane.

Niere, Drehschiene
Flaches, nierenförmiges Werkzeug aus Holz, Metall, Gummi oder Plastik, das zum Glätten und Überformen des Tons verwendet wird.

Polieren
Technik der Oberflächenbearbeitung eines lederharten Tons, der durch das Polieren mittels Kieselstein oder Löffel verdichtet wird und zu glänzen beginnt.

Raku
Japanische Brenntechnik, bei der die Stücke direkt in den heißen Ofen gestellt und noch rot glühend zum Abräuchern herausgeholt werden.

Schamotte/Magerungsmittel
In verschiedenen Körnungen erhältlicher, gebrannter und aufgemahlener Ton. Man setzt plastischem Ton solche Schamotte zu, um die Schwindung zu verringern, bestimmte Verarbeitungseigenschaften oder eine körnigere Oberfläche zu erzielen.

Schlicker/Engobe
Flüssig angesetzte Tonmischung, die nur aus Ton und Wasser bestehen kann, wenn man sie zum Montieren von Platten, Henkeln usw. verwendet. Andere Schlicker – wie Gießschlicker zum Gießen von Keramik in Gipsformen – enthalten neben dem Ton- und Wasseranteil ein oder mehrere Verflüssigungsmittel. Wieder andere Schlicker, so die Engoben, enthalten neben Ton und Wasser oft färbende Oxide bzw. Farbkörper sowie häufig auch Flussmittel.

Schrühware oder Schrühscherben
Bezeichnung für die Ware, die bereits einmal, meist zwischen 900–1000° C, vorgebrannt wurde. Der Ton wird in diesem Temperaturbereich hart, d. h. er löst sich in Wasser nicht mehr auf, bleibt aber dennoch porös.

Sockel
Fläche oder Form aus Holz, Ton, Metall usw., auf der eine Plastik formal erhöht und ausgestellt wird.

Stütze, Ofeneinbaustütze
Längliche Brennhilfsmittel, auf welche die Einbauplatten zum Brennen der Ware aufgebaut werden. Mittels Stützen und Platten bauen Sie die Brennregale im Ofen auf. Stützen aus Ton verwendet man zum Abstützen großer oder komplizierter Objekte im Brand.

Wulst, Kragen
Aufgesetzter, vorgedrehter oder vorgeformter Tonring, den man auf ein frisch gefertigtes Stück setzt, damit es noch höher, größer oder in anderer Form fertig gedreht bzw. gebaut werden kann. Auch zur Anfertigung von dünnen Flaschenhälsen oder Fußringen bedient man sich dieser Technik.

SICHERHEITSHINWEISE

* Halten Sie Werkstatt und Arbeitsplatz sauber, um die Belastung durch Staub von Glasuren und Tonrohstoffen so gering wie möglich zu halten. Benutzen Sie Wasser und Wischlappen und keinen Besen zum Reinigen. Wenn Sie einen Staubsauger verwenden, sollte dieser feucht und trocken saugen können und über einen Feinfilter verfügen.
* Verwenden Sie dicht schließende Eimer oder Plastikbeutel aus festem Material zum Aufbewahren Ihrer Rohstoffe.
* Beschriften Sie alle Vorratsbehälter. Erkundigen Sie sich nach Lagerbestimmungen und Sicherheitshinweisen beim jeweiligen Hersteller oder Lieferanten!
* Vergewissern Sie sich, dass Ofenabzug und der Abzug der Spritzkabine gut arbeiten und keine Abgase oder Spritznebel in die Werkstatt gelangen können.
* Beachten Sie alle Sicherheitshinweise und Auflagen beim Installieren und Benutzen Ihrer technischen Ausrüstung. Besondere Vorsicht ist beim Arbeiten am glühend heißen Ofen und dessen grellem Licht geboten. Kontrollieren Sie die Schaulöcher nur mit Schutzgläsern und aus angemessener Entfernung.
* Benutzen Sie in der Werkstatt Siebe, Schüsseln, Löffel, Messer, Eimer usw., die eigens für die Werkstatt angeschafft wurden und keine Verwendung mehr im Haushalt finden.
* Staubmasken gehören zu den wichtigsten Ausrüstungsgegenständen in einer Keramikwerkstatt. Halten Sie sie stets griffbereit und setzen Sie diese auf, sobald sich Staub in der Atemluft befindet. Gummihandschuhe für verschiedene Einsatzmöglichkeiten sowie ein Waschbecken mit Seife und Handtuch sind ebenfalls selbstverständlich. Arbeitskleidung sollte ausschließlich in der Werkstatt getragen und häufig gewaschen werden, damit sich Ton und Staub nicht anreichern können.

Stichwortverzeichnis

Kursiv gesetzte Ziffern weisen auf Abbildungen künstlerischer Arbeiten hin.

A

Abdeckmedien
 Beim Schmauchbrand 185
 Kleber 147
 Knete 145
 Latex 145, 146
 Papier 144, 145
 Wachs 132, 146–147
 Wachskreiden 147
 Zum Glasurspritzen 164
 Zum Sandstrahlen 148
Abdeckschablonen 144
Abdrehen 121–125
 Böden eben drehen 124
 Deckelsitz 116
 Ecken runden 124
 Fußringe 125–127
 Gefäß auf der Scheibe befestigen 123
 Rattermarken 125
 Richtige Konsistenz 121
 Wandungen glätten 103
 Werkzeug 121
 Zentrieren 122
Abrollen der Glasur 171
Abziehbilder 152
Applikationen 129–131
 Gedrückte Formen 130
Arbeitsunterbrechung
 Lagern unfertiger Arbeiten 68
 Neubeginn der Arbeit 68
Atemschutzmaske 28
Aufbautechniken 60–91
Aufglasurfarben, Herstellen von 40
Aufsetzen von Tonringen 101
Ausgeformte Gefäße
 Bodenbereich 46
 Einfärben 65
 Formgebung 61
 Fußringe 64
 Montieren 63
 Ränder 62
 Stützen 64
 Symmetrie 61
 Trocknen 64
 Wandung ausformen 63
Ausrüstung 17–28, 156, 164, 186

B

Becher
 Becherformen 54
 Becher-Set 119
 Henkel 54, 120, 181
 Innen glasieren 160
Beeny, Jan 83
Bish, Gary 164, 171
Blackwell, John 80
Bleifritten 170
Bliss, Gill 58, 171
Blumer, Elsie 172
Braganza, Loretta 140
Brennen 154, 165–187
 Brennfehler 180–181
 Brenntemperaturen 155, 167
 Brennzyklen 175
 Festkleben verhindern 165, 172
 Nachbrand 167
 Nachbrennen montierter Stücke 88
 Ofen setzen 46, 175–181
 Ohne Ofen 17
 Raku-Brand 186–187
 Reduktionsbrand 173, 182
 Salzbrand 174, 187
 Schmauchen 183–185
 Skulpturen 86–87
Brennhilfsmittel
 Einfache Öfen 17
 Festklebende Stützen 19
 Plattenengobe 176
 Platzieren der Einsetzplatten 175
 Schutzanstrich 176
 Stützen 19
 Temperaturkontrolle 19–20
 Toplader 18
 Verziehen 19
Brennkegel 20, 177, 178–179
 Beurteilen von 28, 179
 Biegen im Brand 178
 Im Salzbrand 187
 Positionierung von 178, 179
 Sichern von 178
Brennöfen
 Ausnehmen 180
 Auswahl 18
 Flüssiggas 17
 Frontlader 18
 Heizwiderstände 21–22
 Im Privathaus 17
 Kleiner Elektroofen 17
 Notreparatur 21
 Rakutechnik 187
 Reparatur der Mauerung 23
 Sauberkeit 20
 Schaulochstöpsel 179
 Temperaturanzeige 20
 Temperatureinwirkung 177–178
 Wirkung auf Glasuren 173
Bright, Kenneth 129

C

Calver, John 45, 167
Carnegy, Daphne 133
Chromoxid, Reaktion mit Zinnoxid 169
Clarke, Jenny 136
Coates, Russel 148
Connell, Jo 48
Cooper, Emanuel 172
Cosentino, Peter 184

D

Darby, Louise 45
Davies, Clive 2–3, 4–5, 6
Deckel
 Für gebaute Dosen 76
 Gedrehte Deckel 115
 Im Brand 181
 Knäufe 115
 Sitz 55, 56
Deckelsitz 116
Dekore
 Applikationen 129
 Farblich hervorheben 131
Dekore entwerfen 48, 49
Dekorieren 128–153
 Abziehbilder 152
 Applikationen 130
 Auf flachen Tellern 138
 Drucken 152–153
 Engobedekore 132, 133
 Farben stabilisieren 136
 Farbige Dekore 134
 Fixierung 135
 Geschnittene Dekore 47, 129, 131
 Lüster 150–152
 Maldekore 134
 Mocha-Ware 139
 Modellierte Dekore 129, 131
 Nach dem Glattbrand 148
 Ritzdekore 142, 143
 Sgraffito 51, 140
 Strukturen 30, 35, 129, 133
 Unterglasurdekor unter opaker Glasur 136
 Verflüchtigte Farben 138
 Verwischte Dekore (beim Glasieren) 135
 Wachsabdecktechnik 132, 146–147
 Wiederkehrende Motive 144
Derry, Christine 59
Design 42–59
 Aus Zeichnungen entwickeln 44
 Computerdesign 44
 Designideen 43, 44–45, 48
 Entwickeln von 48
 Formen abändern 43
 Für Sgraffito 51
 Individueller Stil 45
 Kontraste im 45
 Pinseldesign 51–52
Dosen
 Deckel anpassen 56
 Deckel brennen 181
Drehen, Freidrehen 97–127
 Abschneiden von der Scheibe 104–106
 Bodendicke 100
 Bodenrisse 100
 Deckel 115
 Deckelsitz 116
 Drehwerkzeug 93
 Farben zufügen 106
 Form überprüfen 113
 Formgebung 94, 101, 102, 103
 Glätten der Wandung 103
 Große Gefäße 110
 Handhaltung 95
 Kelche 111
 Knäufe 115
 Kollabieren der Wandung 103
 Lufteinschlüsse 94, 104
 Ovale Gefäße 112
 Ränder 101–102, 107
 Schnaupen 114
 Serien 112
 Teller 108
 Ton auf der Scheibe halten 93, 94
 Vom Stock 111
 Zentrieren 95–99
Drehschienen 107
Drucken
 Abziehbilder 152
 Drucktechniken 153

E

Eierbecher, Drehen von 111
Einfärben von Ton 38–39
Eingeschnittene Dekore, Ritzdekore 131, 143
Eisenoxid 38
Engobe, Schlicker
 Auf geschrühter Ware 36

Stichwortverzeichnis

Auftragstechnik 36
Einfärben 37, 38
Engobe für Sgraffito-Dekore 140
Engobieren 36
Haftung 36
Interessant gestalten 142
Konsistenz einstellen 139
Montageschlicker 32
Oberflächeneffekte 142
Reißen, Abplatzen 140
Sinterengobe 140
Vergleich mit Gießschlicker 41
Wiederaufbereiten 27
Zum Polieren 143

F
Falttechnik, Ton gefaltet 79
Farbkörper 137
Farboxide
    Ersatz durch Karbonate 38
    Metallische Farbgebung 137
    Wechselwirkung in Glasuren 138
    Wieder aufbereiten 137
Fekete, Laszlo *192*
Feldbrand 17
Feldspat 169
Festkleben von Ton auf Arbeitstischen 24
Feucht halten 26
Flammfeste Ware 33
Flaschenformen
    Glasieren 162
    Halspartien 113
    Abdrehen 122
Funktionalität 42, 53–59
Fußdrehscheibe 23
Fußringe 64, 125–127

G
Gefäße aus Platten
    Aus weichen Platten 78–79
    Deckel 76
    Dekore 141
    Interessant gestalten 80
    Montagetechnik 75
    Sockel 77
    Trocknen 75, 76
Gefäße
    Drehen 99
    Große Gefäße 110
    Reißen 33
Gesintertes Steinzeug 33
Gießschlicker
    Herstellung 25
    Verdünnen 41
    Vergleich zu Tonschlicker 41
    Wiederaufbereitung 41
Gips, mischen 41
Gipsplatten, Gießen von 24

Glasieren 154–174
    Ausrüstung 156
    Fehler korrigieren 162
    Glasierfehler 161, 165
Glasurbrand
    Brennzyklen 173
    Dekorieren nach dem 148
Glasuren
    Abroller 171
    Absetzen im Behälter 158
    Anfassen zum Glasieren 47, 163
    Auftragen 160, 162, 170
    Bläschenbildung 166
    Bleifritten in Glasuren 170
    Brenntemperaturen 155, 167, 177
    Chromoxid in Glasuren 169
    Einfluss auf Farboxide 138
    Einfluss des Ofens 173
    Farbige Salzglasur 174
    Farbkörper 39
    Fehler 161, 165
    Feldspat in Glasuren 169
    Fertigglasur 155
    Gebrauchskeramik 58
    Gefäßboden versäubern 46
    Geringe Bleilöslichkeit 170
    Glasuranflüge 169
    Glasuren sieben 158
    Glasurtypen 155
    Glasurüberlappungen 161
    Gleichmäßiger Auftrag 157
    Haarrisse 171
    Innen und außen 160
    Interessanter gestalten 167
    Kobaltblau abmildern 168
    Konsistenz der fertigen Glasur 157
    Krakeleeglasuren 171
    Kraterglasuren 172
    Kristallglasuren 172–173
    Kupferoxid in Glasuren 174
    Lüster 40
    Malen auf Glasuren 135, 136
    Matte Oberflächen 172
    Methoden 160
    Mischen von, Glasurmischer 156
    Monochrome Glasuren 47
    Oberflächeneffekte 172
    Opake 133
    Pink ohne Farbkörper 168
    Pulvertrockene Oberflächen 135
    Raku 174, 186
    Reduziert 173, 182
    Rezepte 156
    Richtung opake 166
    Rohglasieren 170
    Rohstoffe 37
    Schwarz lebendiger gestalten 168
    Selbstreduktion 173, 182
    Spezielle Effekte 164
    Spritzen 163, 164
    Steinmatte Oberflächen 172

    Teststücke 159
    Trübung 166
    Über Unterglasurdekore 136
    Überbrannte Arbeiten 165
    Überglasieren 135, 136, 148
    Unregelmäßigkeiten 168
    Viskosität 166
    Wasserzugabe 156
    Wiegen und Messen 156
    Zähflüssig einstellen 136
Glasurmischer 27
Glasurzangen 163
Gummistempel 153

H
Hall, Morgan *133*
Hamer, Janet *7, 83*
Hamlyn, Jane *187*
Henkel
    Ansetzen 54
    Für Teekannen 55
    Praktische Henkel 54
    Verzogen im Brand 181
    Ziehen 120
Hill, Steven *174*
Hulbert, Simon *33*
Hylands, Andrea *59*

I
Irdenware 33
    Ausblühungen 36
    Glasuren 170
    Rote, dekorierte 133
    Wasserdichte 170

J
Jones, David *174*

K
Kacheln 81
    Dekore 132, 147
Karbonate (Ersatz für Oxide) 38
Keep, Jonathan *57*
Kelche, gedreht 111
Kershaw, Wendy *153*
Kleber für Abdeckungen 147
Knäufe 115
Knete 145
Kneten 31
Kohlenstoffeinschluss 173
Krakelee 171
Krakeleeglasur 171
Kraterglasuren 172
Kristallglasuren 172–173
Krüge
    Größen 52
    Henkel ansetzen 54

    Innen glasieren 160
    Schnaupen 53, 114
Kupferoxid
    Im Brand 174
    Verunreinigung von Glasuren 169

L
Lagern, von Ton 31
Lane, Peter *47, 164*
Latex-Abdeckung 14, 145
Linoleumdruck 153
Lüster
    Auftrag 150
    Brennen 151, 183
    Designs gestalten 151
    Farben 151
    Glasuren 40
    Konsistenz 151
    Matter Schimmer 152

M
Mahlen mit Mörser 27
Majolika 133
Malbällchen, Malhörnchen 139
Marak, Louis *80*
Marmorierte Ware 143
McCole, Christine *54, 115*
McGarva, Andrew *51*
McGowan, Laurence *51*
Mischer 25
Mocha-Dekore 139
Mocha-Ware 139
Monkcom, Pauline *182*
Mörser 27

O
Odundo, Magdalene *129*
Ogden, Steve *137*
Opaker Überzug 133
Ovale Gefäße 112

P
Paper-Clay 35
Papierabdeckungen, Schablonen 144, 145
Papierbrei als Zusatz 34
Perryman, Jane *184*
Perforierungen 129, 131
Pflanzgefäße, frostbeständig 33
Pinsel
    Für Wachsmalerei 147
    Zum Malen 134
Plastischen Ton einfärben 37
Plattenbautechnik 60, 71–80
    Bodenplatte schneiden 74
    Entfernen von Luftblasen 71
    Größe der Platten bestimmen 73

Keilige Platten rollen 74
Platten schneiden 71, 72
Tonkonsistenz 72
Trocknen 73
Plattenengobe 176, 181
Plattenroller 24
Polieren 129, 183
    Geeignete Engobe 143
Porzellan
    Drehen 113
    Glasuren 173
    Glätten 34
    Reißen der Oberfläche 86
    Standfestigkeit erhöhen 34
    Verunreinigungen vermeiden 34
Porzellangießschlicker 34
Pressformen
    Abformung löst sich nicht 89, 90
    Alternative zu Gips 88
    Anwendung 83
    Ausformen 88, 89–90
    Dekore 138
    Gipsmengen 41
    Gipsreste 25
    Herstellung 89
    Interessante Gestaltung 91
    Ränder beschneiden 88
    Zweiteilige Form 90
Profilschablonen 44
Pyrometer 20

R
Rady, Elsa 47
Raku-Brand 186–187
    Ausrüstung 186
    Glasuren 174
    Ton 33
Rapport 144
Rattermarken 125
Regalsystem 25
Rie, Lucie 172
Risse
    In Tellern 180
    Reparieren 40
    Ursachen 180
Rohstoffe 29–41

S
Salzglasur, eingefärbt 174
Salzglasurbrand 187
Sandstrahlen 148
Savage, Nicolette 131
Schalen
    Drehen 99, 101, 102, 103
    Fußring 127
    Glasieren 162
    In gleiche Segmente aufteilen 50
    Linien aufzeichnen 49
    Trocknen 109

Schamotte 30
Scheibenauflagen 105
Schlagen, von Ton 31
Schleifsteine 177
Schleifen mit Sandpapier 77
Schlicker (siehe Engobe)
Schmauchbrand 183–185
    Brennkammer 183
    Brennmaterial 184
    Endbehandlung der Gefäße 185
    Geeignete Ware 184
    Gefäße einfärben 184, 185
Schmelzfarben
    Aufbringen 149
    Fehler 149
    Herstellen 40
    Matte Oberfläche 149
    Überbrannt 149
    Vorbereiten 148
Schriftdekore 56
Schrühbrand 175
Schrühware 175
    Dekore 144
    Engoben 36
    Glasieren 135, 163
    Malstifte 39
    Nachglasieren 162
    Risse 40
    Schwämmeltechnik 144–145
    Wachsausspartechnik 132, 146, 147
Schutzbrille 28
Schwammstempel, Schneiden von 144
Serien drehen 119
Sets
    Einheitliches Design 57
    Gleiche Größen 119
Sgraffito 51, 140
Siegel 28
Sinterengoben 140
Skulpturen
    Aushöhlen 82–85
    Beine 84–85
    Brennen 86–87
    Einfärben 153
    Größe 59
    In Teilen 87
    Probleme 84–85
    Unterstützungen 85–86
    Verziehen 34
    Tiere 58
Sockel 59, 77
Spritzausrüstung 27, 164
Standflächen
    Endbearbeitung 46
    Glätten 177
Stegtechnik 147
Steinzeug
    Farbendiffusion 138
    Gesintert 33
    Rote Farbe 138

Stempel 28
Stifte
    Zum Abdecken 147
    Zum Malen 39, 134
Strukturen 30, 35, 129, 133, 142
    In Glasuren 172
Swarbrick, Barbara 39, 51

T
Teekannen
    Deckel 55
    Drehen 117–118
    Henkel 55
    Tüllen 55, 117
Teller
    Abdrehen 126
    Drehen 108
    Formgebung 57
    Schriftdekor 56
    Trocknen 109
Terra Sigillata 143
Tierfiguren 58
Tjanting 147
Ton
    Aufbereitung 29, 31
    Ausrollen 24
    Einfärben 37, 38
    Für Kinder 29
    Lagern 31
    Magern 30
    Mischen 34
    Paper-Clay 35
    Plastischer Ton 37
    Polieren 129
    Reduktionseffekt im Oxidationsbrand 30
    Sandige Oberfläche 35
    Schimmel auf der Oberfläche 29
    Schwindung 30
    Trocknen 31
    Versetzen 30, 35
    Wiederaufbereiten 24, 32, 33
Tonlagerbehälter 24
Töpferscheiben
    Gebraucht kaufen 23
    Laufgeräusche 23
    Scheibenauflagen 109
    Typen 23
Tretsell, Philomena 152
Trim, Judy 152
Tüllen 55, 117

U
Überbrennen
    Aufglasurfarben 149
    Glasieren nach Überbrennen 165
Unterglasur-Dekore
    Farben mischen 137
    Opake Glasur überglasieren 136

Unterglasuren 39
Unterglasurstifte 39, 134
Unterlagen aus Holz 24

V
Vasen
    Halsbereich 113
    Innen glasieren 160
    Irdenware, wasserdicht 170
Verputzen 161
Verziehen
    Von Einbauplatten 19
    Von Gefäßen 180
    Von Henkeln 181

W
Wachsabdeckung 132, 146–147
    Fehler beseitigen 147
    Für feine Umrisslinien 147
    Pinselpflege 147
    Wachs warm halten 146
Wachsstifte 39, 147
    Zum Auftragen mit dem Pinsel 146
Warshaw, Josie 80
Waschbecken, Verstopfen des 26
Wegweiser 8–15
Werkstattregale 25
Werkzeug
    Handwerkzeug selbst herstellen 26
    Handwerkzeug 26
    Schärfen 28
    Zum Abdrehen 121
    Zum Aufbauen 66
    Zum Drehen 93
    Zum Glasieren 163
Wiederkehrende Motive 144
William-Ellis, Bronwen 147
Wulsttechnik 66–70
    Absacken 69
    Alternative zum Ausrollen 70
    Arbeitstechnik 66, 67
    Formen 69
    Risse 67
    Symmetrie 70
    Verbinden 67
    Werkzeug 66

Y
Young, Andrew 54

Z
Zeichenstifte 134
Zeichnen 134
Zylinder
    Drehen von 99, 100, 101, 104
    Neu formen aus 112

Danksagung

Autorin und Verlag möchten den folgenden Personen für ihre Hilfe bei der Herstellung dieses Buches danken:

John Blackwell und **Cathy Littlejohn** für die Darstellung verschiedener im Buch abgebildeter Techniken.

Mike Bailey und **Graham Williamson** für technische Hinweise.

Allen Töpfern, die uns die Erlaubnis gaben, ihre Arbeiten zu veröffentlichen.

Quarto dankt folgenden Händlern für die zur Verfügung gestellten Rohstoffe:

Bath Potters Supplies
2 Dorset Close
Bath
Avon BA2 3RF
Tel: (GB) 01225 337046
Fax: (GB) 01225 462712
Bath Pottery Supplies stellte den überwiegenden Teil der auf den Abbildungen gezeigten Rohstoffe und Werkzeuge zur Verfügung.

Axner Pottery Supply
490 Kane Court
PO Box 621484
Oviedo FL 32762
Tel: (USA) 407 365 2600
Fax: (USA) 407 365 5573
Axner lieferte die Unterglasur-Malstifte, die auf Seite 134 gezeigt sind.

Cookson Matthey Ceramics & Materials Ltd
Uttoxeter Road
Meir
Stoke on Trent ST3 7XW
Tel: (GB) 01782 590000
Fax: (GB) 01782 590590
Cookson Matthey lieferte die auf Seite 152 gezeigten Abziehbilder.

Links: Laszlo Fekete, Plastik